Stefan Gillich (Hrsg.)

Streetwork/Mobile Jugendarbeit

Aktuelle Bestandsaufnahme und Positionen
eigenständiger Arbeitsfelder

Beiträge aus der Arbeit des Burckhardthauses, Band 8

Stefan Gillich (Hrsg.)

Streetwork/ Mobile Jugendarbeit

Aktuelle Bestandsaufnahme und
Positionen eigenständiger Arbeitsfelder

TRIGA\VERLAG

Bibliografische Information der Deutschen Nationalbibliothek
Die Deutsche Nationalbibliothek verzeichnet diese Publikation in der
Deutschen Nationalbibliografie;
detaillierte bibliografische Daten sind im Internet über
http://dnb.d-nb.de abrufbar.

1. Auflage 2003
© Copyright TRIGA – Der Verlag
Feldstraße 2a, 63584 Gründau-Rothenbergen
www.triga-der-verlag.de
Alle Rechte vorbehalten

Druck: Druckservice Spengler, 63486 Bruchköbel
Printed in Germany
ISBN 978-3-89774-266-6

Inhalt

Vorwort 7

Begrüßung und Einführung 9
Stefan Gillich

Streetwork/Mobile Jugendarbeit zwischen Globalisierung
und Lokalisierung 15
Christoph Butterwegge

Neueinsteiger-Workshop 47
Christian Deckert, Jutta Zier

Recht auf der Straße: Rechtsnormen für Streetwork/
Mobile Jugendarbeit 59
Jürgen Schaffranek

Qualitätsentwicklung/Qualitätssicherung – Evaluation und
Dokumentation (Diskussionsverlauf) 85
Jan Becker/Olga Glouftsi

Vom Fußball-Gott, der Eisen wachsen lässt
Einwurf für Deutschland – WIR SIND DABEI –
OLYMP-JA! 87
Dieter Bott

»Wie meinst du das?«
Interkulturelle Kommunikation als Grundlage gelingender
Beratung und Beziehungsarbeit in der pädagogischen
Jugendarbeit mit MigrantInnen 107
Frank Dölker

Soziale Arbeit mit jungen Migranten 138
Hartmut Wagner

Schuldnerberatung konkret –
Was StreetworkerInnen zur Beratung ihrer Klientel
wissen sollten 155
Wolfgang Krebs

Alte Schachteln, Alte Knacker:
Älter werden im Arbeitsfeld Streetwork/Mobile
Jugendarbeit 162
Ernst Botzenhardt

Sicherheit und Sauberkeit –
Die Vertreibung aus dem (Einkaufs-)Paradies 166
Uwe Buchholz/Uli Vollmer

Rauschkunde: Suchtprävention und -intervention 177
Julia Elmer/Tristan Hellwig

Armut als Schicksal? Anforderung an und Standpunkte von
Streetwork/Mobile Jugendarbeit 193
Monika Brakhage

Presseerklärungen 204

Fachliche Standards für Streetwork und
Mobile Jugendarbeit 208

AutorInnen 218

TeilnehmerInnen 219

Übersicht über Dokumentationen des Burckhardthauses 221

Ablauf des 17. bundesweiten StreetworkerInnen-
Treffens 222

Arbeitsgruppen 224

Vorwort

Streetwork und Mobile Jugendarbeit verstehen sich als jeweils eigene Arbeitsfelder mit unterschiedlichen Schwerpunktsetzungen. Grundsätzlich stehen sie für niederschwellige Konzepte lebensweltorientierter Sozialarbeit. Sie zeichnen sich aus durch direkte Zugangswege zur Klientel, die unmittelbare Nähe sowie die Beschäftigung mit deren Lebensumwelt und (sozial)politische Intervention. Diese Arbeitsansätze haben sich in nahezu allen Arbeitsfeldern der Jugend- und Sozialarbeit durchgesetzt.

Die Etablierung von Streetwork und Mobile Jugendarbeit ist eine Konsequenz der Erkenntnis, dass viele AdressatInnen der Sozial- und Jugendarbeit aus den Bereichen Jugend(sozial)arbeit, Wohnungslosenhilfe, Drogenhilfe, Aidshilfe, Fußballfanarbeit etc. von herkömmlichen sozialen Diensten nicht (mehr) erreicht werden (können), gleichzeitig jedoch Hilfen notwendig sind, die adressatenorientiert und flexibel ausgerichtet sind. Im weitesten Sinn richten sich Streetwork und Mobile Jugendarbeit an Menschen, die von Ausgrenzung und Stigmatisierung bedroht bzw. betroffen sind, auffälliges soziales Verhalten zeigen und für die der öffentliche Raum von zentraler Bedeutung ist.

Traditionell wird Streetwork und Mobile Jugendarbeit verbunden mit der Vorstellung, diese Formen seien vor allem als »Feuerwehr«, als »letztes Mittel« der Sozialarbeit für ausgegrenzte Klientel tauglich und mit der erfolgreichen Anbindung an das etablierte Hilfesystem überflüssig. Demgegenüber steht ein »neueres« Verständnis, das diese Arbeitsansätze als jeweils eigenständiges Arbeitsfeld versteht. Auf der Grundlage der Bedürfnis-, Lebenswelt- und Alltagsorientierung, von Freiwilligkeit und Akzeptanz, Vertrauenschutz und Anonymität, Parteilichkeit und Transparenz, Verbindlichkeit und Kontinuität (BAG

Streetwork/Mobile Jugendarbeit, 1999) gilt es, Menschen im öffentlichen Raum zu begegnen.

Auf dem 17. Bundesweiten StreetworkerInnen-Treffen in Gelnhausen mit dem Titel: »Standpunkte: Streetwork/Mobile Jugendarbeit zwischen Fußballweltmeisterschaft und Bundestagswahl« haben sich Praktiker ihrer Positionen vergewissert und sie weiter entwickelt. Offenkundig ist, das die Fragestellung, wohin sich die Gesellschaft entwickelt, zentrale Bedeutung hat für »Modernisierungsverlierer«, für Menschen mit dem Lebensmittelpunkt Straße. Nach dem Einstieg über die gesellschaftliche Entwicklung und die Bedeutung für die Arbeitsfelder Streetwork und Mobile Jugendarbeit (Christoph Butterwegge) wird ein breites Spektrum anstehender Fragen ausgeleuchtet, z. B.: Wie haben sich die rechtlichen Rahmenbedingungen für Menschen auf der Straße verändert?; Jenseits von Fußball und Rassismus – was unternimmt Streetwork/Mobile Jugendarbeit gegen RECHTS?; Armut als Schicksal?; Wie kann interkulturelle Kommunikation gestaltet werden?; Was sollte soziale Arbeit mit jungen Migranten berücksichtigen? ...

Die AutorInnen haben jeweils eine überarbeitete Fassung ihrer Tagungsbeiträge als eigenständige Fachbeiträge vorgelegt. Wo Arbeitsgruppenergebnisse vorliegen, sind sie beigefügt. Damit ist gewährleistet, dass sowohl Teilnehmende an der Tagung ihre Beiträge und Ergebnisse vorfinden, als auch Interessierte an dem Thema unabhängig von ihrer Anwesenheit mit Grundlagenwissen »bedient« werden.

Stefan Gillich

Begrüßung und Einführung

Stefan Gillich

Ich freue mich, euch zum 17. Bundesweiten StreetworkerInnen-Treffen im Burckhardthaus in Gelnhausen begrüßen zu dürfen. Das Treffen dient dem fachlichen Austausch und der notwendigen Weiterentwicklung der Arbeitsfelder Streetwork und Mobile Jugendarbeit. Ich freue mich, dass so viele das Thema, das die Veranstaltung aufgreift, für wichtig halten. Standpunkte zu entwickeln bedeutet, dass wir gemeinsam darüber sprechen und dafür streiten wollen, dass die Hilfe für Menschen auf der Straße und damit die Arbeitsfelder Streetwork und Mobile Jugendarbeit Hand und Fuß haben; andere sagen: Qualität besitzen.

Ohne *Referenten* und *Moderatoren*, die bereit sind, Zeit und Kraft zu investieren, wäre die Durchführung eines solchen bundesweiten StreetworkerInnen-Treffens nicht möglich. Allen Referenten möchte ich deshalb schon vorab meinen ganz herzlichen Dank mit auf den Weg geben für das Engagement, das ihr aufgewendet habt und noch aufwenden werdet. Ich hoffe, dass ihr – wie wir alle – am Ende sagen könnt: Es hat sich gelohnt!

»*Standpunkte: Streetwork/Mobile Jugendarbeit zwischen Fußballweltmeisterschaft und Bundestagswahl*« lautet das Motto unseres diesjährigen Treffens. Der zweite Teil klingt etwas flapsig, weist jedoch durch die Präposition »zwischen« darauf hin, dass es dazwischen also zwischen den beiden ausgewählten Polen Fußballweltmeisterschaft und Bundestagswahl noch etwas gibt. Etwas, das verloren gehen könnte.

Die *Fußballweltmeisterschaft* bringt meistens Spaß und bewegt die Menschen mehr als alles andere (meistens über den Zeitraum, solange die eigene Mannschaft noch mitspielen darf). Eine Notiz hat mich nachdenklich gemacht. In Frankreich fanden parallel zur Fußballweltmeisterschaft Parlamentswahlen statt. Ergebnis: die Beteiligung an den Wahlen war extrem niedrig (die Wahlbeteiligung erreichte den tiefsten Stand bei einer Parlamentswahl in Frankreich in der Nachkriegszeit bei einem sich bestätigenden Rechtsruck) und – wen wundert es – kaum jemand interessierte sich für Politik. Die Massen wurden und werden aktuell durch die Fußballweltmeisterschaft bewegt.

Im Oktober finden in der Bundesrepublik Deutschland *Bundestagswahlen* statt. Wir werden darüber zu entscheiden haben, wie der – ich benutze diesen wohlklingenden Begriff – gesellschaftliche Umbau weiter vonstatten geht. In der gegenwärtigen Umbruchsituation geht es auch um die Grundlagen unserer Arbeit. Da reicht es nicht aus, auf die Veränderungsanforderungen defensiv zu reagieren. Wir sind gezwungen, neue Wege zu finden, uns neu zu orientieren und zu positionieren, wenn Streetwork/Mobile Jugendarbeit auch in Zukunft ihre Aufgaben erfüllen wollen. Das schließt vieles ein wie Fragen nach sozialer Gerechtigkeit und Solidarität, nach den dramatischen Gegensätzen von Arm und Reich, nach den fortschreitenden Ausgrenzungsprozessen an der Teilhabe am Leben in der Gemeinschaft, nach den angelegten Tabu-Brüchen, wie sie in der Antisemitismus/Walser-Debatte zum Tragen kommen, nach der radikalen Unterwerfung des Sozialen unter die Ökonomie, nach der Gefährdung unserer demokratischen Grundlagen, wenn die Mehrheit immer unverfrorener ihre Interessen auf Kosten der Minderheit durchsetzt. Es gehört zum Selbstverständnis von Streetwork/Mobile Jugendarbeit, zu diesen und weiteren notwendigen Fragen eigene Standpunkte zu entwickeln und nach innen und außen zu vertreten.

Damit bin ich schon bei dem zentralen Begriff unseres Mottos: »*Standpunkte*«, laut Duden eine »bestimmte Einstellung, mit der man etwas sieht, beurteilt«. Einen Standpunkt vertreten meint im alltäglichen Sprachgebrauch auch, eine Position vertreten. So verweist uns der Duden unter dem Stichwort »*Position*« auf einen »Standpunkt, eine grundsätzliche Auffassung, Einstellung« also in einer Angelegenheit eine bestimmte Position einnehmen.

Bekannt dürften Positionspapiere sein, die Verbände oder Lobbyorganisationen zu Fragestellungen formulieren und veröffentlichen, die ihre Arbeit betreffen. Die Palette der Themen ist breit und reicht von Positionspapieren zu Gesetzesvorhaben bis zu politischen Grundaussagen.

Positionsbestimmungen – also die Entwicklung von und Orientierung an Standpunkten – sind auf verschiedenen Ebenen hilfreich und notwendig. Hierzu ein paar kurze Anmerkungen.

1. Standpunkte/Positionen müssen *entwickelt* werden.
   Wir erleben diese mehr oder weniger intensive Diskussion zum Beispiel auf der Ebene der Landesarbeitsgemeinschaften.
2. Unterschiedliche Interessen der Mitglieder sozialer Organisationen müssen zu einem gemeinsamen Standpunkt *zusammengefasst* werden.
   Idealtypisch und nicht ohne Stolz können wir z. B. blicken auf die »fachlichen Standards für Streetwork und Mobile Jugendarbeit« die in einem länderübergreifenden und breiten Diskurs eine Arbeitsgrundlage für die Arbeitsfelder Streetwork und Mobile Jugendarbeit sind/bzw. sein sollten.
3. Standpunkte/Positionen müssen *praxisorientiert* sein.
   Was bringt es, frage ich, Positionen zu entwickeln, die durch die Praxis nicht getragen werden?
4. Standpunkte/Positionen müssen argumentativ *nachvollziehbar* sein.
   Es ist sozusagen die argumentative Konsequenz, die ich unter Würdigung gesellschaftlicher Rahmenbedingungen ziehe.
5. Standpunkte/Positionen sind auf ihre Aktualität hin zu *überprüfen*.
   Ebenso wie sich Rahmenbedingungen verändern können, wird sich ggf. auch die Problemsicht verändern.
6. Entwickelte Standpunkte haben eine *Wirkung nach innen und nach außen*.
   Standpunkte/Positionen haben für die Mitglieder eine Bindewirkung und Orientierungshilfe nach innen und sind sozusagen die Visitenkarte nach außen.
7. Positionen sind *zukunftsorientiert*.
   Zukunftsorientierung bedeutet, den Blick nach vorne zu richten, sich den Anforderungen stellen, die an die Arbeitsfelder Street-

work und Mobile Jugendarbeit gestellt werden. Es sind Fragen danach, wie, mit welchen Inhalten machen sich Streetwork und Mobile Jugendarbeit zukunftsfähig? Da bleibt nicht aus, mich mit den Anforderungen auseinander zu setzen, um daraufhin orientiert Positionen zu entwickeln.

Ich will kein Organisationsmodell sozialer Einrichtungen entwerfen. Aber wir müssen z. B. danach fragen, ob wir gerüstet sind für zukünftige Anforderungen. Ob unsere Standpunkte/Positionen noch tragbar sind. Ob wir – sozusagen – noch immer die richtigen Schlüsse aus den gesellschaftlichen Rahmenbedingungen ziehen. Ob wir uns Themen verstärkt zuwenden müssen, denen wir bislang wenig Beachtung schenken.

Zu aktuellen gesellschaftlichen Rahmenbedingungen: Regierungsamtlich leben 2,8 Millionen Kinder unter Armutsbedingungen in der heutigen Bundesrepublik Deutschland. Für die Zukunft »unserer Gesellschaft wird es entscheidend sein, den sozialen Zusammenhalt in der jungen Generation wieder herzustellen und das Auseinanderklaffen der Lebensbedingungen und die ungleichen Startchancen zu korrigieren«, so Ministerin Dr. Bergmann bei der Vorstellung des aktuellen, elften Kinder- und Jugendberichts der Bundesregierung. Von diesen Themen können wir in der Praxis ein vielstimmiges Lied singen.

Von den viel gepriesenen Modernisierungsprozessen erleben wir im Alltag die Kehrseite der Marktliberalisierung, die »Entfesselung der Märkte«. Auf der Strecke bleiben Modernisierungsverlierer – mit zunehmender Tendenz. Weitere Zahlen: Im Jahr 2000 hat sich die Zahl der ausländischen Schülerinnen und Schüler in Deutschland, die ohne Abschluss von der Schule abgegangen sind, im Vergleich zu 1999 weiter erhöht auf knapp 20 Prozent. Insgesamt haben im Jahr 2000 etwa 15.000 ausländische Schülerinnen und Schüler keinen Hauptschulabschluss gemacht, so das Statistische Bundesamt in Wiesbaden. Über 500.000 junge Bundesbürger unter 25 Jahren waren im Januar 2002 bei den Arbeitsämtern in Deutschland offiziell als Arbeitslose registriert; das waren 11,6 Prozent mehr als im Vorjahr.

Wir werden im Laufe des Tages Detaillierteres zu diesen Themen hören. Dafür haben wir mit Prof. Dr. Christoph Butterwegge einen Fachmann eingeladen, der uns Grundlagen für die weitere Arbeit liefern wird. Doch Antworten auf die Entwicklungen – bezogen auf unse Tätigkeitsfelder – werden wir wohl selbst suchen müssen. Wir werden zu überprüfen haben, ob wir blinde Flecken haben (Arbeit mit Schulverweigerern oder Arbeit mit MigrantInnen fallen mir ein), wir werden uns zu vergewissern haben, ob Grundlagen und Selbstverständnis unserer Arbeit zeitgemäß sind, wir werden uns darüber austauschen müssen, ob die Organisationsstruktur unseres Bundesverbandes passend ist und was wir alle tun können, um zu einer schlagkräftigen Organisation zu kommen. Von einer Profilierung der BAG Streetwork/ Mobile Jugendarbeit werden wir alle profitieren.

Nun zum Programm und notwendigen organisatorischen Ansagen:

Heute ist zentraler »Markttag« mit einem offenen Ende. Der Markt wird uns durchgängig begleiten, unterbrochen durch eine kurze Begrüßung von Peter Stotz von der BAG Streetwork/Mobile Jugendarbeit, Denkanstöße von Prof. Dr. Christoph Butterwegge und das Abendessen. Ob der Markttag bis 21.00, 22.00 Uhr oder länger geht, ist jeweils in eure Hände gelegt. Sozusagen, bis der letzte Stand geschlossen hat. Erfahrungsgemäß geht es in der Kneipe weiter.

Der *Markt* ist immer eine Chance die Arbeit darzustellen, sich Rückmeldung zu holen, etwas über andere Projekte zu erfahren oder einfach ins Gespräch zu kommen. Ihr wurdet im Anschreiben gebeten, Praxisberichte, Dokumentationen, Konzepte etc. von eurer Arbeit mitzubringen und im Foyer auszustellen.
Es wäre schön, wenn ihr an euren Ständen als Ansprechpartner zur Verfügung steht und im Anschluss an die Begrüßung von Peter Stotz aufbaut.

Von ca. 16.45 Uhr bis 18.30 Uhr steht uns Christoph Butterwegge zur Verfügung. Mit einem Vortrag zum Thema: »Streetwork/Mobile Jugendarbeit zwischen Globalisierung und Lokalisierung« und anschließender Diskussion. Als Grundlage für unsere weitere Arbeit in der Ar-

beitsgruppen wird er sich auseinandersetzen mit gesellschaftlichen Rahmenbedingungen und den Fragestellungen, wohin sich die Gesellschaft entwickelt und welche Bedeutung diese Entwicklung für die Modernisierungsverlierer, für Menschen auf der Straße hat.
Um 18.30 Uhr ist Abendessen.
Danach wird ab 19.30 Uhr der Markt weitergeführt. Unter anderem wird das DV Haus EDV zur Klientenverwaltung für die Arbeitsbereiche Streetwork undMobile Jugendarbeit präsentieren.

Die *Arbeitsgruppen* der verschiedenen Tage sind entweder ein- oder anderthalb Tage tätig und werden jeweils morgens um 9.00 Uhr im Plenum vorgestellt, bevor in den Arbeitsgruppen gearbeitet wird, so dass ihr euch ad hoc entscheiden könnt.
Die Arbeitsgruppen vom Dienstag sind auf anderthalb Tage angelegt und werden vermutlich noch Mittwoch Vormittag stattfinden. Apropos Fußballspiel: das Halbfinale (mit deutscher Beteiligung) findet am Dienstag um 13.30 Uhr statt. Hierfür steht der große Fernseher zur Verfügung. Soweit keine Verlängerung ansteht, wird die Weiterarbeit in den Arbeitsgruppen nicht beeinträchtigt sein.

Der Mittwoch Nachmittag wurde für die BAG freigehalten. Ab 15.00 Uhr findet eine *außerordentliche Mitgliederversammlung* statt. Am Abend ist ein Grillfest geplant.
Am Donnerstag fangen die eintägigen Arbeitsgruppen an. Dazu muss nicht mehr gesagt werden.
Am letzten unserer Tage, dem Freitag, werden wir die Berichte aus den Arbeitsgruppen hören, möglichst orientiert am Tagungsthema. Das geht nicht ohne eure Hilfe. Die jeweiligen Arbeitsgruppen brauchen eure Unterstützung, um die Ergebnisse zusammenzutragen. Das können auch jeweils zwei oder drei Personen sein – mit allen erdenklichen Hilfsmitteln.
Das Treffen ist keine reine Service-Veranstaltung, sondern lebt von der Mitarbeit aller. Sie ist – was wir alle daraus machen.

Uns allen wünsche ich eine produktive Tagung, viele Anregungen, einen regen Austausch und fruchtbare Diskussionen.

Streetwork/Mobile Jugendarbeit zwischen Globalisierung und Lokalisierung

Christoph Butterwegge

Die gegenwärtige Debatte über den Umbau des Sozialstaates lässt die Mobile Jugendarbeit bzw. Streetwork keineswegs unberührt. Letztere muss darauf vielmehr adäquat reagieren und ihn auch problematisieren, wenn sie nicht noch mehr in die Defensive geraten will. Zu fragen ist daher nicht nur, ob und ggf. wie die Wohlfahrtsstaatsentwicklung Streetwork/Mobile Jugendarbeit bzw. ihre Träger und Teilnehmer/innen verändert, sondern zudem, welcher Art die Beschäftigung damit sein soll.

1. Der moderne Wohlfahrtsstaat im Kreuzfeuer liberal-konservativer Kritik

In der aktuellen Diskussion über die Krise des Sozialen dominieren vier Argumentationsmuster, die einander zum Teil ergänzen und verstärken:

- *Großzügigkeit/Generosität*: Der deutsche Wohlfahrtsstaat sei in seiner Leistungsgewährung zu freigiebig, was ihn finanziell zunehmend überfordere und das Gegenteil dessen bewirke, was eigentlich intendiert sei. Arbeitslosigkeit und Armut könnten nicht mehr wirksam bekämpft werden, weil es sich für die Betroffenen kaum lohne, Erwerbsarbeit zu leisten, wenn sich die Höhe der Lohnersatzleistungen auf nahezu demselben Niveau bewege.
- *Leistungsmissbrauch*: Da es keine wirksamen Kontrollen gebe, lasse sich auch nicht verhindern, dass Sozialleistungen von Menschen, die gar nicht anspruchsberechtigt seien, missbräuchlich in Anspruch genommen würden.

- *Demografischer Wandel*: Durch die sinkende Geburtenrate der Deutschen und die steigende Lebenserwartung aufgrund des medizinischen Fortschritts komme es zu einer »Vergreisung« der Bundesrepublik, die das ökonomische Leistungspotenzial des Landes schwäche und die sozialen Sicherungssysteme (Renten-, Pflege- und Krankenversicherung) überfordere. Dem könne nur mittels einer (Teil-)Privatisierung auf der Beitrags- sowie einer Leistungsreduzierung auf der Kostenseite begegnet werden.
- *Globalisierung*: Infolge der sich verschärfenden Weltmarktkonkurrenz müsse der »Standort D« entschlackt und der Sozialstaat »verschlankt« werden, wolle man die Konkurrenzfähigkeit und das erreichte Wohlstandsniveau halten. Der (nordwest)europäische Wohlfahrtsstaat gilt seinen Kritikern als von der ökonomisch-technologischen Entwicklung überholt, als Hemmschuh der internationalen Wettbewerbsfähigkeit und als Investitionshindernis, kurz: als Dinosaurier, der ins Museum gehört, neben das Spinnrad und die bronzene Axt.

Diesen (größtenteils »interessierten«) Missverständnissen und Fehlurteilen gegenüber ist Folgendes geltend zu machen:
- Die empirische Wohlfahrtsstaatsforschung weist nach, dass die Bundesrepublik – entgegen dem allgemeinen Bewusstsein wie den hierzulande dominierenden Medienbildern – keineswegs den »großzügigsten« europäischen Sozialstaat besitzt, sondern hinsichtlich der Leistungsgewährung im Vergleich mit anderen EU-Staaten höchstens noch im unteren Mittelfeld rangiert. »Bis zum Ende der siebziger Jahre belegte Deutschland im internationalen Vergleich führende bis deutlich überdurchschnittliche Positionen, sank aber im Verlauf der achtziger und neunziger Jahre auf durchschnittliche bis unterdurchschnittliche Plätze ab.« (Alber 1998, S. 209)
- Auch der Missbrauch des Sozialstaates durch nicht Anspruchsberechtigte hält sich trotz vieler spektakulärer Berichte (vor allem der Boulevardpresse) über Einzelfälle, Vorurteile bezüglich sozialer Randgruppen, die auf Sozialleistungen angewiesen sind, und des Stammtischgeredes in engen Grenzen. Alle seriösen Studien gelangen zu dem Schluss, dass es sich bei dem beklagten Leistungsmissbrauch weder um ein Massenphänomen handelt noch

der Sozialstaat selbst dadurch bedroht wird (vgl. Lamnek 2000; Wogawa 2000).
- Die demografischen Entwicklungsperspektiven werden in Öffentlichkeit und Medien zu einem wahren Schreckensszenario verdüstert. Dabei fehlen keine Babys, sondern Beitragszahler/innen, die man etwa durch eine konsequente(re) Bekämpfung der Arbeitslosigkeit, die Erhöhung der Frauenerwerbsquote, die Erleichterung der Zuwanderung und/oder die Erweiterung des Kreises der Versicherten gewinnen kann. Statt zu klären, wie man aus einer längerfristigen Veränderung der Altersstruktur resultierende Schwierigkeiten solidarisch (z.B. durch die Erhöhung der Beitragsbemessungsgrenze und/oder die Verbreiterung der Basis des Rentensystems, also die Einbeziehung von Selbstständigen, Freiberuflern und Beamten) bewältigen kann, benutzt man sie als Hebel zur Durchsetzung unsozialer »Sparmaßnahmen« (vgl. hierzu: Butterwegge/Klundt 2002).
- Noch nie war der Wohlfahrtsstaat für die Gesellschaft als Ganzes und noch weit mehr für sozial Benachteiligte so unverzichtbar wie heute, im viel beschworenen »Zeitalter der Globalisierung«. Gerade die Bundesrepublik, deren exportorientierte Wirtschaft zu den Hauptgewinner(inne)n des Globalisierungsprozesses zählt, kann sich einen entwickelten Sozialstaat aufgrund ihres relativ hohen, kontinuierlich wachsenden Wohlstandes, der allerdings immer ungleicher verteilt ist, nicht nur weiterhin leisten, sondern darf ihn auch nicht abbauen, wenn sie einerseits Demokratie und inneren Frieden bewahren sowie andererseits konkurrenzfähig bleiben will. Selbst innerhalb der neoliberalen Standortlogik gibt es gute Gründe für eine – im Vergleich mit anderen, weniger erfolgreichen Wirtschaftsstandorten – expansive Sozialpolitik. Auf diese Zusammenhänge wird im Folgenden noch ausführlicher einzugehen sein.

2. Begriff, Entstehungsgeschichte und Grundlagen der Globalisierung

Mit dem Fall der Berliner Mauer im November 1989 und dem Kollaps aller »realsozialistischen« Wirtschaftssysteme in Ost(mittel)europa erfasste die Herrschaft des Marktes den ganzen Planeten. Die kapitalistische Wirtschaft war zwar immer auf den Weltmarkt orientiert, ihrem Expansionsdrang und dem freien Kapitalfluss hatte der Staatssozialismus aber Grenzen gesetzt. Nach dessen Bankrott gab es ein ideologisches Vakuum, in das neoliberale Kräfte deshalb mit großem Erfolg hineinstoßen konnten, weil sie die Vision einer klassenlosen Gesellschaft mit den aufklärerischen Traditionen des Bürgertums verbanden: »Die Vorstellung von einer Weltgesellschaft, ähnlich der Fortschrittsidee, wie sie im 18. und zu Beginn des 19. Jahrhunderts entstand, verkörpert den faszinierenden Traum von der einen Welt, in der es keinen Krieg, keinen Hunger und keine Vorurteile gibt und in der gleichzeitig alle Menschen über mehr Freizeit verfügen sowie ihren Lebens- und Konsumstil frei wählen können.« (Touraine 2001, S. 44) Gleichzeitig enthält der Globalisierungsbegriff aber ein ideologisches Moment: »Er verschleiert die Beziehungen zwischen Macht und Herrschaft, indem er sie als natürlich oder technologisch uminterpretiert.« (ebd., S. 57) Demgegenüber betont Alain Touraine, dass die Globalisierung einem kapitalistischen Modernisierungsprozess entspricht und keinen neuen Gesellschaftstyp (nach der *Industrie*gesellschaft) konstituiert.

Dass der Terminus »Globalisierung« eine so große Resonanz in Fachwissenschaft und Öffentlichkeit findet, hängt wesentlich mit seiner Ambivalenz zusammen: Er transportiert sowohl die Hoffnung von Millionen Bürger(inne)n, viele Jahrtausende alte Fesseln, Beschränkungen und soziale Borniertheiten abschütteln zu können, wenn ferne Länder und Kontinente einander durch moderne Informations-, Kommunikations- und Transporttechnologien näher rücken, als auch die verbreitete Furcht, aufgrund von deren Instrumentalisierung durch die (ökonomisch) Herrschenden traditionelle Bindungen und bewährte Sicherungsgarantien im Alltagsleben einzubüßen. Armin Nassehi (1998, S. 151) hat diesen Januscharakter des besagten Terminus im Auge, wenn er schreibt: »Die Rede von der *Globalisierung* legitimiert sowohl soziale Grausamkeiten in politischen Entscheidungen als auch Hoffnungen darauf, dass die ›Eine Welt‹, von der in den 70er Jahren Alternativ- und Dritte-Welt-Bewegungen noch als Provokation gesprochen haben, nun Realität geworden sei.« Hier liegt auch ein Grund dafür, warum man klar zwischen Globalisierung und ihrer neoliberalen Erscheinungsform trennen muss. Nur dann macht es nämlich Sinn, über eine »andere Globalisierung« (Johan Galtung) oder »Globalisierung von unten« (Maria Mies) zu reflektieren und demokratisch-soziale Alternativen zum Neoliberalismus zu entwickeln.

Nicht die Globalisierung selbst, wohl aber der verbreitete Glaube, ihre dominante Erscheinungsform, die neoliberale Modernisierung, mehre den Wohlstand aller Wirtschaftsstandorte (Städte, Regionen, Nationen) und Bürger/innen, ist ein Mythos, welcher von den bestehenden Herrschaftsverhältnissen, wachsender sozialer Ungleichheit und zunehmendem Machtmissbrauch ablenkt. Claus Leggewie (2000, S. 4) fällt über den von ihm als »exklusiv« bezeichneten Prozess ein letztlich vernichtendes Urteil: »Nichts ist gut an einer Globalisierung, bei der ein Sechstel der Weltbevölkerung hungert und (sogar in Deutschland) jedes siebte Kind in Armut leben muss, deren Millimeter-Fortschritte beim nachhaltigen Umweltschutz durch die rasante Industrialisierung des Südens aufgefressen werden, die elementare Rechte von Frauen und Minderheiten ignoriert.«

Seinen bis heute dauernden Siegeszug trat der Neoliberalismus, anfänglich »Neokonservatismus« genannt, bereits gegen Ende der 1970er-/Anfang der 1980er-Jahre an. Später setzte sich die deshalb missverständliche Bezeichnung »Neoliberalismus« durch, weil seine Aufwertung wirtschaftlicher Kennziffern und der Mechanismen kapitalistischer Marktsteuerung keineswegs mit Engagement für individuelle Bürgerrechte, Hauptmerkmal des zur Bedeutungslosigkeit absinkenden politischen Liberalismus, einherging (vgl. Bischoff 1998, S. 55 f.). Damals regierten in den USA unter Ronald Reagan ebenso wie in Großbritannien unter Margaret Thatcher liberalkonservative Kräfte, die den jahrzehntelang dominierenden Keynesianismus durch eine sog. Angebotsökonomie (»supply-side economics«), verbunden mit einer Schwerpunktverlagerung von der Fiskal- zur Geldmengenpolitik (Monetarismus) und restriktiver Budgetpolitik (Austeritätskurs) des Staates, ersetzten.

Im viel beschworenen »Zeitalter der Globalisierung« erscheint der Neoliberalismus als umfassende und in sich schlüssige Lehre, ja als politische Zivilreligion oder Weltanschauung, mit der man sich die Entwicklung von Staaten und Gesellschaften erklären, sie aber auch beeinflussen sowie in eine markt-, leistungs- und konkurrenzorientierte Richtung lenken kann. Dass der Neoliberalismus eine beherrschende Position im öffentlichen und Fachdiskurs erringen konnte, verdankte er weniger der Überzeugungskraft seiner Theorie, die ihren Hauptvertretern, etwa den Ökonomie-Nobelpreisträgern Friedrich A. Hayek und Milton Friedman, großen Einfluss verschaffte, als vielmehr deren geschickter Vernetzung, systematischer Unterstützung durch sog. Denkfabriken (think tanks) und von Stiftungen geförderter Lobbyarbeit (vgl. dazu: Plehwe/Walpen 1999).

Standortpolitik, die eine Umverteilung von Reichtum, Macht und Lebenschancen bezweckt, versteht Globalisierung als »Gegenreform«, als Restauration des Kapitalismus vor John Maynard Keynes. Was als »Modernisierung« klassifiziert wird, tendiert letztlich zur Rücknahme demokratischer und sozialer Reformen bzw. Regulierungsmaßnahmen, mit denen die Staaten das Kapital einer gewissen Kontrolle unterwarfen. Es geht dabei um die Ökonomisierung (fast) aller Gesellschaftsbereiche, deren Restrukturierung nach dem privatkapitalistischen Marktmodell und die Generalisierung seiner betriebswirtschaftlichen Effizienzkriterien und Konkurrenzmechanismen.

3. Folgen neoliberaler Modernisierung: Pauperisierung, soziale Polarisierung, Entsolidarisierung und Entdemokratisierung

Die als neoliberale Modernisierung gegen das Projekt sozialer Gleichheit gerichtete Globalisierung führt zu Spaltungsprozessen in fast allen Bereichen (vgl. ergänzend: Butterwegge 2001). Genannt und anschließend beleuchtet seien hier nur:
- die Dualisierung des Prozesses transnationaler Wanderungen in Experten- bzw. Elitenmigration einerseits und Elendsmigration andererseits;
- eine soziale Polarisierung zwischen den wie auch innerhalb der einzelnen Gesellschaften;

- die Herausbildung einer Doppelstruktur der Armut (»underclass« und »working poor«);
- eine Krise bzw. ein Zerfall der Städte, bedingt durch die Marginalisierung und sozialräumliche Segregation von (ethnischen) Minderheiten.
- die »Verdopplung« des Nationalismus (in *völkischen* und *Standortnationalismus*) sowie die Fraktionierung des Rechtsextremismus.

3.1 Dualisierung der Zuwanderung in Eliten- und Elendsmigration

Migration ist so alt wie die Menschheit, nimmt jedoch im Zeichen der ökonomischen Globalisierung neue Züge an (vgl. dazu: Galtung 2000; Nuscheler 2000). Gesellschaften werden labiler und ihre Mitglieder immer mobiler. Aufgrund der sich durch die modernen Kommunikations-, Informations- und Transporttechnologien bietenden Gelegenheiten überwinden sie leichter riesige Entfernungen. Transkontinentale Wanderungen verändern die ganze Welt, deren Gesellschaften immer weniger dem Muster homogener Nationalstaaten entsprechen.

Bedingt durch Spaltungstendenzen zwischen wie innerhalb der Nationalstaaten, differenziert sich auch die Migrations- und Integrationspolitik aus: Während die auf dem Weltmarkt konkurrierenden Wirtschaftsstandorte gut ausgebildete und hoch qualifizierte Fach- bzw. Führungskräfte aus aller Herren Länder im »Kampf um die besten Köpfe« zu gewinnen suchen, gilt Armutsmigration bzw. Flucht den Bewohnern reicher Länder als »Standortnachteil«, der möglichst zu vermeiden oder zu verringern ist.

Die strukturelle »Dualisierung« der Migration spiegelt sich auch im Handeln der Regierungen bzw. Verwaltungen und im öffentlichen Diskurs wider: Für begehrte IT-Fachleute wurden die Green sowie die Blue Card eingeführt, wohingegen das Ausländer- und Asylrecht für Flüchtlinge national und auf EU-Ebene immer neuen Restriktionen unterliegt. Auf der kommunalen Ebene spaltet sich die Politik gegenüber Migrant(inn)en ebenfalls in zwei ganz »unterschiedliche Handlungs-, Gestaltungs- und Versorgungskonzepte: da ist einerseits das Handlungsfeld der ›Anwerbung von Spitzenkräften‹ (deren Beweglichkeit scheinbar unbegrenzt ist) und da ist andererseits das Handlungsfeld der ›Armutswanderer und politisch Verfolgten‹ (deren Beweglichkeit im Aufnahmeland äußerst begrenzt ist).« (Schmalz 2000, S. 15)

In den Massenmedien wird der volkswirtschaftliche Nutzen einer transnationalen Experten- und Elitenmigration herausgestellt; dagegen betont man in der deutschen Öffentlichkeit die negativen Konsequenzen von Armutswanderungen und Fluchtbewegungen für das Aufnahmeland (vgl. dazu: Butterwegge u.a. 2002). Die politisch Verfolgten stoßen auf eine Mauer allgemeinen Misstrauens, bürokratischer Abwehr und struktureller wie (im Extremfall) personeller Gewalt. Wo die ständige Umverteilung von unten nach oben mit dem Hinweis auf Globalisierungsprozesse – als für den »eigenen« Wirtschaftsstandort nützlich, ja unbedingt erforderlich – legitimiert wird, entsteht ein gesellschaftliches Klima, das (ethnische) Ausgrenzungsbemühungen stützt. Wenn renommierte Wissenschaftler von einem »Kampf der Kulturen« (Samuel P. Huntington) oder einem »Krieg der Zivilisationen« (Bassam Tibi) sprechen, wundert es nicht, dass Jugendliche in den Metropolen zur Gewalt gegenüber Migranten greifen, die sie als Konkurrenten um knapper werdende Arbeitsplätze, Lehrstellen, Wohnungen und Sexualpartnerinnen empfinden. Die (den Verwertungsmechanismen privater Profitmaximierung unterworfenen) Medien tun ein Übriges, um die Bevölkerung in »gute Einheimische« sowie »böse und bedrohliche Fremde« aufzuteilen, wobei Journalist(inn)en ihrer Verantwortung hinsichtlich einer seriösen Berichterstattung immer weniger gerecht werden (vgl. hierzu: Butterwegge/Hentges 2001; Butterwegge u.a. 2002).

3.2 Die soziale Polarisierung nimmt überall zu: Zerfall der (Welt-)Gesellschaft in Arm und Reich

Noch nie klafften Armut und Reichtum so weit auseinander wie heute. Milliardenvermögen wie das des US-amerikanischen Computerunternehmers Bill Gates einerseits; Not, Elend, Hungertod und Verzweiflung von Milliarden Menschen (in der südlichen Hemisphäre) andererseits bestimmen das Bild einer auseinander fallenden

Welt. Fast die Hälfte aller Erdenbewohner/innen, 2,8 Milliarden Menschen, leben von weniger als 2 US-Dollar pro Tag und ein Fünftel, 1,2 Milliarden Menschen, gar von weniger als 1 Dollar pro Tag (vgl. Weltentwicklungsbericht 2001, S. 3). Während die westlichen Industriestaaten und hier wiederum deren ökonomisch leistungsfähigste Bevölkerungsschichten von der neoliberalen Modernisierung profitierten, wurde Afrika von der wirtschaftlichen und sozialen Entwicklung weitgehend abgekoppelt. Die sich dort seither ausbreitende Hoffnungslosigkeit riesiger Landstriche trifft – wie Armut bzw. Unterversorgung ganz generell – besonders die Kinder (vgl. z. B. Sifuna 2002, S. 110 ff.).

Das neoliberale Konzept führt nicht nur zur Auseinanderentwicklung von Gesellschaft und Staat (privater Reichtum – öffentliche Armut), sondern auch zur Ausdifferenzierung der ersteren in Arm und (ganz) Reich. Kern des neoliberalen Projekts ist die Freisetzung der Dynamik des Marktes und des Wettbewerbs, bis hinein in das persönliche Leben. »Der Konkurrenzkampf der Warenwelt prägt nun auch die Beziehungen zwischen Menschen. Man kann sagen, dass sich der einzelne hauptsächlich durch diese Konkurrenz definiert, als jemand, der mit anderen und letztlich mit sich selbst um die Wette läuft.« (Thureau-Dangin 1998, S. 65) Der neoliberale Wettbewerbswahn folgt dabei nicht dem verständlichen Drang, sich mit anderen auf der Grundlage allgemein anerkannter Regeln zu messen, sondern impliziert eine desaströse Konkurrenz »jeder gegen jeden«, die Entsolidarisierung und einen Zerfall des gesellschaftlichen Zusammenhalts nach sich zieht.

Walter Schöni (1994, S. 72) wirft dem Neoliberalismus vor, die soziale Ungleichheit mit dem Ziel individueller Leistungssteigerung zu instrumentalisieren und eine soziale Auslese zu betreiben, die zur Spaltung zwischen Zentren und Randregionen, Einheimischen und Ausländer(inne)n sowie höher und niedriger Qualifizierten führt. Die staatliche Regulation erfährt einen Funktionswandel, welcher die Ausdifferenzierung, Polarisierung und Segmentierung im sozialen Bereich noch verstärkt: »Der vormalige Anspruch einer solidarischen wohlfahrtsstaatlichen Inklusion wird durch die Praxis einer exklusiven, d. h. partikular-selektiven – bisweilen repressiven, disziplinierenden – Sozialversorgung verdrängt. Darin ist auch die klassenpolitische Dimension dieser Transformation angelegt.« (Deppe 2001, S. 30 f.) Daraus resultiert eine Gerechtigkeitslücke, die so lange wächst, wie man ihr auf der (sozial)politischen Ebene nicht konsequent begegnet.

Die neoliberale Hegemonie hat in der Gesellschaft bisher allgemein verbindliche Gleichheits- und Gerechtigkeitsvorstellungen auf den Kopf gestellt. Galt früher der soziale Ausgleich zwischen den gesellschaftlichen Klassen und Schichten als erstrebenswertes Ziel staatlicher Politik, so steht heute den Siegertypen alles, den »Leistungsunfähigen« bzw. »-unwilligen« nach offizieller Lesart hingegen nichts zu. In einer »Winner-take-all«-Gesellschaft (Robert H. Frank/Philip J. Cook) zählt nur der sich in klingender Münze auszahlende Erfolg. Wenn davon heute überhaupt noch die Rede ist, wird nach »*Generationen*gerechtigkeit« gerufen, die wachsende Ungleichheit *innerhalb aller* Generationen aber zunehmend ignoriert (vgl. hierzu: Butterwegge/Klundt 2002).

Noch nie wurde die zwischenmenschliche Solidarität in der modernen Gesellschaft auf eine ähnlich harte Probe gestellt wie heute. »Globalisierung« fungiert dabei als neoliberaler Kampfbegriff, der die Entsolidarisierung zum Programm erhebt. Maßnahmen zur Privatisierung öffentlicher Unternehmen, sozialer Dienstleistungen und allgemeiner Lebensrisiken, zur Liberalisierung der (Arbeits-)Märkte, zur Deregulierung gesetzlicher Schutzbestimmungen und zur Flexibilisierung der tarifvertraglich abgesicherten Beschäftigungsverhältnisse sind Schritte auf dem Weg in eine »Kapital-Gesellschaft«, die Konkurrenz und Kommerz prägen. (Re-)Privatisierung führt in einen Teufelskreis der forcierten Entsolidarisierung hinein, weil sich die »besseren Risiken« aus den Sozial(versicherungs)systemen zurückziehen, wodurch diese noch unattraktiver werden. Darunter haben Personen mit einem hohen Gefährdungspotenzial und relativ niedrigen Einkommen naturgemäß am meisten zu leiden.

Die neoliberale Globalisierung ist nicht etwa hypermodern, wie ihre Protagonisten meinen, sondern im Gegenteil völlig antiquiert, nicht zuletzt deshalb, weil mit alt-neuen Formen der Versklavung die Spaltung zwischen Herren- und Untermenschen wieder Einzug hält (vgl. Arlacchi 2000; Bales 2001). In der Bundesrepublik zeichnet sich längst die Herausbildung einer Dienstbotengesellschaft nach US-amerikanischem Muster ab (vgl. Häußermann/Siebel 1995, S. 81 ff.). Wenn die Bundesregierung auf Vorschlag der sog. Hartz-Kommission niedrig bezahlte Jobs in Privathaushalten durch steuerliche Abschreibungsmöglichkeiten fördern will, kehren die Dienstmädchen endgültig zurück (vgl. dazu: Lutz 2000; Odierna 2000; Weinkopf 2001). Perspektivisch lässt das Projekt einer größeren sozialen Ungleichheit die historischen Errungenschaften der Französischen Revolution von 1789 hinter sich. Es bedeutet sozialpolitisch wie demokratietheoretisch den Rückfall ins Mittelalter.

Neoliberale propagieren einen Fürsorgestaat, der die Lohn(neben)-kosten und die Sozialleistungen reduziert, damit sie die Firmen kaum belasten und deren Konkurrenzfähigkeit auf dem Weltmarkt nicht gefährden. Der neoliberale Minimalstaat ist viel eher Kriminal- als Sozialstaat, weil ihn die drastische Reduktion der Wohlfahrt verstärkt zur Repression gegenüber Personen(gruppen) zwingt, die als »Modernisierungs-« bzw. »Globalisierungsverlierer/innen« zu Hauptopfern seiner im Grunde rückwärts gerichteten »Reformpolitik« werden. »Die Spaltung in eine globale ›Club-Gesellschaft der Geldvermögensbesitzer‹ und nationale Gesellschaften, die noch immer ›Arbeitsgesellschaften‹ sind, führt in letzter Konsequenz dazu, dass der Rechtsstaat zu einem Staat mutiert, der den ›inneren Frieden‹ mit Gewalt aufrechterhalten muss – mit Disziplinierung anstelle von Konsens und mit Sicherheitspolitik anstelle von Sozialpolitik.« (Mahnkopf 1999, S. 120)

Zuerst werden die Grundrechte von Menschen angetastet, denen man einen Missbrauch staatlicher Sozialleistungen umso eher vorwerfen kann, als sie sich als Leistungsempfänger/innen ohnehin in einer prekären Situation und extrem schwachen Rechtsposition befinden (vgl. dazu: Sonnenfeld 1998). Erwähnt sei nur die äußerst restriktive Handhabung des Ausländer- und Asylrechts im Sinne einer »Festungsmentalität«, bei der man durchaus von »institutionellem Rassismus« sprechen kann: »Die deutsche Variante des Neoliberalismus verbindet (...) ›globale‹ Elemente mit einer neurechten Lesart der Verteidigung des Nationalstaates.« (Hansen 1998, S. 204) Nachdem man Kürzungen und Zwangsmaßnahmen zu Beginn der 90er-Jahre an Flüchtlingen »ausprobiert« hatte (Baumann 1998, S. 35), gerieten auch Einheimische ins Visier: verdachtsunabhängige Personenkontrollen, Platzverweise und Aufenthaltsverbote für Bettler/innen, Obdachlose, Drogensüchtige sowie Punker sind in allen größeren Städten nicht erst seit den Terroranschlägen des 11. September 2001 an der Tagesordnung. »Von den alten Armenordnungen bis zu ›Zero Tolerance‹ besteht eine nahezu bruchlose Kontinuität des repressiven Umgangs mit Gruppen, die die vormals feudalistische und heute bürgerliche Ordnung des öffentlichen Raums zu stören drohen.« (Simon 2001, S. 149)

Der »schlanke Staat« des Neoliberalismus tendiert zur Magersucht in der Sozialpolitik, ist aber ein ordnungspolitisch schlagkräftiger Staat. Martin Kutscha (2001) spricht in diesem Zusammenhang von einem »Polizeistaat neuen Typs« und betont, dass der öffentliche Raum zunehmend dem Diktat der globalisierten Ökonomie unterliegt. Aufenthaltsverbote und vergleichbare Polizeimaßnahmen, die hauptsächlich Arme, Ausländer/innen, Drogenabhängige, Obdachlose und Mitglieder anderer »Randgruppen« treffen, sollen seiner Meinung nach nicht mehr nur »Gefahrenabwehr« im klassisch-polizeirechtlichen Sinne bewirken, sondern durch Beseitigung »störender Elemente« ein angenehmes Konsum- und Investitionsklima schaffen, wozu das Gefühl der eigenen Sicherheit gehöre (ebd., S. 218).

3.3 Aufspaltung der Armutspopulation in arme Arbeitslose und »arbeitende Arme«

Ulrich Beck (1986, S. 122) sprach in seinem Buch »Risikogesellschaft« noch von einem sozialen »Fahrstuhl-Effekt«, der sämtliche Schichten und Klassen gemeinsam nach oben befördert habe: »Es gibt – bei allen sich neu einpendelnden oder durchgehaltenen Ungleichheiten – ein kollektives Mehr an Einkommen, Bildung, Mobilität, Recht, Wissenschaft, Massenkonsum.« Betrachtet man jedoch den weiteren Verlauf der Gesellschaftsentwicklung, so lässt sich eher von einem *Paternoster-Effekt* reden: In demselben Maße, wie die einen nach oben gelangen, geht es für die anderen nach unten. Mehr denn je gibt es im Zeichen der Globalisierung ein soziales Auf und Ab, das Unsicherheit und Existenzangst für eine wachsende Zahl von Menschen mit sich bringt.

Hinsichtlich des Sozialstaates ist die Dualisierung das prädominante Strukturmerkmal neoliberaler Standortsicherung.»So bereitet es der wohlhabenderen Bevölkerung (industrielle Kernbelegschaften, neue und alte Mittelklassen) keine Probleme, wenn die sozialen Sicherungssysteme nicht mehr nach dem Kostendeckungsprinzip funktionieren und eine stärkere Eigenbeteiligung verlangen; es bringt ihnen eher noch Vorteile. (...) Für die sozial Schwachen führen die Kürzungen in der allgemeinen Grundversorgung hingegen dazu, dass die Löcher im Sicherungsnetz immer größer werden.« (Bieling 1996, S. 83) Mit der Armut ist der Reichtum eine zahlenmäßig ins Gewicht fallende, wenn nicht zur Massenerscheinung geworden. Vor allem die Steuerpolitik sorgte während der 80er- und 90er-Jahre dafür, dass sich die Einkommensverteilung zu Lasten von Arbeitnehmer(inne)n und ihren Familien verschob, während begünstigt wurde, wer Einkünfte aus Unternehmertätigkeit und Vermögen erzielte (vgl. Schäfer 1999, S. 63 ff.). Zu nennen sind Senkungen der Körperschaftsteuer, die Abschaffung der Vermögens- und der Gewerbekapitalsteuer sowie eine Vielzahl von Sonderabschreibungen, die z. B. mehrere Jahressteuer- und Finanzmarktförderungsgesetze, das Fördergebiets- sowie das sog. Standortsicherungsgesetz enthielten.

Wenn die »Amerikanisierung« des Sozialstaates (exemplarisch genannt sei die Teilprivatisierung der Altersvorsorge durch Einführung der sog. Riester-Rente) fortschreitet, dürfte eine Amerikanisierung der Sozialstruktur (Vertiefung der Kluft zwischen Arm und Reich) nicht ausbleiben. Damit wäre eine weitere soziale Polarisierung verbunden, wie sie in den USA schon seit langem beobachtet und auch zu Recht kritisiert wird: »Während sich an der Spitze der gesellschaftlichen Hierarchie eine kleine, finanziell unabhängige, leistungsfähige und kosmopolitische Elite herausbildet, die sich immer mehr von der Masse zu entfernen scheint und sich sozialer Verpflichtungen entledigt, deren Wahrnehmung sogar den traditionellen Adel auszeichnete, so der besorgte Tenor der Forscher, kulminieren an der gesellschaftlichen Peripherie die sozialen und ökonomischen Probleme.« (Gebhardt 1998, S. 19)

Man kann von einer Dualisierung bzw. Doppelstruktur der Armut sprechen: Einerseits sind (bis in den Mittelstand hinein) mehr Personen betroffen, und zwar auch solche, die früher – weil meist voll erwerbstätig – im relativen Wohlstand des »Wirtschaftswunderlandes« lebten. Deutlich zugenommen hat die Zahl jener Personen/Haushalte, deren Einkommen *trotz* Lohnarbeit in Form eines oder sogar mehrerer Arbeitsverhältnisse nicht oder nur knapp über der relativen Armutsgrenze liegt (»working poor«). Andererseits verfestigt sich die Langzeit-, perforierte bzw. Mehrfacharbeitslosigkeit älterer und/oder gering qualifizierter Personen zur Dauerarbeitslosigkeit, wodurch ansatzweise eine soziale Schicht total Deklassierter, d. h. vom Arbeitsmarkt wie auch von der gesellschaftlichen Teilhabe Ausgeschlossener (»underclass«), entsteht. Max Koch (1999, S. 40) rät jedoch von der Verwendung dieses Terminus ab: »Es spricht wenig dafür, dass sich der Rückzug des Staates aus seiner sozialen Verantwortung und die Pauperisierung von Teilen der Bevölkerung in Westeuropa bereits so weit verdichtet hätten, dass man von ghettoartigen Zuständen in den sogenannten Problembezirken europäischer Großstädte auszugehen hätte.«

Auch in der Bundesrepublik hat sich, wenngleich mit erheblicher Verzögerung gegenüber anderen westlichen Industrieländern, ein breiter, seinem Umfang nach oft unterschätzter Niedriglohnsektor herausgebildet, der nicht mehr nur typische Frauenarbeitsplätze umfasst (vgl. dazu: Pohl/Schäfer 1996; Roth 1998; Schäfer 2000). Den armen Erwerbslosen, die niedrige oder gänzlich fehlende Lohnersatzleistungen auf das Existenzminimum zurückwerfen, traten die erwerbstätigen Armen zur Seite. Längst reichen viele Vollzeitarbeitsverhältnisse nicht mehr aus, um eine Familie zu ernähren, sodass ergänzend ein oder mehrere Nebenjobs übernommen werden und nach Feierabend bzw. an Wochenenden (schwarz) weitergearbeitet wird. »Zwischen die Ausgegrenzten und die Arbeitnehmer mit zunächst noch gutem Einkommensniveau (bei Industrie, Banken und Versicherungen und beim Staat) schiebt sich die rapide wachsende Schicht der ›working poor‹. Auf mittlere Sicht wird diese schlecht bezahlte Arbeitnehmerschaft im Service-Sektor das Lohnniveau in Deutschland maßgeblich mitbestimmen.« (Welzk 2000, S. 28)

Der Berliner Stadtforscher Hartmut Häußermann (1998, S. 165) prognostiziert im Hinblick auf Tendenzen zur Deindustrialisierung und zur Etablierung einer Dienstleistungsökonomie in der Bundesrepublik: »Die postindustrielle Gesellschaft wird geprägt sein von einer Dualisierung bzw. Polarisierung der Lebenslagen, die sich mit der Durchsetzung der tertiarisierten Ökonomie ergibt.« Offen sei bisher noch, welche Form diese Polarisierung annehmen wird. Dafür gebe es im Prinzip zwei Alternativen: einerseits die Möglichkeit, dass sich die Tätigkeiten je nach Qualifikation und Verdienst innerhalb der Beschäftigung polarisierten (»amerikanisches Modell«), andererseits die Möglichkeit, dass die Spaltung zwischen »Arbeitsplatzbesitzern« und Arbeitslosen zunehme, die Polarisierung sich also zwischen dem Segment der Beschäftigten und dem Segment der dauerhaft Erwerbslosen herausbilde. Martin Kronauer und Berthold Vogel (1998, S. 340) konstatieren, dass sich – unabhängig von den Strukturbrüchen zwischen Ost und West – heute erstmals nach 1945 eine deutliche Spaltungslinie der In- bzw. Exklusion quer durch Deutschland ziehe: »Sie trennt diejenigen, die zum Erwerbssystem gehören oder zumindest in bestimmten Abstufungen noch Zugang zu ihm haben, von den anderen, die am Arbeitsmarkt *dauerhaft* und gegen ihren Willen von diesem Zugang ausgeschlossen werden.«

Die beschriebene Dualisierung der Armut impliziert nicht nur eine weitere Fragmentierung der Klassengesellschaft, sondern auch eine soziale Schließung. Neben die Oben-unten- tritt eine Innen-außen-Spaltung der Sozialstruktur, die der Exklusionsbegriff erfasst. »Exklusion führt dann in eine eigenständige soziale Lage hinein, wenn die Abhängigkeit von öffentlicher Fürsorge anhält, weil die Betroffenen an der ökonomischen Produktion und Reproduktion der Gesellschaft nicht teilnehmen, im ökonomische Sinne ›überflüssig‹ geworden sind, aber auch sonst – und diese weitere Bedingung ist wichtig – keinen positiv definierten Platz in der Gesellschaft (Rentner, Vorruheständler etc.) einnehmen können.« (Kronauer 1999, S. 69 f.)

3.4 Krise der (Groß-)Stadt aufgrund einer sozialräumlichen Differenzierung ihrer Bewohner/innen

In der städtischen Metropole massiert sich seit jeher die soziale Ungleichheit, und zwar hauptsächlich in Form einer räumlichen Segregation, wie sie ethnische Gruppen aufweisen (vgl. Friedrichs 2000, S. 174). Unter den Bedingungen der neoliberalen Modernisierung spitzen sich Ausgrenzungsprozesse zu, von denen insbesondere Migrant(inn)en betroffen sind, was einer sozialräumlichen Spaltung der Großstädte gleichkommt. Man spricht in diesem Zusammenhang von »ethnischer Segregation«, die sich verfestigt, wenngleich sie (noch) nicht mit Gettoisierungstendenzen in den USA, Großbritannien und Frankreich vergleichbar ist (vgl. dazu: Bremer 2000, S. 173 ff.).

Jenseits des Atlantiks ist die sozialräumliche Trennung von Bevölkerungsgruppen mit verheerenden Folgen für den Zusammenhalt der Gesellschaft hinsichtlich einer hohen (Gewalt-)Kriminalität, des Drogenmissbrauchs und einer Verwahrlosung der öffentlichen Infrastruktur deutlicher erkennbar. Statt des »wohltätigen« bzw. Sozialstaates setzt sich dort der »strafende« Kriminal- bzw. Polizeistaat durch. Die unter Präsident Bill Clinton verwirklichte Sozialhilfe-Reform ersetzte das soziale Netz durch disziplinierende und diskriminierende Maßnahmen, die darauf abzielen, die Sozialausgaben des Staates weiter zu senken, die Armen in die untersten Bereiche des Arbeitsmarktes zu drängen und solche, die noch immer Unterstützungsansprüche stellen, streng zu bevormunden (vgl. Wacquant 1997, S. 61).

Der soziale Status eines Menschen entscheidet nicht nur über seine Konsummöglichkeiten, weil Einkommen und Vermögen dafür ausschlaggebend sind, welchen Lebensstandard man sich leisten kann, sondern das Quartier, in dem man wohnt, determiniert umgekehrt auch die Aufstiegschancen im Beruf. Jens S. Dangschat und Ben Diettrich (1999, S. 98) weisen auf die steigende Bedeutung des Raumes für die Reproduktion der sozialen Ungleichheit hin. Vor allem den »global cities« kommt demnach eine überragende Rolle bei dieser Ausdifferenzierung der postmodernen Gesellschaft in Arm und Reich zu. Stadtentwicklungsplanung, die als Standortpolitik der Kapitallogik folgt, schafft auf der einen Seite glamouröse Schaufenster des Konsums (»Räume der Sieger«) und auf der anderen Seite vernachlässigte Wohnquartiere (»Räume der Verlierer«), die kaum noch etwas miteinander zu tun haben. Besonders in boomenden Zentren verbindet sich der Mangel an finanziellen Ressourcen, wie ihn die Zuwanderer mit ihren meist schlecht bezahlten Arbeitsplätzen (»bad jobs«) verzeichnen, mit einer prekären Situation auf dem Wohnungsmarkt: »Bezahlbar ist, wenn überhaupt, nur schlecht ausgestatteter Wohnraum, welcher sich zudem in infrastrukturell defizitären Quartieren befindet. Hier konzentriert und ghettoisiert sich Armut.« (Hahn 1999, S. 204)

Natürlich ist Segmentierung als solche unproblematisch; schließlich exerzieren die gesellschaftlichen Oberschichten sie seit jeher vor. Man muss auch kein idealistischer Schwärmer sein, um erkennen zu können, dass in der »multikulturellen Stadt« ethnische Communitys eine wichtige Quelle sozialen und kulturellen Kapitals bilden (vgl. dazu: Bukow u.a. 2001). Entscheidend dürfte sein, ob es sich um freiwillige oder erzwungene Zusammenschlüsse von Migrant(inn)en bzw. deren Nachkommenschaft handelt. »Nicht (...) das sozialräumliche Phänomen der Segregation ist das Problem, sondern die Art und Weise seines Zustandekommens.« (Siebel 1997, S. 40)

Im globalisierten Kapitalismus nimmt die sozialräumliche Segregation zu: Vor allem die Großstädte zerfallen in Luxusquartiere und sozial benachteiligte Wohngebiete oder Stadtteile »mit besonderem Erneuerungsbedarf«, wie sie euphemistisch genannt werden. Hier entsteht ansatzweise ein modernes Lumpenproletariat, das sich in erster Linie aus Migrant(inn)en zusammensetzt. Diese konzentrieren sich in »sozialen Brennpunkten«; solche weniger attraktiven Stadtteile, handle es sich dabei nun um innerstädtische Altbaugebiete öder neuere Trabantensiedlungen am Rand der Stadt, zementieren ihre Marginalisierung und Stigmatisierung seitens der Mehrheitsgesellschaft (vgl. dazu: Keller 1999). Was bereits als »Krise der sozialen Stadt« (Häußermann 2000) bezeichnet wird, muss harte Konflikte bis hin zu bürgerkriegsähnlichen Auseinandersetzungen nach sich ziehen, die – rassistisch aufgeladen – das friedliche Zusammenleben zwischen Menschen unterschiedlicher ethnischer Herkunft, Kultur und Religion erschweren, wenn nicht gar unmöglich machen dürften. Umso dringlicher erscheint es, dem Konzept der neoliberalen Modernisierung, das zutiefst inhumane Folgen zeitigt, eine attraktive, soziale und demokratische Alternative entgegenzusetzen.

3.5 Neoliberalismus, Standortnationalismus und Rechtspopulismus als Gefahren für die Demokratie

Die neoliberale Hegemonie führt zu einer Dichotomie der Sozialstruktur und erleichtert dadurch die Sozialdemagogie rechtsextremer bzw. -populistischer Parteien. Die neoliberale Hegemonie, wie man die Meinungsführerschaft des Marktradikalismus nennen kann, verschärft also nicht nur die soziale Asymmetrie, sondern ist auch eine Gefahr für die Demokratie, weil sie Politik durch ökonomische Selektionsmechanismen substituiert (vgl. hierzu: Butterwegge u.a. 1998). Rainer Zugehör (1998, S. 24) spricht daher von einer »zunehmende(n) Entdemokratisierung« als Konsequenz der neoliberalen Standortpolitik: »Die Ausweitung bzw. Stärkung der Marktkräfte bei gleichzeitiger Einschränkung der staatlichen Regulations- und Kontrollmöglichkeiten hat nämlich zur Folge, dass die wirtschaftspolitischen Instrumentarien, insbesondere die Einnahmen- und Ausgabenpolitik der Regierungen, der gesellschaftspolitischen Auseinandersetzung sukzessive entzogen werden können.«

Edward Luttwak (1999, S. 303) betont zwar die größere Effizienz des globalisierten gegenüber einem »kontrollierten Kapitalismus«, kritisiert aber die »Aushöhlung demokratischer Herrschaft über die Wirtschaft«, welche damit einhergehe: »Die typischen Merkmale des Turbo-Kapitalismus sind eine höhere Leistungsfähigkeit, eine größere Ungleichheit und ein beschleunigter Strukturwandel, der zwar viel Innovatives hervorbringt, aber auch vieles zerstört. Seine politische Bedeutung liegt jedoch in einer Machtverschiebung weg von den staatlichen Autoritäten hin zu den ökonomischen Interessen von Privatpersonen wie von Institutionen. Dadurch wird automatisch der Bereich der demokratischen Kontrolle kleiner.«

Privatisierungstendenzen stärken sowohl die gesellschaftliche Bedeutung wie auch den Einfluss des Kapitals. »Privat heißt, dass alle zentralen Entscheidungen – jedenfalls prinzipiell – von Leuten und Gremien gefällt werden, die sich nicht öffentlich verantworten müssen.« (Narr 1999, S. 26) Somit läuft Privatisierung auf Entpolitisierung, diese wiederum auf Entdemokratisierung hinaus, weil der Bourgeois nunmehr auch jene Entscheidungen trifft, die eigentlich dem Citoyen bzw. der Citoyenne, dem Gemeinwesen sowie gewählten Repräsentant(inn)en vorbehalten bleiben sollten. Letztlich schließen sich das Prinzip »Markt« und das Prinzip »öffentliche Aufgaben in einem demokratischen Staat« wechselseitig aus, wie Bodo Zeuner (1997, S. 31) bemerkt.

Noch in anderer Hinsicht bereitet die neoliberale Hegemonie, die außer der »sozialen Symmetrie« des wohlfahrtsstaatlich organisierten Kapitalismus auch die Demokratie gefährdet, den Nährboden für Rechtsextremismus und Neofaschismus. Die scheinbare Übermacht der Ökonomie gegenüber der Politik bzw. transnationaler Konzerne gegenüber dem einzelnen Nationalstaat zerstört den Glauben vieler, vor allem junger Menschen an die Gestaltbarkeit von Gesellschaft, treibt sie in die Resignation und verhindert demokratisches Engagement, das im Zeichen der viel beschworenen Globalisierung nötiger denn je wäre (vgl. Klönne 2001, S. 262).

Wenn erst ganze Länder, Städte und Gemeinden wie Firmen geführt werden und Parteiprogramme, statt soziale Utopien zu entwerfen, eher Bilanzen gleichen, dankt die staatliche Politik endgültig ab. Albrecht Müller (1997, S. 84) bemängelt, dass Privatisierung zu einem »großen Geschäft« geworden sei: »Banken, Berater und private Käufer stoßen sich daran gesund. Die ökonomische Vernunft und die Interessen der Allgemeinheit bleiben auf der Strecke.« Auf tragische Weise zeigte das schwere Zugunglück bei Paddington (am Rande Londons) im Oktober 1999 – wenn nicht bereits die ICE-Katastrophe von Eschede im Juni 1998 mit der Bahnprivatisierung in Zusammenhang stand –, wohin das Gewinnstreben einer Kapitalgesellschaft führen kann: Um der höheren Rendite willen hatte man auf den Einbau eines automatischen Bremssystems verzichtet (vgl. zur Kritik an British Rail auch: Pirker 1999, S. 33f.).

Durch seine wahnhafte Fixierung auf den Wettbewerb mit anderen Wirtschaftsstandorten schafft der Neoliberalismus einen Nährboden für jene Ideologie, die ich »Standortnationalismus« nenne. Seit der welthistorischen Zäsur 1989/90 teilt sich der Nationalismus fast überall in zwei Strömungen: einen *völkisch-traditionalistischen*, protektionistisch orientierten *Ethno*nationalismus, der besonders in den Ländern überwiegt, die ihre Marktöffnung als »Globalisierungsverlierer« mit sozialen Verwerfungen bezahlen, sowie einen *Standort*nationalismus, der als Legitimationsbeschaffer des Neoliberalismus und einer ökonomisch-technologischen wie geistig-moralischen Aufrüstung bzw. Aufwertung dient, wo Industrieländer mit Erfolg modernisiert werden. Der zeitgenössische Nationalismus nimmt eine Doppelstruktur an, die sich politisch-organisatorisch im Rechtsextremismus reproduziert. Obwohl weder »Nation« noch »Wirtschaftsstandort« eine Antwort auf die globalen Probleme der Menschheit bilden (vgl. Gessenharter 1997), stehen sie im Mittelpunkt der Konzepte jener Kräfte, die man Alte und Neue Rechte nennt.

Einerseits fällt es rechtsextremen Parteien leicht, mit dem Schreckgespenst »Globalisierung« sozial benachteiligte Modernisierungsverlierer/innen für sich zu gewinnen (vgl. Bach 2000, S. 235). Wer infolge krisenhafter Entwicklungen auf dem Arbeitsmarkt keineswegs grundlos Furcht vor sozialem Abstieg, Dauerarbeitslosigkeit und Verarmung hat, findet bei Rechtsextremen nicht nur scheinbar plausible Erklärungen und Sündenböcke in Gestalt von Migrant(inn)en, fremden Konkurrenten und dunklen Mächten, sondern auch Trost in einer verschworenen Gemeinschaft von Gleichgesinnten. Andererseits präsentiert die sog. Neue Rechte sozialen Aufsteigern und Modernisierungsgewinnern noch radikalere »Lösungen« für das angebliche Problem eines überforderten, ineffizienten und zu teuren Wohlfahrtsstaates, als sie der Neoliberalismus bereit hält.

Rückt die Konkurrenz ins Zentrum aller zwischenstaatlichen und -menschlichen Beziehungen, lässt sich die ethnische bzw. Kulturdifferenz leicht politisch aufladen. Nationalistische und rechtsextreme Politikkonzepte ziehen ihre Überzeugungskraft aber nicht – wie etwa Albert Scherr (2002, S. 173) konstatiert – primär aus der Fähigkeit

»Globalisierung als eine Bedrohung zu inszenieren und sich selbst als Schutz vor dieser Bedrohung zu präsentieren«. Neben den »Abwehrnationalismus« (von unten) tritt vielmehr ein Standortnationalismus (von oben), der die neoliberale Modernisierung als Chance begreift, alle Gesellschaftsbereiche nach dem Vorbild des Marktes umzustrukturieren, und verspricht, die aus einer wachsenden Effizienz resultierenden Konkurrenzvorsprünge gegenüber Mitkonkurrenten auf dem Weltmarkt in materielle Vorteile für den »eigenen« Wirtschaftsstandort umzumünzen.

Klaus Dörre (2001, S. 79) diagnostiziert eine »Verklammerung von Wirtschaftsliberalismus und Nationalismus«, was sich im Aufschwung des Rechtspopulismus niederschlägt: »Konstruktionen des Nationalen werden (...) als ideologisches Bindemittel genutzt, um soziale Frustration in autoritäre, obrigkeitsstaatliche Orientierungen zu überführen.« Der moderne Standortnationalismus bezieht die »Sorge um das (deutsche) Vaterland« auf den Fetisch »internationale Wettbewerbsfähigkeit« und macht den »eigenen«, im Rahmen der Globalisierung als bedroht dargestellten Wirtschaftsstandort zum Fixpunkt des politischen Handelns.

Der neoliberale Wettbewerbswahn fördert – ungewollt oder bewusst – die Rechtsentwicklung in vielen Gesellschaftsbereichen, bringt eine marktradikale und das individuelle Leistungsvermögen fetischisierende Rechte hervor und verstärkt den Trend zur Ab- bzw. Ausgrenzung von Schwächeren, Minderheiten und sog. Randgruppen. Es ist kein Zufall, dass Ausgrenzung und (rechte, rassistische) Gewalt – nicht nur, aber vor allem unter jungen Männern – im Zeichen der Globalisierung drastisch zunehmen. Sozialdarwinismus, Standortnationalismus und Wohlstandschauvinismus gehören zu den verheerendsten Begleiterscheinungen eines Denkens, das sich mit dem »eigenen« Wirtschaftsstandort total identifiziert und dessen Entwicklungschancen auf den Weltmärkten geradezu hypostasiert.

Die sog. Neue Rechte schlägt die Brücke zum Konservatismus über den Wirtschaftsliberalismus (vgl. dazu: Schui u.a. 1997). Dass der *Standort*nationalismus gegenüber dem traditionellen Bezug auf das

Volk an Bedeutung gewinnt, liegt an einer strategischen Umorientierung des Rechtsextremismus, der sich gleichzeitig als konsequentester Kritiker und eigentlicher Retter des Sozialstaates zu profilieren sucht. Schließlich korrespondiert die modernste Spielart des Nationalismus mit Niedergangsvisionen neokonservativer Kulturpessimisten und Warnungen reaktionärer Publizisten vor einer »sozialen Vollkaskomentalität« und dem »Versorgungsstaat«. Der modernisierte Rechtsextremismus will nicht mehr in erster Linie fremde Länder, sondern neue Märkte erobern.

Neoliberalismus und Sozialdarwinismus gehen Hand in Hand, wobei letzterer allerdings nur noch wenig mit den Grundüberzeugungen seines berühmten Namensgebers zu tun hat: »Die Durchsetzung des Wettbewerbs aller gegen alle an jedem Platz der Erde – das entspricht *nicht* Darwins Theorie. Aber genau das ist es, was uns manche Ökonomen unter Berufung auf Darwins Zuchtwahlprinzip als den Inbegriff der Evolution verkaufen wollen.« (von Weizsäcker 1999, S. 532) Standortnationalismus ist ein auf die Weltökonomie angewandter Sozialdarwinismus, welcher unter Berufung auf »nationale Tugenden« die Überlegenheit des eigenen Industriestandortes gegenüber anderen Volkswirtschaften einklagt. Er kommt – wie bisher noch jede Gefahr für die Demokratie – aus dem Zentrum, also nicht von den »Rändern« bzw. von »Randgruppen« der Gesellschaft, wobei er sich die Überzeugung vieler Deutscher zunutze macht, einem besonders fleißigen, tüchtigen und erfolgreichen Volk anzugehören. Standortnationalismus stellt ein ideologisches Bindeglied zwischen dem Liberalkonservatismus und dem Rechtsextremismus dar. Ohne diese über einen Kamm scheren zu wollen, kann man feststellen, dass sich ihre geistig-politischen Berührungspunkte derzeit mehren.

Im modernen Standortnationalismus geht der tief sitzende Glaube an die biologisch-genetisch bedingte Überlegenheit »deutschen Erfindergeistes« und »deutscher Wertarbeit« mit der Sorge um das Vaterland und der Angst vor sozioökonomischen Neidgefühlen bzw. einem daraus vielleicht erwachsenden Komplott auswärtiger Mächte eine Synthese ein. Was den Standortnationalismus für die Führungskräfte in Wirtschaft, Politik und Verwaltung attraktiv macht, ist die damit verbundene Möglichkeit, den arbeitenden Menschen »zwecks Sicherung/Wiedergewinnung der internationalen Wettbewerbsfähigkeit« materielle Opfer abzuverlangen und sie für eine Senkung von Löhnen und Gehältern, Sozialleistungen und Umweltstandards zu interessieren. Auch wenn nicht in den Krieg, sondern nur in eine »Schlacht auf dem Weltmarkt« gezogen wird, ist die Akzeptanz der Bevölkerung im Hinblick auf Einschränkungen des Lebensstandards eine Grundvoraussetzung, um den »sozialen Frieden« und die Innere Sicherheit zu gewährleisten.

4. Aufgaben der Sozialen Arbeit: Die neoliberale Standortlogik widerlegen, sich in die Politik vor Ort einmischen und Solidarität neu begründen!

Charakteristisch für den Standortnationalismus wie für jede andere Spielart des Chauvinismus ist die Betonung des staatsbürgerlichen »Innen-außen«-Gegensatzes. Aufgabe der Sozialen Arbeit wäre es, die Bedeutung dieser Konfliktlinie dadurch zu relativieren, dass der innergesellschaftliche »Oben-unten«-Gegensatz schärfer konturiert wird. Statt sich zu sehr mit »dem Fremden«, seiner vermeintlich Furcht einflößenden Wirkung oder auch seiner möglichen Faszination zu beschäftigen, sollte man auf die eigene bzw. Mehrheitsgesellschaft, genauer: auf deren ungleiche Einkommens- und Vermögens- sowie problematische Machtverhältnisse, schauen.

Statt die soziale mit der nationalen Frage zu verbinden, wie es Rechtsextremisten bzw. -populisten tun, muss die demokratische mit der sozialen Frage verknüpft werden. Damit die Demokratie in einer (fast) alle befriedigenden Weise funktionieren kann, bedarf sie wohlfahrtsstaatlicher Fundamente. Ebenso wenig, wie die Zuwanderung von sog. Gastarbeitern, Aussiedlern und Asylbewerbern nach dem Nutzen für das Aufnahmeland bzw. seine Bewohner/innen beurteilt werden darf, will man die weitere Ausbreitung des Rassismus unter diesen verhindern, darf der Sozialstaat nach dem Nutzen für den »Wirtschaftsstandort« beurteilt werden, will man die Ausbreitung des Standortnationalismus verhindern. Streetwork/Mobile Jugendarbeit muss überzeugend vermitteln, dass ein ökonomistisch verkürzter Leistungsbegriff all jene

Menschen benachteiligt, deren materielle Bedingungen schlecht sind, und hauptsächlich denjenigen nützt, die aufgrund ihrer sozialen Herkunft und Bildungschancen ohnehin schon privilegiert sind. Auch der Konkurrenzbegriff sollte stärker entmystifiziert werden: So sinnvoll ein freiwillig und fair ausgetragener Wettbewerb zwischen Wirtschaftssubjekten sein kann, so ruinös ist der neoliberale Hochleistungsfetischismus. »Eigenverantwortung« und »Selbstvorsorge« sind gleichfalls gut klingende Parolen, die verdecken (sollen), dass der Schutz sozial Schwacher verringert oder ganz verweigert wird.

Nötig wäre eine neue Kultur der Solidarität, die aber nur zu entwickeln ist, wenn sich die Soziale Arbeit mit geeigneten Konzepten daran beteiligt. Bloß wenn Jugendliche merken, dass sie selbst Verantwortung für die zukünftige Gesellschaftsentwicklung tragen, und lernen, Entscheidungen zu treffen, bieten ihnen rechtsextreme Parteien keine attraktive Plattform, ihre Unzufriedenheit mit dem politischen Status quo auszudrücken. »Gegen Erfahrungen von Entsolidarisierung, Desorientierung und Ohnmacht und die aus ihnen hervorgehende Gewalt müssen Lebenszusammenhänge angeboten werden, in denen der Erfolg solidarischer und selbstbestimmter Bewältigung gesellschaftlicher und individueller Probleme erfahrbar wird.« (Böckler 1993, S. 128)

Dass die Globalisierungsdebatte viele Ängste und Sorgen hervorruft, liegt in ihrer Fixierung auf das Ziel der »Standortsicherung«, verbunden mit Forderungen nach (Arbeits-)Kostenreduktion durch eine »schlanke(re) Produktion«, Lohnkürzungen, Stellenstreichungen, Leistungssteigerungen und Senkung von Sozialleistungen, begründet. Eine sich politisch definierende Soziale Arbeit kann dazu beitragen, diese Verkürzung des Begriffs »Globalisierung« auf eine Modernisierung der Gesellschaft, wie sie das kritisierte Konzept des »Standortwettbewerbs« impliziert, durch Entwicklung demokratischer und sozialer Alternativen aufzubrechen und die neoliberale Hegemonie schrittweise zu überwinden.

Je mehr sich eine Gesellschaft neoliberalen Konzepten unterwirft, desto inhumaner wird sie. Zwar ist der Wohlfahrtsstaat im Zeichen einer Globalisierung des Wirtschaftslebens notwendiger denn je, er gerät aber unter wachsenden Legitimationsdruck. Daher gehört es heute zu den Hauptaufgaben von Jugend-, Bildungs- und Sozialarbeit, die Standortlogik zu widerlegen. Gerade weil die durch den Globalisierungsprozess beschleunigte Individualisierung persönliche Schuldzuschreibungen an die Betroffenen (Arbeitslose, Arme, Obdachlose, Drogenabhängige, Aidskranke usw.) begünstigt und strukturelle Zusammenhänge eher verdunkelt, muss eine übergreifende Sichtweise gefördert und die Solidarität neu begründet werden. Gemeint ist nicht eine »nationale Solidarität des ganzen Volkes mit den Opfern der Flutkatastrophe«, wie sie die Bundesregierung nach der Jahrhundertflut an der Elbe und ihren Nebenflüssen im August 2002 beschwor, sondern eine globale Solidarität, die ethnische, kulturelle und religiöse Grenzen überschreitet (vgl. dazu: Brieskorn 1997).

Soziale Arbeit muss falschen Behauptungen und irreführenden Standardargumenten der Neoliberalen (etwa im Hinblick auf die angeblich sinkende Wettbewerbsfähigkeit der deutschen Wirtschaft: diese exportiert – bezogen auf die kleinere Einwohnerzahl bzw. den einzelnen Industriebeschäftigten – nämlich ein Mehrfaches ihrer Hauptkonkurrenten USA und Japan) entgegentreten, vor allem jedoch die Kardinalfrage aufwerfen, in welcher Gesellschaft wir eigentlich leben wollen: Soll es eine brutale Konkurrenzgesellschaft sein, die Leistungsdruck und Arbeitshetze weiter erhöht, Erwerbslose, Alte und Behinderte ausgrenzt sowie Egoismus, Durchsetzungsfähigkeit und Rücksichtslosigkeit eher honoriert, sich aber über den Verfall von Sitte, Anstand und Moral wundert, oder eine zivile/soziale Bürgergesellschaft, die Kooperation statt Konkurrenzverhalten, Mitmenschlichkeit und Toleranz statt Gleichgültigkeit und Elitebewusstsein fördert? Ist ein permanenter Wettkampf auf allen Ebenen und in allen Bereichen, zwischen Bürger(inne)n, Quartieren, Kommunen, Regionen und Staaten, bei dem die (sicher ohnehin relative) Steuergerechtigkeit genauso auf der Strecke bleibt wie hohe Sozial- und Umweltstandards, wirklich anzustreben? Eignet sich das Marktprinzip als gesamtgesellschaftlicher Regelungsmechanismus, obwohl es auf seinem ureigenen Terrain, der Volkswirtschaft, ausweislich einer sich verfestigenden Massenarbeitslosigkeit, gegenwärtig kläglich versagt? Darauf die richtigen Antworten zu geben heißt, den Neoliberalismus mitsamt seinem Konzept der »Standortsicherung«, aber auch den sich modernisierenden Rechtsextremismus, Nationalismus und Rassismus erfolgreich zu bekämpfen.

Gegenwärtig macht sich auch unter Jugend- und Sozialarbeiter(inne)n ein Globalisierungs*defätismus* breit, der übersieht, welche Handlungsmöglichkeiten diese Entwicklung eröffnet. Globalisierung ist nämlich politisch gestaltbar: Sie kann sowohl kompetitorisch, marktorientiert und wettbewerbsfixiert, jedoch auch solidarisch-emanzipatorisch organisiert werden. Neben der materiellen Seite sticht eine mentale Komponente deutlich hervor: »Was und wie über Globalisierung gedacht wird, bestimmt mit, wie und was aus ›Globalisierung‹ werden wird.« (Wiesenthal 1999, S. 505) Sozialarbeiter/innen sollten ihren resignativen Rückzug beenden, wieder mehr nach außen wirken, stärker in die Offensive gehen und häufiger Gegenöffentlichkeit herstellen, um lokale Probleme in gesamtgesellschaftliche Zusammenhänge einzuordnen.

Streetwork/Mobile Jugendarbeit kann als bloßer Reparaturbetrieb zur Linderung bzw. Verminderung unsozialer Folgen der Standortlogik, aber auch als integraler Bestandteil der Sozialpolitik begriffen werden. Nach der bekannten Maxime »Global denken – lokal handeln!« müssen Sozialarbeiter/innen trotz durch den Neoliberalismus verschlechterter Rahmenbedingungen in politische Willensbildungs- und Entscheidungsprozesse vor Ort einzugreifen suchen. Um wirtschaftliche, gesellschaftliche und wohlfahrtsstaatliche Weichenstellungen, die unter dem Stichwort »Globalisierung« vorgenommen werden, beeinflussen zu können, muss sich Soziale Arbeit mit einem kritischen Blick für die Realität einmischen und engagiert Partei für die Opfer neoliberaler Modernisierung ergreifen, auch wenn ihr das von interessierter Seite – wie oft in der Vergangenheit – den Vorwurf mangelnder Objektivität, Sachlichkeit und Professionalität einträgt. Mit dem Konzept kommunal(politisch)er Einmischung stellt sich nicht nur die Frage nach deren Nutznießer(inne)n, sondern verbindet sich auch das Problem einer Instrumentalisierung der Sozialen Arbeit. So wird Streetwork/Mobile Jugendarbeit durch den seit dem 11.

September 2001 dominanten Sicherheitsdiskurs noch weit stärker als bisher schon gezwungen, repressive Ordnungsfunktionen zu übernehmen, was ihre Interventionsmöglichkeiten begrenzt. »Direkt mit dem Polizeipräsidenten und dem Oberbürgermeister an einem (›runden‹) Tisch zu sitzen, hat etwas Verlockendes und bietet natürlich möglicherweise auch Chancen. Allerdings nur dann, wenn die Vertreter der Sozialarbeit das Maß an Fachlichkeit, das Durchhaltevermögen und die Fähigkeit zum kontrovers-kritischen Diskurs besitzen, die notwendig sind, um einer meist schleichenden Einbindung in den Überwachungsapparat zu entgehen.« (Simon 2001, S. 148)

Im Jugendbereich, wo die Ökonomisierung bzw. Kommerzialisierung der zwischenmenschlichen Beziehungen zum Teil noch weiter fortgeschritten ist als bei den Erwachsenen, sind Tendenzen zur Entpolitisierung des Massenbewusstseins unübersehbar. Der neoliberale Modernisierungsprozess beschleunigt und verstärkt jene Krise des Politischen, die bereits im Zusammenhang der deutschen Vereinigungs-, Vergangenheits- und Verfassungsdebatte beklagt worden war. Umso notwendiger ist eine (Re-)Politisierung der Sozialen Arbeit, die in Fachkreisen gleichwohl ein kontroverses Echo auslöst (vgl. dazu: Merten 2001).

Literatur

Alber, Jens (1998): Der deutsche Sozialstaat im Licht international vergleichender Daten, in: Leviathan 2, S. 199-227

Arlacchi, Pino (2000): Ware Mensch. Der Skandal des modernen Sklavenhandels, München/Zürich

Bach, Roland (2000): Zur nationalen und sozialen Demagogie der extremen Rechten, in: Klaus Kinner/Rolf Richter (Hrsg.), Rechtsextremismus und Antifaschismus. Historische und aktuelle Dimensionen, Berlin, S. 215-250

Bales, Kevin (2001): Die neue Sklaverei, München

Baumann, Jochen (1998): Die Transformation des Sozialstaats in der Globalisierung. Sozialpolitik als Standortpolitik, in: Andreas Dietl/Heiner Möller/Wolf-Dieter Vogel u.a., Zum Wohle der Nation, Berlin, S. 23-37

Beck, Ulrich (1986): Risikogesellschaft. Auf dem Weg in eine andere Moderne, Frankfurt am Main

Bieling, Hans-Jürgen (1996): Wohlfahrtsstaat und europäische Integrati-

on, in: Michael Bruch/Hans-Peter Krebs (Hrsg.), Unternehmen Globus. Facetten nachfordistischer Regulation, Münster, S. 59-88
Bischoff, Joachim (1998): Hegemonie und Bürgergesellschaft, in: ders./ Frank Deppe/Klaus Peter Kisker (Hrsg.), Das Ende des Neoliberalismus?, Wie die Republik verändert wurde, Hamburg, S. 53-80
Böckler, Stefan (1993): Wiedervereinigte Jugend. Die Aufgaben politischer Bildung in Deutschland, in: Karin Böllert/Hans-Uwe Otto (Hrsg.), Soziale Arbeit in einer neuen Republik. Anpassung oder Fortschritt, Bielefeld, S. 119-144
Bremer, Peter (2000): Ausgrenzungsprozesse und die Spaltung der Städte. Zur Lebenssituation von Migranten, Opladen
Brieskorn, Norbert (Hrsg.) (1997): Globale Solidarität. Die verschiedenen Kulturen und die Eine Welt, Stuttgart
Bukow, Wolf-Dietrich/Nikodem, Claudia/Schulze, Erika/Yildiz, Erol (2001): Die multikulturelle Stadt. Von der Selbstverständlichkeit im städtischen Alltag, Opladen
Butterwegge, Christoph/Hickel, Rudolf/Ptak, Ralf (1998): Sozialstaat und neoliberale Hegemonie. Standortnationalismus als Gefahr für die Demokratie, Berlin
Butterwegge, Christoph (2001): Wohlfahrtsstaat im Wandel. Probleme und Perspektiven der Sozialpolitik, 3. Aufl. Opladen
Butterwegge, Christoph/Hentges, Gudrun (2001): »Ausländer und Asylmissbrauch« als Medienthema: Verantwortung und Versagen von Journalist(inn)en, in: Christoph Butterwegge/Georg Lohmann (Hrsg.), Jugend, Rechtsextremismus und Gewalt. Analysen und Argumente, 2. Aufl. Opladen, S. 83-99
Butterwegge, Christoph (2002): Rechtsextremismus, Freiburg im Breisgau/Basel/Wien
Butterwegge, Christoph/Cremer, Janine/Häusler, Alexander/Hentges, Gudrun/Pfeiffer, Thomas/Reißlandt, Carolin/Salzborn, Samuel (2002): Themen der Rechten – Themen der Mitte. Zuwanderung, demografischer Wandel und Nationalbewusstsein, Opladen
Butterwegge, Christoph/Klundt, Michael (2002): Die Demografie als Ideologie und Mittel sozialpolitischer Demagogie?, Bevölkerungsrückgang, »Vergreisung« und Generationengerechtigkeit, in: dies. (Hrsg.), Kinderarmut und Generationengerechtigkeit. Familien- und Sozialpolitik im demografischen Wandel, Opladen, S. 59-80
Dahrendorf, Ralf (1998): Anmerkungen zur Globalisierung, in: Ulrich Beck (Hrsg.), Perspektiven der Weltgesellschaft, Frankfurt am Main, S. 41-54
Dangschat, Jens S./Diettrich, Ben (1999): Regulation, Nach-Fordismus und »global cities« – Ursachen der Armut, in: Jens S. Dangschat (Hrsg.), Modernisierte Stadt – gespaltene Gesellschaft. Ursachen von Armut und sozialer Ausgrenzung, Opladen, S. 73-112

Deppe, Frank (2001): Vom Keynesianischen Wohlfahrtsstaat zum neoliberalen Wettbewerbsregime. Zur Entwicklung der Sozialpolitik in der Europäischen Union, in: Erna Appelt/Alexandra Weiss (Hrsg.), Globalisierung und der Angriff auf die europäischen Wohlfahrtsstaaten, Hamburg/Berlin, S. 21-45

Friedrichs, Jürgen (2000): Ethnische Segregation im Kontext allgemeiner Segregationsprozesse in der Stadt, in: Annette Harth/Gitta Scheller/Wulf Tessin (Hrsg.), Stadt und soziale Ungleichheit, Opladen, S. 174-196

Galtung, Johan (2000): Globale Migration, in: Christoph Butterwegge/Gudrun Hentges (Hrsg.), Zuwanderung im Zeichen der Globalisierung. Migrations-, Integrations- und Minderheitenpolitik, Opladen, S. 9-19

Gebhardt, Thomas (1998): Arbeit gegen Armut. Die Reform der Sozialhilfe in den USA, Opladen/Wiesbaden

Gessenharter, Wolfgang (1997): Herausforderungen zur Jahrtausendwende: Kann »Nation« die Antwort sein?, in: Christoph Butterwegge (Hrsg.), NS-Vergangenheit, Antisemitismus und Nationalismus in Deutschland. Beiträge zur politischen Kultur und zur politischen Bildung, Mit einem Vorwort von Ignatz Bubis, Baden-Baden, S. 141-171

Häußermann, Hartmut/Siebel, Walter (1995): Dienstleistungsgesellschaften, Frankfurt am Main

Häußermann, Hartmut (1998): Zuwanderung und die Zukunft der Stadt. Neue ethnisch-kulturelle Konflikte durch die Entstehung einer neuen sozialen »underclass«?, in: Wilhelm Heitmeyer/Rainer Dollase/Otto Backes (Hrsg.), Die Krise der Städte. Analysen zu den Folgen desintegrativer Stadtentwicklung für das ethnisch-kulturelle Zusammenleben, Frankfurt am Main, S. 145-175

Häußermann, Hartmut (2000): Die Krise der »sozialen Stadt«, in: Aus Politik und Zeitgeschichte. Beilage zur Wochenzeitung *Das Parlament* 10/11, S. 13-21

Hahn, Gábor M. (1999): Sozialstruktur und Armut in der nach-fordistischen Gesellschaft. Ökonomische Polarisierung und kulturelle Pluralisierung als Aspekte struktureller Marginalisierungsprozesse, in: Jens Dangschat (Hrsg.), Modernisierte Stadt – gespaltene Gesellschaft. Ursachen von Armut und sozialer Ausgrenzung, Opladen, S. 179-212

Hansen, Ralf (1998): Rückkehr des Leviathan. Konturen einer neuen »Sicherheitsgesellschaft«, in: Joachim Bischoff/Frank Deppe/Klaus Peter Kisker (Hrsg.), Das Ende des Neoliberalismus?, Wie die Republik verändert wurde, Hamburg, S. 197-215

Keller, Carsten (1999): Armut in der Stadt. Zur Segregation benachteiligter Gruppen in Deutschland, Opladen/Wiesbaden

Klönne, Arno (2001): Schwierigkeiten politischer Jugendbildung beim Umgang mit dem Thema »Rechtsextremismus«, in: Christoph Butterwegge/Georg Lohmann (Hrsg.), Jugend, Rechtsextremismus und Gewalt. Analysen und Argumente, 2. Aufl. Opladen, S. 259-267

Koch, Max (1999): Ausbeutung und Ausgrenzung, in: Sebastian Herkommer (Hrsg.), Soziale Ausgrenzungen. Gesichter des neuen Kapitalismus, Hamburg, S. 35-59

Kronauer, Martin/Vogel, Berthold (1998): Spaltet Arbeitslosigkeit die Gesellschaft?, in: Peter A. Berger/Michael Vester (Hrsg.), Alte Ungleichheiten – neue Spaltungen, Opladen, S. 333-350

Kronauer, Martin (1999): Die Innen-Außen-Spaltung der Gesellschaft. Eine Verteidigung des Exklusionsbegriffs gegen seinen mystifizierenden Gebrauch, in: Sebastian Herkommer (Hrsg.), Soziale Ausgrenzungen. Gesichter des neuen Kapitalismus, Hamburg, S. 60-72

Kutscha, Martin (2001): Auf dem Weg in einen Polizeistaat neuen Typs?, in: Blätter für deutsche und internationale Politik 2, S. 214-221

Lamnek, Siegfried/Olbrich, Gaby/Schäfer, Wolfgang J. (2000): Tatort Sozialstaat: Schwarzarbeit, Leistungsmissbrauch, Steuerhinterziehung und ihre (Hinter-)Gründe, Opladen

Leggewie, Claus (2000): David gegen Goliath: Seattle und die Folgen, in: Aus Politik und Zeitgeschichte. Beilage zur Wochenzeitung *Das Parlament* 48, S. 3-4

Luttwak, Edward (1999): Turbo-Kapitalismus. Gewinner und Verlierer der Globalisierung, Hamburg/Wien

Lutz, Helma (2000): Die Dienstmädchenfrage oder: Ein Beruf kehrt zurück. Über das Phänomen der neuen und alten Hausmädchen, in: Frankfurter Rundschau v. 18.7.

Mahnkopf, Birgit (1999): Soziale Demokratie in Zeiten der Globalisierung?, Zwischen Innovationsregime und Zähmung der Marktkräfte, in: Hans Eichel/Hilmar Hoffmann (Hrsg.), Ende des Staates – Anfang der Bürgergesellschaft. Über die Zukunft der sozialen Demokratie in Zeiten der Globalisierung, Reinbek bei Hamburg, S. 110-130

Merten, Roland (Hrsg.) (2001): Hat Soziale Arbeit ein politisches Mandat?, Positionen zu einem strittigen Thema, Opladen

Müller, Albrecht (1997): Mut zur Wende!, Plädoyer für eine neue Bürgerbewegung, Berlin

Narr, Wolf-Dieter (1999): Zukunft des Sozialstaats – als Zukunft einer Illusion?, Neu-Ulm

Nassehi, Armin (1998): Die »Welt«-Fremdheit der Globalisierungsdebatte. Ein phänomenologischer Versuch, in: Soziale Welt 2, S. 151-166

Nuscheler, Franz (2000): Globalisierung und ihre Folgen: Gerät die Welt in Bewegung?, in: Christoph Butterwegge/Gudrun Hentges (Hrsg.), Zuwanderung im Zeichen der Globalisierung. Migrations-, Integrations- und Minderheitenpolitik, Opladen, S. 20-31

Odierna, Simone (2000): Die heimliche Rückkehr der Dienstmädchen. Bezahlte Arbeit im privaten Haushalt, Opladen

Pirker, Reinhard (1999): Die Ökonomisierung des öffentlichen Diskurses oder Woher kommt die neoliberale Rhetorik?, in: Josef Schmee/Erwin Weissel (Hrsg.), Die Armut des Habens. Wider den feigen Rückzug vor dem Neoliberalismus, Wien, S. 27-37

Plehwe, Dieter/Walpen, Bernhard (1999): Wissenschaftliche und wissenschaftspolitische Produktionsweisen im Neoliberalismus. Beiträge der Mont Pèlerin Society und marktradikaler Think Tanks zur Hegemoniegewinnung und -erhaltung, in: PROKLA 115, S. 203-235

Pohl, Gerd/Schäfer, Claus (Hrsg.) (1996): Niedriglöhne. Die unbekannte Realität: Armut trotz Arbeit. Empirische Bestandsaufnahme und politische Lösungsvorschläge, Hamburg

Roth, Rainer (1998): Über den Lohn am Ende des Monats. Armut trotz Arbeit: Ergebnisse einer Befragung von 211 Haushalten von ArbeiterInnen und Angestellten, 2. Aufl. Frankfurt am Main

Schäfer, Claus (1999): Von massiven Verteilungsproblemen zu echten Wettbewerbsnachteilen?, Daten, Fakten und Argumente zur Entmythologisierung der »Standort«-Debatte, in: Christoph Butterwegge/Martin Kutscha/Sabine Berghahn (Hrsg.), Herrschaft des Marktes – Abschied vom Staat?, Baden-Baden, S. 63-81

Schäfer, Claus (Hrsg.) (2000): Geringe Löhne – mehr Beschäftigung?, Niedriglohn-Politik, Hamburg

Scherr, Albert: Rechtsextremismus und Globalisierung als Herausforderungen für die politische Jugendbildungsarbeit, in: Christoph Butterwegge/Gudrun Hentges (Hrsg.): Politische Bildung und Globalisierung, Opladen, S. 163-180

Schmals, Klaus M. (2000): Migration und Stadtplanung – Editorial, in: ders. (Hrsg.), Migration und Stadt. Entwicklungen, Defizite, Potentiale, Opladen, S. 9-23

Schöni, Walter (1994): Standortwettbewerb versus Sozialpartnerschaft. Zur Krise der wirtschafts- und sozialpolitischen Regulierung, in: Widerspruch 27, S. 67-78

Schui, Herbert/Ptak, Ralf/Blankenburg, Stephanie/Bachmann, Günter/Kotzur, Dirk (1997): Wollt ihr den totalen Markt?, Der Neoliberalismus und die extreme Rechte, München

Siebel, Walter (1997): Die Stadt und die Zuwanderer, in: Hartmut Häußermann/Ingrid Oswald (Hrsg.), Zuwanderung und Stadtentwicklung, Opladen/Wiesbaden (Leviathan-Sonderheft 17), S. 30-41

Sifuna, Daniel N. (2002): Globalisierung, Armut und Kindheit, in: Karin Holm/Uwe Schulz (Hrsg.), Kindheit in Armut weltweit, Opladen, S. 103-122

Simon, Titus (2001): Wem gehört der öffentliche Raum?, Zum Umgang mit Armen und Randgruppen in Deutschlands Städten. Gesellschaftspolitische Entwicklungen, rechtliche Grundlagen und empirische Befunde, Opladen

Sonnenfeld, Christa (1998): »So etwas nenne ich Zwangsarbeit«. Der Abbau von Bürgerrechten der BezieherInnen sozialer Leistungen, in: Hanfried Scherer/Irmgard Sahler (Hrsg.), Einstürzende Sozialstaaten. Argumente gegen den Sozialabbau, Wiesbaden, S. 23-49

Thureau-Dangin, Philippe (1998): Die Ellenbogen-Gesellschaft. Vom zerstörerischen Wesen der Konkurrenz, Frankfurt am Main

Touraine, Alain (2001): Globalisierung – eine neue kapitalistische Revolution, in: Dietmar Loch/Wilhelm Heitmeyer (Hrsg.), Schattenseiten der Globalisierung. Rechtsradikalismus, Rechtspopulismus und separatistischer Regionalismus in westlichen Demokratien, Frankfurt am Main, S. 41-62

Wacquant, Loic J.D. (1997): Vom wohltätigen Staat zum strafenden Staat: Über den politischen Umgang mit dem Elend in Amerika, in: Leviathan 1, S. 50-66

Weinkopf, Claudia (2001): Niedriglohnbeschäftigung in Privathaushalten zwischen Schattenwirtschaft und Sozialversicherungspflicht: aktuelle Situation und Nachfragepotential, in: Martin Baethge/Ingrid Wilkens (Hrsg.), Die große Hoffnung für das 21. Jahrhundert?, Perspektiven und Strategien für die Entwicklung der Dienstleistungsbeschäftigung, Opladen, S. 391-412

Weizsäcker, Ernst Ulrich von (1999): Wider den Sozialdarwinismus. Ökologisch-evolutionäre Reflexionen, in: Neue Sammlung 4, S. 531-542

Weltentwicklungsbericht 2000/2001 (2001): Bekämpfung der Armut. Veröffentlicht für die Weltbank, Bonn

Welzk, Stefan (2000): Wie in Deutschland umverteilt und der Wohlstand ruiniert wird, in: Herbert Schui/Eckart Spoo (Hrsg.), Geld ist genug da. Reichtum in Deutschland, 3. Aufl. Heilbronn, S. 27-36

Wiesenthal, Helmut (1999): Globalisierung als Epochenbruch – Maximaldimensionen eines Nichtnullsummenspiels, in: Gert Schmidt/Rainer Trinczik (Hrsg.), Globalisierung. Ökonomische und soziale Herausforderungen am Ende des zwanzigsten Jahrhunderts, Baden-Baden, S. 503-533

Wogawa, Diane (2000): Missbrauch im Sozialstaat. Eine Analyse des Missbrauchsarguments im politischen Diskurs, Wiesbaden

Zeuner, Bodo (1997): Entpolitisierung ist Entdemokratisierung. Demokratieverlust durch Einengung und Diffusion des politischen Raums. Ein Essay, in: Rainer Schneider-Wilkes (Hrsg.), Demokratie in Gefahr?, Zum Zustand der deutschen Republik, Münster, S. 20-34

Zugehör, Rainer (1998): Die Globalisierungslüge. Handlungsmöglichkeiten einer verantwortlichen Wirtschaftspolitik, Mit einem Vorwort von Oskar Lafontaine, Unkel am Rhein/Bad Honnef

Neueinsteiger-Workshop

Christian Deckert, Jutta Zier

1. Vorstellung der Leitung und der TeilnehmerInnen:

5 TeilnehmerInnen
Aufteilung auf die Bundesländer: Bayern/Nürnberg (4 Tln. – davon eine Praktikantin); Baden-Württemberg/Karlsruhe (1 Tln. – Praktikantin)
Arbeitansätze: Szeneorientiert 4 Tln.; Stadtteil-/Cliquenorientiert 1 Tln.
Trägerschaft der Einrichtungen: Freier Träger 2 Tln.; Öffentlicher Träger: 3 Tln.
Alle TeilnehmerInnen waren bereits mit »ihrer« jeweiligen LAG in Kontakt.

2. Sammlung der Fragestellungen

Die TeilnehmerInnen benannten verschiedene Fragestellungen und bewerteten anschließend deren Wichtigkeit:
1. Wie dokumentiere bzw. »verkaufe« ich meine Arbeit?
2. SW/MJA – Sicherheitspolitik/Handlungsstrategien im Spannungsfeld
3. Ein echter Streetworker macht alles für seine Zielgruppe?! Fragestellungen bezüglich des Akzeptierenden Ansatzes
4. Wie nehme ich Kontakt zu einer neuen Gruppe auf?
5. Rechtliche Grundlagen
6. Strukturelle, finanzielle, institutionelle, gesellschaftliche Rahmenbedingungen

2.1 Dokumentation und Evaluation der Arbeit

- Statistik im Kontaktladen (Anzahl der Besucher insgesamt, nach männlich und weiblich, Herkunftsland, Alter ...)
- Controllingbericht einmal pro Jahr, zur Darstellung der Quantität/ Qualität nach Außen
- Monatsberichte, Jahresberichte, Geschäftsberichte (Arbeitsschwerpunkte, Ziele- und Zielerreichung, Statistik, Problemzonen, Brennpunkte, Aktionen ...)
- Tagebuch (wann, wo, was, wer, wie viele ..., Zeiterfassung getrennt nach Verwaltungstätigkeiten, Straße und Offener Tür)
- Leistungsbeschreibung, Arbeitsplatzbeschreibung
- Darstellung der Arbeit in der Öffentlichkeit und der Politik durch Presseberichte, Teilnahme an Arbeitskreisen, Teilnahme an der Jugendhilfeplanung, Jugendhilfeausschuss etc.

Wichtigster Punkt ist und bleibt dabei, dass Verschwiegenheit und Anonymität gewährleistet bleiben, d. h. sollten überhaupt individuelle Daten der Klienten erfasst werden, müssen diese verschlüsselt werden und dürfen nicht ohne Erlaubnis bzw. Auftrag der Klientel an Dritte weitergegeben werden.

2.2 Sozialarbeit und Ordnungspolitik

Die Teilnehmer stellten übereinstimmend fest, dass ihre Arbeit auf der Straße immer öfter durch ordnungs- und sicherheitspolitische Aktionen beeinträchtigt wird. Stündliche Kontrollen der Zielgruppen, Platzverweise in der Innenstadt und Bußgelder wegen Konsum alkoholischer Getränke an öffentlichen Plätzen, führen zu einer Vertreibung der Klienten und erschweren dadurch die Aufsuchende Arbeit erheblich. Jugendliche, die sich in Parks, Spielplätzen etc. treffen, werden von vielen Anwohnern als störend, zu laut oder sogar bedrohlich empfunden. Es folgen Anrufe bei der Polizei, dies kann zu einer frühzeitigen Kriminalisierung führen.

Es wurden Strategien diskutiert, dieser Entwicklung entgegenzuwirken:
- Nachbarschaftsverträgliche Räume erschließen und diese gemeinsam mit den Jugendlichen aufbauen, um damit eine Identifikation zu erreichen.

- Vermittlungsgespräche zwischen Anwohnern und Jugendlichen anregen und moderieren.
- (Stadtteil-)Netzwerke aufbauen und damit die Arbeit mit der jeweiligen Zielgruppe koordinieren
- Lobbyarbeit (über das Netzwerk)
- Anti-Stigmatisierungsprozesse durch Öffentlichkeitsarbeit in Gang setzen
- Die Jugendlichen befähigen ihre Bedürfnisse zu artikulieren und dadurch die Selbstorganisation und Beteiligung am gesellschaftspolitischen Geschehen vorantreiben
- Evtl. gerichtliche Anfechtung von Kann-Bestimmungen (z. B. Alkoholverbot an öffentlichen Plätzen ...)

2.3 Ein echter Streetworker macht alles für seine Zielgruppe?! Fragestellungen bezüglich des Akzeptierenden Ansatzes

Entwicklung des Akzeptanzbegriffes nach Krafeld
»Ich akzeptiere den Klienten als Menschen in seiner momentanen Situation. Ich hole ihn dort ab...‹
»Akzeptierende Arbeit ist eine Grundhaltung, welche sich wiederum durch verschiedene Arbeitsprinzipien und Arbeitsansätze verwirklichen lässt.«
Es wurde gesammelt, was die TeilnehmerInnen unter dem Begriff Akzeptanz verstehen, bzw. was Akzeptanz nicht ist.

Akzeptanz heißt ...
- Klienten so nehmen wie sie sind
- Toleranz nicht an eigenen Maßstäben messen
- Ressourcenorientierung (was kann er/sie) anstatt platter Normierung (so soll er/sie sein)
- Wertschätzung, Respekt vor dem Klientel, ernst nehmen und respektieren von Entscheidungen, Toleranz gegenüber Andersartigkeit
- grundsätzliche Haltung/Einstellung gegenüber anderen Menschen
- den Menschen in seinem Sein und in seinen Problemen ernst nehmen, soweit wie möglich unterstützen
- unkonventionelle Lebensentwürfe ernst nehmen

... sich mit eigenen Standpunkten abgrenzen
... kontrovers diskutieren und auch Kritik üben

Akzeptanz heißt nicht ...
... alles vorurteilsfrei und meinungslos »akzeptieren«
... alles gut finden, was Klienten sagen, tun, denken ...
... unbedingte Übereinstimmung/Wertschätzung aller Entscheidungen, die Klienten treffen
... Meinungen, Ansichten, Haltungen kritiklos zu übernehmen und stehen zu lassen
... zu allem einfach »Ja« und »Amen« sagen

Das Thema »Akzeptanz« nahm den breitesten Raum in der AG ein. Nach der Sammlung der oben genannten Punkte, entstand eine rege Diskussion, vor allem die Unterscheidung der Begriffe Toleranz und Akzeptanz betreffend. (Im Anhang dazu ein Auszug aus einem Vortrag von Harald Heinrich, zu dieser Zeit Mobile Jugendarbeit, Fürth)

Akzeptierende Haltung (aus den Standards der LAG Streetwork/Mobile Jugendarbeit, Bayern):
Streetwork/Mobile Jugendarbeit kann nur Zugang zu ihren Adressaten finden, wenn deren individuelle Vorstellungen, Lebensentwürfe und Strategien als gegeben akzeptiert und angenommen werden. Gerade dies ist die Voraussetzung für die Zusammenarbeit mit ansonsten stigmatisierten und ausgegrenzten Personen. Akzeptierende Haltung schließt Kritik, mit dem Ziel eigenverantwortliches Handeln zu stärken, nicht aus.

Unabhängig davon, ob die Adressaten etwas an ihrer Lebenssituation verändern wollen, begegnen die Mitarbeiterinnen und Mitarbeiter ihnen mit Achtung und Wertschätzung ihrer Person, bemühen sich um das Verständnis der Lebenssituation und Bedürfnisse und halten Kontakt (Arbeitsprinzip Akzeptanz aus den Standards der LAG Streetwork/Mobile Jugendarbeit aus Baden-Württemberg).

Innerhalb der Diskussion um die Begrifflichkeiten »Akzeptanz« und »Toleranz«, fielen weitere Stichworte, wie »Grenzen des Streetwor-

kers« und »Arbeitsauftrag«. Dabei wurde klar, dass jeder Streetworker ein »doppeltes Mandat« hat, so bekommt er aus verschiedenen Richtungen Arbeitsaufträge:
- vom Arbeitgeber bzw. Träger
- aus der Öffentlichkeit/Gesellschaft/(Ordnungs-)Politik
- der gesetzliche Auftrag
- der eigene Anspruch
- und natürlich der Auftrag der Zielgruppe

Hier gilt es, klar zu unterscheiden und sich nicht in diesen verschiedenen Ansprüchen zu verheddern.

2.4 Kontaktaufnahme

Die Teilnehmer, die schon seit einiger Zeit in ihren Projekten arbeiten, berichteten jeweils darüber, wie sie Kontakt zu neuen Cliquen bzw. Klienten aufnehmen. Zusammengefasst ergaben sich folgende Möglichkeiten:
- Aufsuchen über eine den Streetworkern bereits bekannte Person (Mitglied einer Clique oder ähnliches)
- Einen Treffpunkt regelmäßig aufsuchen, abwarten, beobachten und dadurch Aufmerksamkeit erregen
- Gezieltes Ansprechen, evtl. mit Flyer, sich vorstellen und sein Angebot kurz darstellen
- Einsatz von »Lockmitteln« wie beispielsweise ein Besuch im Kino

Interessanterweise, wurden (bis auf die vierte Variante) sinngemäß dieselben Herangehensweisen genannt, die bereits Wolfgang Miltner unterschieden hat, nämlich die indirekte, die defensive und die offensive Form. (Vgl.: »Streetwork im Arbeiterviertel«, Darmstadt/Neuwied 1982, S. 117f.)

2.5 Rechtliche Grundlagen

Die Offenbarungsbefugnis gegenüber Polizei und Justiz enthält gesetzliche und moralische Dimensionen. Die gesetzlichen Dimensionen werden hier (in leicht veränderter Form unter Verwendung eines Arbeitspapiers von Matthias Reuting, Streetwork Konstanz) kurz dargestellt:

Anzeigepflicht?
Vollendete Straftaten: nein.
Geplante Straftaten: s. § 138 StGB (Pflicht zur Verhinderung von allen geplanten Straftaten, die im § 138 StGB abschließend aufgezählt sind).

Begünstigung und Strafvereitelung?
In beiden Fällen dürfte das Wissen um eine Straftat nicht ausreichen, um sich strafbar zu machen, sondern es dürfte notwendig sein, aktiv mitzuwirken.
Begünstigung: s. § 257 StGB.
Strafvereitelung s. § 258 StGB, z. B. Beseitigung von Beweismitteln oder Tatspuren, Beihilfe zur Flucht, falsche Aussage zugunsten des Straftäters.

Zeugnisverweigerungsrecht?
Alle Prozesse außer Strafprozess: ja als staatlich anerkannter Sozialarbeiter (s. § 383 (1) 6. ZPO unter Verweis auf § 203 StGB).
Im Strafprozess: s. § 53 StPO, nicht grundsätzlich für Sozialarbeiter oder Streetworker; Ausnahme: Mitarbeiter/innen von staatlich anerkannten Drogenberatungsstellen sowie Schwangerschaftskonfliktberatungsstellen.

Aussagepflicht/Aussagegenehmigung?
Die Pflicht zur Aussage bezieht sich nur auf Anhörungen vor Gericht, nicht auf Anfragen der Polizei. Für Aussagen vor Gericht ist jedoch eine Aussagegenehmigung des Arbeitgebers erforderlich.

Verschwiegenheitspflicht
StGB: s. § 203 (1) 6. StGB; SGB: s. § 35 SGB I, §§ 61ff SGB VIII, §§ 67ff SGB X.

Weitere gesetzliche Vorgaben, die den Arbeitsbereich Streetwork/Mobile Jugendarbeit betreffen, wurden nur angerissen, da diese ausführlich in der Arbeitsgruppe »Recht auf der Straße« von Jürgen Schaffranek behandelt wurden.

Personelle Rahmenbedingungen	Materielle Rahmenbedingungen	Strukturelle Rahmenbedingungen	Reflexion
– schriftliche Vereinbarung von Arbeitsauftrag und Arbeitsplatzbeschreibung vor Projektbeginn – Teamarbeit – bedarfsorientierte Teamkonstellation (gemischt-geschlechtlich/multiethnisch) – Stellenvolumen für Team (mindestens 2,5) – unbefristete bzw. langfristige Arbeitsverträge – Honorarkräfte zur Ergänzung – Einstellung von qualifiziertem Fachpersonal (SozialarbeiterInnen und vergleichbare Erfahrungen und Kenntnisse) – tarifgerechte Bezahlung einschließlich Zulagen (BAT IVa) – Wahrnehmung der Fürsorgepflicht des Arbeitgebers (z. B. in Fragen der Gesundheitsfürsorge)	– Kommunikationsmöglichkeiten – geeignete Räumlichkeiten – Verfügungsgeld – Handgeld – Pauschale – Büroorganisation – Verwaltungskosten – Regiekosten – Honorarmittel – Fahrkostenübernahme – Mittel für Mobilität – Mittel für Aktivitäten, Programme und Freizeiten – mobile Arbeitsmaterialien – Mittel für Fürsorge des Arbeitgebers	– Vernetzung und Kooperation als Teil des Arbeitsauftrags – Einbindung in Hilfe- und Kooperationssystem – Dienstausweis – verbindliche Zugänge zu Ämtern und Kooperations- und Ansprechpartnern aufbauen und pflegen – Vertrauensschutz – Forderung: Zeugnisverweigerungsrecht	– Planung – Qualitätssicherung – Mittel für Evaluation (finanzielle und zeitliche Ressourcen) – qualifizierte Einarbeitung für KollegInnen in neuen Projekten – Mitarbeiterbesprechung (Arbeitsbewertung) – Supervision – Fortbildung – Teilnahme an Fachtagungen

2.6 Rahmenbedingungen

Aus: Standards der Bundesarbeitsgemeinschaft Streetwork/Mobile Jugendarbeit
(s. www.bundesarbeitsgemeinschaft-streetwork-mobile-jugendarbeit.de).
Vgl. Anlage in diesem Buch.

Um effektiv und effizient arbeiten zu können, braucht Streetwork/Mobile Jugendarbeit passende Rahmenbedingungen. Unter Rahmenbedingungen sind alle Voraussetzungen und Umstände zu verstehen, deren Vorhandensein oder Bereitstellung in die Verantwortung der Träger bzw. Geldgeber fallen.

Vier Bereiche von Rahmenbedingungen werden von den Streetwork/Mobile Jugendarbeit formuliert, denen entsprechende Arbeitsbedingungen zugeordnet werden:
a) Personelle Rahmenbedingungen
b) Materielle Rahmenbedingungen
c) Strukturelle Rahmenbedingungen
d) Fachliche Begleitung/Reflexion

Form und Bedeutungen relevanter Begriffe im Bereich Streetwork/Mobile Jugendarbeit

(Auszug aus einem Vortrag von Harald Heinrich, nachzulesen in der Dokumentation der Landestagung 2000 in Baden-Württemberg oder im Streetcorner 2/01)

Akzeptanz

akzeptieren »annehmen: billigen«: Das Verb wurde im 15. Jh, aus gleichbed. *lat.* ac-ceptare entlehnt, einer Intensivbildung zu gleichbed. *lat.* ac-cipere (vgl. *kapieren*). – Dazu das Adjektiv **akzeptabel** »annehmbar«[1]

akzeptieren: a) *mit etwas so, wie es vorgeschlagen, angeboten o. ä. wird, einverstanden sein;*

---

[1] Herkunftswörterbuch, Duden Band 7, S. 27

b) *jemanden in seiner persönlich geprägten Art gelten lassen, anerkennen*[2]

Wir sehen hier, dass das Verb »akzeptieren« einen Vorgang beschreibt, der nach außen hin passiv ist. »Jemanden in seiner persönlich geprägten Art gelten lassen« bedeutet, im Moment des Akzeptierens nehme ich keinen Einfluss auf seine persönlich geprägte Art.
Der lateinische Wortstamm »cipere«, der sich von »capere« ableitet, was »fassen, ergreifen« bzw. »begreifen und verstehen« bedeutet,[3] zeigt, dass Akzeptieren durchaus eine anspruchsvolle geistige Tätigkeit ist. Hierbei ist ein wesentliches Merkmal die Feststellung von Unterschieden zur eigenen Person, als auch die Existenzberechtigung dieser Unterschiede. Schließlich wissen wir alle, dass diese Unterschiede, und daraus resultierende Normabweichungen, Grundlage sind für soziale Veränderungsmöglichkeiten, welche das Überleben einer Gesellschaft garantieren.
Klar ist, dass Akzeptanz nichts mit Konsens zu tun hat, denn dieser bedeutet laut Fremdwörterbuch »Zustimmung, Einwilligung, bzw. Übereinstimmung der Meinungen«.[4] Daher verlangt Konsens eine authentische Beteiligung – also ein gemeinsames Fühlen, Empfinden, Wahrnehmen und Denken.[5]

Meines Wissens nach wurde das Wort »Akzeptanz« im Zusammenhang mit unserer beruflichen Tätigkeit erstmalig im Bereich der Drogenhilfe verwendet. Ursprünglich wollte man das Wort »Toleranz« verwenden, sah jedoch davon ab, weil man befürchtete, damit in der Öffentlichkeit und bei politischen Entscheidungsträgern zu wenig Ausstiegsorientierung zu signalisieren.

Toleranz

Toleranz, in der Messtechnik allgemein derjenige Bereich, in dem die herstellungsbedingten Abweichungen einer messbaren Größe liegen

---

[2] Bedeutungswörterbuch, Duden Band 10, S. 39
[3] Vgl. Herkunftswörterbuch, Duden Band 7, S. 326, »kapieren«
[4] Vgl. Fremdwörterbuch, Duden Band 5, S. 438
[5] Vgl. Herkunftswörterbuch, Duden Band 7, S. 668, »Sentenz« und ebenda »sentire«

dürfen, ohne die Funktion des betreffenden Teiles zu beeinträchtigen.[6]
tolerieren »dulden, gewähren lassen«. Adjektiv **tolerant** »duldsam, nachsichtig; großzügig, weitherzig«. Substantiv ***Toleranz*** »Duldsamkeit, großzügige Geisteshaltung«[7]
tolerant <Adj.>: *großzügig gegenüber Andersdenkenden; andere Meinungen, Verhaltensweisen gelten lassend.* Sinnv.: aufgeschlossen, duldsam, einsichtig, freiheitlich, freizügig, geduldig, gütig, gütlich, menschlich, nachsichtig, versöhnlich, verständnisvoll, weitherzig, entgegenkommend.
Tolerieren: *dulden, gelten lassen (obwohl etwas/jmd. nicht den eigenen Vorstellungen entspricht).*[8]

Beim Tolerieren steht ebenso wie beim Akzeptieren als Resultat das »Gelten lassen von etwas oder jemandem«. Toleranz aber geht über die Akzeptanz hinaus, indem hier geduldet wird, obwohl etwas oder jemand nicht den eigenen Vorstellungen entspricht. Bei der Akzeptanz bin ich mit einem Angebot, einer Person etc., so wie vorhanden, einverstanden.

Somit betont Akzeptanz den Entscheidungsprozess, der dazu führt, sich auf eine Person oder Situation einzulassen. Toleranz drückt dagegen eine großzügige Geisteshaltung aus, und bestimmt die Bewegungsmöglichkeiten innerhalb der Situation, auf die man sich eingelassen hat. Hierbei geht es immer um die zulässigen Abweichungen von der Norm, aber auch der Tatsache, dass letztere ohne Abweichung gar nicht existieren würde.
Geschichtlich betrachtet, bezieht sich der Begriff »Toleranz« vor allem auf das Zusammenleben unterschiedlicher Religionen und später auch auf die verschiedenen politischen Anschauungen. So ergab sich die Frage, welche Argumente sich für Toleranz anführen lassen.[9]
Der erste Grund ist pragmatischer Natur und zielt rein auf die Orga-

---

[6] Brockhaus Naturwissenschaft und Technik, S. 1268
[7] Herkunftswörterbuch, Duden Band 7, S. 746
[8] Bedeutungswörterbuch, Duden Band 10, S. 639
[9] Vgl. Bobbio, Noberto: Das Zeitalter der Menschenrechte, S. 87

nisation des Zusammenlebens von Menschen. Er klammert bewusst die Frage aus, ob ich oder ein anderer im Besitz der Wahrheit sein könnte. Dabei muss ich nicht von meiner eigenen Überzeugung abrücken, sondern lediglich davon ausgehen, dass einem vermeintlichen Irrtum des anderen besser zu begegnen ist, indem man ihn duldet. Schließlich gründet jedes Zusammenleben entweder auf einem Kompromiss oder auf Unterdrückung. Hier geht es um Toleranz als Notwendigkeit, da die Erfahrung gelehrt hat, dass die Verfolgung von vermeintlich falschen Ansichten diese nur bestärkt, anstatt sie zu verändern. Dies zeigt sich bezogen auf unsere Arbeit beispielsweise darin, dass Zwangstherapien keinen Sinn ergeben, da der Entschluss eine Abhängigkeit zu beenden, kein von Außen herbeigeführter sein kann.[10]

Der nächste Grund geht einen Schritt weiter. Hier steht die Toleranz nicht nur als Reaktion auf ein Scheitern von Zwanganwendung, sondern als Entscheidung für den Versuch, im Sinne meiner vermeintlichen Wahrheit zu überzeugen. Damit appelliere ich an eine mögliche Fähigkeit zur Vernunft beim anderen.[11]

Im Gegensatz zu den beiden bisher genannten, methodischen Gründen für Toleranz ist der dritte Grund gewissermaßen moralischer Art. Es handelt sich um den grundsätzlichen Respekt vor dem anderen. Auch hier muss ich meine Überzeugung nicht aufgeben. Wenn aber diese meine Überzeugung das Ideal von Freiheit beinhaltet – im Sinne der Menschen- und Verfassungsrechte –, schließt sich selbstverständlich der Respekt vor dem anderen als notwendige Forderung an. Dies beinhaltet die Anerkennung seines Rechts, zu glauben, was er will.[12]

Als Letztes darf man nicht vergessen, dass es schließlich nicht nur eine einzige Wahrheit gibt. Vielmehr entsteht diese aus der Gegenüberstellung verschiedener Teilwahrheiten, und wir treffen gerade auf diese Überzeugung in vielen Philosophien und Religionen.[13] Unsere

---

[10] Vgl. Noberto Bobbio, Das Zeitalter der Menschenrechte, S. 91 ff
[11] Vgl. Noberto Bobbio, Das Zeitalter der Menschenrechte, S. 93 ff
[12] Vgl. Noberto Bobbio, Das Zeitalter der Menschenrechte, S. 95 ff

vermeintliche Wahrheit muss daher beständig reflektiert und überprüft werden. Eine kontinuierliche Forschung ist also unabdingbare Voraussetzung und bedeutet in der Praxis, unsere Toleranzgrenzen ständig hinterfragen zu müssen. Wenn man seine berufliche Qualität verbessern will, verlangt dies, von persönlichen Toleranzgrenzen so weit als möglich zu abstrahieren; sei es, dass sie über oder unter der Grenze liegen, die die jeweilige berufliche Situation vorgibt.

Presseerklärung Neueinsteiger-Workshop

Die AG Neueinsteiger diskutierte anhand der Qualitätsstandards der BAG Streetwork/Mobile Jugendarbeit die neu entstehenden bzw. sich verschärfenden Arbeitsverhältnisse in der Streetwork. Aufsuchende Arbeit wird zunehmend erschwert durch die Privatisierung öffentlicher Räume. Treffpunkte wie Bahnhöfe, U-Bahnen und Parks werden von den »Unerwünschten, den Nichtkonsumenten und dem Wohlstandsmüll« gereinigt. Gelder fließen immer weniger in soziale Arbeit, dafür werden im Kontext des Standortwettbewerbs der Kommunen Fußballstadien WM-tauglich gemacht, Stadtautobahnen ausgebaut und die Innenstädte konsumfreundlich herausgeputzt.

Die Arbeitsgruppe stellt sich diesen Entwicklungen entgegen und lehnt es ab, Sozialarbeit medienfreundlich und mittelschichtsorientiert als »Event in der modernen City« verkommen zu lassen. Parteilichkeit bleibt Grundprinzip unserer Arbeit.

Wir fordern die Entscheidungsträger aus Politik und Wirtschaft auf, ausreichende Mittel zur Verfügung zu stellen, um so eine den durch die LAGen und die BAG festgestellten Qualitätsstandards entsprechende Streetwork/ Mobile Jugendarbeit zu gewährleisten und weiter auszubauen. Streetwork/Mobile Jugendarbeit muss politisch als selbstständige Form der Sozialarbeit anerkannt und festgeschrieben werden.

---

[13] Vgl. Noberto Bobbio, Das Zeitalter der Menschenrechte, S. 97

Recht auf der Straße:
Rechtsnormen für Streetwork/Mobile Jugendarbeit

Jürgen Schaffranek

Streetwork/Mobile Jugendarbeit arbeitet mit AdressatInnen, die durch Kriminalisierung und Ausgrenzung besonders betroffen sind. Ein nicht unerheblicher Anteil der Alltagsarbeit besteht in der Auseinandersetzung mit Rechtsnormen, unabhängig davon in welcher Betroffenengruppe gearbeitet wird. Straßenkinder, Treber, Punks, gewaltbereite Jugendliche, Berber, Drogenabhängige, Stricher und viele mehr sind mit Gesetzen in Konflikt und suchen gerade zu dem Thema den Rat der StreetworkerInnen vor Ort.

StreetworkerInnen werden in der Alltagspraxis immer wieder mit konfrontiert. So sollte es zum unbedingten Know-how von Streetwork gehören, ob SozialarbeiterInnen z. B. das Zeugnisverweigerungsrecht haben oder nicht. Ebenso ist es wichtig zu wissen, ob einem polizeilichen Aussageersuchen an KlientInnen nachgekommen werden muss oder nicht.

Andere Fragen wie z. B. »Was beinhaltet die Schweigepflicht?«, »Muss ich eine geplante Straftat anzeigen, wenn ich Kenntnis davon habe?« etc. sind Fragen, mit denen jeder mehr oder weniger oft in der Arbeit konfrontiert wird.
Ich bin der Meinung, dass die Unkenntnis wesentlicher Rechtsnormen die Professionalität von StreetworkerInnen wesentlich mindert. Das heißt im Umkehrschluss, dass Streetwork gerade zu dem Themenkomplex der Rechtsnormen ein für den Arbeitsalltag umfassendes Wissen sich aneignen muss. Qualifikation ist hier Pflicht.

In der Arbeitsgruppe wurden folgende Schwerpunkte bearbeitet:
- Aspekte des Rechtsberatungsgesetzes
- Datenschutzgesetz/Sozialgeheimnis
- Schweigepflicht
- Zeugnisverweigerungsrecht
- Maßnahmen polizeilicher Ermittlungen wie Hausdurchsuchung, Personenkontrollen, sog. »Razzien« an öffentlichen Plätzen und körperliche Untersuchungen
- Betäubungsmittelgesetz
- Aufsichtspflicht

Die Vermittlung der entsprechenden Rechtsnormen erfolgte aufgrund von praxisrelevanten Beispielen, insbesondere aus der Alltagspraxis der anwesenden Teilnehmer/innen. Es ging nicht vordergründig um das »Pauken« von Paragraphen, sondern vielmehr um die Anwendung der Rechtsnormen im Praxiskontext. Dazu wurde ein vorbereitetes Fallbeispiel in Form einer von den TeilnehmerInnen simulierten Teamsitzung bearbeitet. Die folgenden Ausführungen stammen aus dem von mir erstellten Rechtsreader für die Bundesarbeitsgemeinschaft Streetwork/Mobile Jugendarbeit.

Rechtsberatungsgesetz (RBerG)

Nach §1 bedarf die »geschäftsmäßige« Besorgung fremder Rechtsangelegenheiten der Erlaubnis. Unter geschäftsmäßig wird auch eine nebenberufliche und unentgeltliche Tätigkeit verstanden. Die Geschäftsmäßigkeit wird u.a. definiert als das regelmäßige Beraten von Einzelpersonen zu rechtlichen Fragen, die der juristischen Fachkenntnis bedürfen. Wenn also regelmäßig detaillierte Begründungen in Rechtsfragen geliefert werden, insbesondere, wenn sich die Begründungen mit der vorhandenen Rechtsprechung juristisch auseinandersetzen, oder wenn gar »geschäftsmäßig« Rechtsmittel eingelegt werden, die normalerweise juristische Fachkenntnisse verlangen, also etwa Anträge auf Zulassung der Berufung, Anträge nach § 35 BtMG etc.

Entscheidend für die erlaubnispflichtige Rechtsberatung ist z. B. die Frage, ob die Rechtsberatung nur das Nebenprodukt der sozialen Beratung darstellt oder ob die Rechtsberatung ein wesentlicher Bestandteil der Beratungstätigkeit ist.

Wichtig für die Wirkung des Rechtsberatungsgesetzes ist die Frage, ob es sich regelmäßig um Einzelfallberatung handelt oder ob eine generelle, allgemeine Beratung vorliegt.
So fällt z. B. das Herausgeben einer Broschüre oder ein Vortrag über die rechtliche Situation von DrogengebraucherInnen, auch wenn der Vortrag konkrete Tipps für diese enthält, nicht unter das Verbot des Rechtsberatungsgesetzes.

SozialarbeiterInnen der anerkannten kirchlichen Träger und der freien Wohlfahrtspflege unterliegen nicht dem Rechtsberatungsverbot, da sie einen öffentlich rechtlichen Status innehaben, also in Körperschaften des öffentlichen Rechtes tätig sind.
Hier gilt eine Besprechung über Grundsätze der Sozialberatung zwischen dem Bundesjustizministerium und den Verbänden der freien Wohlfahrtspflege vom 24.02.1969. Darin wird die Zulässigkeit von Beratung im Rahmen der satzungsgemäßen Tätigkeit zu rechtlichen Fragen und Rechtsgebieten (wie z. B. die Ehe-, Unterhalts-, Miet-, Erb-, Arbeits-, oder Ausländerrecht) festgestellt.
Das bedeutet jedoch nicht, dass SozialarbeiterInnen aus Körperschaften des öffentlichen Rechtes quasi drauflosberaten können ohne jegliche Konsequenzen bei falscher Beratung.
Es gilt auch hier die Pflicht zum Ersatz eines Schadens, der sich aus einer falschen Beratung ergeben hat. Wird dabei Fahrlässigkeit oder gar Vorsatz festgestellt, so können neben der persönlichen finanziellen Haftung noch arbeitsrechtliche Konsequenzen erfolgen

Datenschutz nach Bundesdatenschutzgesetz (BDSG) und Sozialgesetztbuch (SGB) I und X

Angesichts verstärkter Evaluations- und Dokumentationsverpflichtungen, auch in der Streetwork/Mobilen Jugendarbeit ist die Kenntnis und Einhaltung datenschutzrechtlicher Bestimmungen von erheblicher Bedeutung für MitarbeiterInnen der Streetwork/Mobilen Jugendarbeit. Die Kontroll- und Speicherwut der Behörden in Bezug auf Daten gerade der AdressatInnen von Streetwork/Mobiler Jugendarbeit gebietet die Einhaltung des Datenschutzes.

§ 3 des BDSG verpflichtet die Träger von Beratungsdiensten, dafür Sorge zu tragen, dass Klientendaten jeder Art stets so aufbewahrt werden müssen, dass nicht unbefugte Dritte an diese Daten herankommen können. Bei Verletzung entsprechender Vorschriften können Schadensersatzansprüche nach § 823 BGB entstehen.

Selbstverständlich ist der widerrechtliche Zugang zu Daten nach dem Datenschutzgesetz ebenfalls strafbar (§ 41 DSG). Schließlich sei noch auf den § 35 SGB I hingewiesen, der den Schutz des Sozialgeheimnisses beschreibt. § 35 SGB I:
»Einzelangaben über die persönlichen und sachlichen Verhältnisse (personenbezogene Daten) müssen von den Leistungsträgern als Sozialgeheimnis gewahrt und dürfen nicht unbefugt offenbart werden.«

Was ist das Sozialgeheimnis?

Die Sozialleistungsträger sind gesetzlich verpflichtet, alle personenbezogenen Daten sowie Betriebs- und Geschäftsgeheimnisse als Sozialgeheimnis zu wahren, gleich ob Sozialdaten in Dateien oder Akten stehen (§ 35 Abs. 1 SGB I).
Das Sozialgeheimnis ist ein besonderes Amtsgeheimnis, das gleichrangig neben der ärztlichen Schweigepflicht, dem Steuergeheimnis oder dem Statistikgeheimnis steht. Mit dem Sozialgeheimnis soll sichergestellt werden, dass niemand dadurch, dass er in der Sozialversicherung versichert oder auf Sozialleistungen angewiesen ist, zu Unrecht mehr als andere Bürger staatlichem Zugriff oder Eingriff ausgesetzt sein soll.

Den Anspruch auf Wahrung des Sozialgeheimnisses hat jeder, dessen Daten den im Sozialgesetzbuch bezeichneten Stellen im Zusammenhang mit einem Versicherungsverhältnis, der Erbringung von Sozialleistungen oder Erfüllung gesetzlicher Pflichten nach dem Sozialgesetzbuch bekannt geworden sind.

Der Schutz des Sozialgeheimnisses besteht in der ausdrücklichen Verpflichtung der in § 35 SGB I genannten Stellen, das Sozialgeheimnis zu wahren, d.h. alle Maßnahmen zu treffen, die geeignet und erforderlich sind, um zu verhindern, dass Sozialdaten unbefugt erhoben, verarbeitet oder genutzt werden, auch innerhalb des Leistungsträgers sicherzustellen, dass Sozialdaten nur Befugten zugänglich sind und nur an diese weitergegeben werden. Damit muss auch ausgeschlossen werden, dass ein zufälliger Besucher in eine Sozialakte Einsicht nehmen kann.

Das Sozialgeheimnis ist eine besonders wichtige Grundlage des Sozialdatenschutzes. Bei vielen Leistungsträgern stehen für den Publikumsverkehr nicht nur Einzelzimmer zur Verfügung. Aufgrund des Sozialgeheimnisses haben Sie aber das Recht, allein beraten zu werden, ohne dass andere Leistungsbezieher mithören können. Ob Sie von diesem Recht Gebrauch machen, ist Ihrer Entscheidung überlassen. Sie können ausdrücklich um eine einzelne Beratung bitten.

Die Schweigepflicht, § 203 Strafgesetzbuch (StGB)

Nach Nr. 4 des § 203 StGB dürfen »Berater für Suchtfragen« und nach Nr. 5 »staatlich anerkannte Sozialarbeiter/innen und SozialpädagogInnen« unbefugt fremde Geheimnisse, die ihnen anvertraut oder sonst bekannt geworden sind, nicht an Dritte weitergeben. Zuwiderhandlungen werden strafrechtlich nur auf Antrag verfolgt (§ 205 I StGB).

Anders als im gewöhnlichen Sprachgebrauch ist der Begriff »Geheimnis« sehr weit zu verstehen (Mörsberger 1986, S. 187). Geheimnisse sind Tatsachen beliebiger Art, die nur einem beschränktem Personenkreis bekannt sind und an deren Geheimhaltung die Person ein begründetes Interesse hat (Lencker 1997, Anm. 5 zu § 203 StGB). So kann bereits die Wohnadresse oder die Tatsache, dass jemand in einer Beratungsstelle bekannt ist, ein schützenswertes Geheimnis sein.

Dieses Geheimnis muss anvertraut oder auf sonstige Weise dem Schweigepflichtigen bekannt geworden sein. Damit sind Informationen gemeint, die über Dritte zugetragen werden. Allerdings nur dann, wenn sie im Rahmen der Berufsausübung bekannt geworden sind, nicht im privaten Lebensbereich oder für die Öffentlichkeit zugänglichen Gelegenheiten (z. B. Gerichtsverhandlungen)

Unbefugt ist eine Geheimnismitteilung, wenn sie ohne Zustimmung der betreffenden Person erfolgt oder keine gesetzliche Offenbarungspflicht besteht (z. B. Anzeigepflicht geplanter schwerer Straftaten – siehe dort). Hingegen rechtfertigen Strafverfolgungsinteressen bezüglich bereits begangener Delikte die Verletzung der Schweigepflicht grundsätzlich nicht (Lencker 1997, Anm. 32 zu § 203 StGB).

Besondere Konfliktsituationen können den Bruch der Schweigepflicht rechtfertigen, und zwar dann, wenn BeraterInnen über Sachverhalte Kenntnisse erhalten, von denen möglicherweise eine Gefahr für den Klienten oder für Dritte ausgehen. Hier gelten die Bestimmungen des § 34 StGB; *Rechtfertigender Notstand*. Gerechtfertigt ist z. B., Angehörige oder Kontaktpersonen vor der vom Patienten ausgehenden Ansteckungsgefahr zu warnen, sofern nicht die Gewähr besteht, dass diese selbst für die notwendige Aufklärung sorgen.

Somit darf bei einem Betreuungskontakt gegen den Willen der/des Betreuten keine Information an andere Einrichtungen, Behörden, Polizei, Bewährungshilfe, Eltern (besondere Regelung bei Minderjährigen s. u.) gegeben werden. Allerdings kann eine Einwilligung auch durch konkludentes Verhalten erteilt werden. Dies gilt z. B., wenn die Inanspruchnahme der Schweigepflichtigen aufgrund von Bewährungsauflagen erfolgt und insoweit (auch unausgesprochen) in eine entsprechende Rückkoppelung zur Bewährungshilfe eingewilligt wird. Ebenso ist bei einer Bitte um Therapievermittlung die Zustimmung dafür zu unterstellen, dass zur Erledigung der notwendigen Schritte auch Dritte mit einbezogen werden.

Geheimnisse werden in der Regel einer bestimmten Person anvertraut und damit nicht gleichzeitig auch der Einrichtung, bei der diese Person angestellt ist. Dies bedeutet: innerbetriebliche Organisations- und Entscheidungsstrukturen durchbrechen nicht die Schweigepflicht. KlientInnen-Geheimnisse müssen auch innerhalb einer Einrichtung anonymisiert weitergegeben werden (Mörsberger 1986, S. 191ff). Dies gilt auch hinsichtlich der Supervision. Die Auffassung, dass die Weitergabe von KlientInnengeheimnissen während einer Supervision erlaubt sei, ist alleine mit dem Hinweis, dass dies sachgerecht sei, nicht nachvollziehbar (Bölinger, Stöver, Fietzek 1995, S. 309). Zwar basiert die Supervision auf dem Prinzip, dass die besprochenen Themen nicht den Raum verlassen dürfen; dennoch stellt die Weitegabe auch an Dritte Schweigeverpflichtete einen Verstoß gegen § 203 StGB dar (Lencker 1997, Anm. 19 zu § 203 StGB). Insofern gilt auch hier das KlientInnen-Geheimnis, das im Zweifelsfall nur ohne Namensangabe weitergegeben werden darf.

Eine besondere Schwierigkeit im Zusammenhang mit der Schweigepflicht ist in der Arbeit mit Minderjährigen zu konstatieren. So ist für viele StreetworkerInnen und mobile JugendarbeiterInnen nicht immer klar, ob sie auch gegenüber den Erziehungsberechtigten von betreuten oder beratenen Minderjährigen schweigen dürfen. Dazu gibt der § 8 des KJHG Abs. 3 Aufschluss. Demnach können auch Kinder und Jugendliche ohne Kenntnis der Erziehungsberechtigten beraten werden, wenn die Beratung aufgrund einer Not- und Konfliktlage erforderlich ist und solange durch die Mitteilung an den Personensorgeberechtigten der Beratungszweck vereitelt würde.

Das bedeutet nicht, dass jede Beratung unter diesen Paragraphen fällt. Jedoch ist insbesondere bei Konfliktlagen der Jugendlichen davon Gebrauch zu machen, wenn dadurch der Beratungszweck gefährdet würde.

Das Strafgesetzbuch und die Strafprozessordnung (StGB und StPO)[1]

Hausdurchsuchung und Personendurchsuchung (§§ 102 – 110 StPO)
HAUSDURCHSUCHUNG

Hausdurchsuchung ist die Standardermittlungsmethode in Ermittlungsverfahren wegen Drogen. Wenn die Polizei ordnungsgemäß klingelt: Den Durchsuchungsbefehl zeigen lassen. Eine Durchsuchung darf nur durch den Richter, bei »Gefahr im Verzug« durch Staatsanwalt oder Polizei angeordnet werden, und zwar nur, um beim Verdächtigen in der Wohnung oder an seiner Person Beweismittel zu suchen (§ 102 StPO) oder beim Unverdächtigen erwiesenermaßen vorhandene Beweismittel sicherzustellen (§ 103 StPO). Es müssen Tatsachen vorliegen, aus denen zu schließen ist, daß die gesuchte Person, Spur oder Sache sich dort befindet. (Zu dem Fall, daß sich die Polizei mit Hilfe von V-Leuten Zugang zur Wohnung verschafft.)
Die Durchsuchung einer Anwaltskanzlei, wodurch die Staatsanwaltschaft Kenntnis von der Verteidigungskonzeption erlangt, begründet kein Verfahrenshindernis, allenfalls ein Beweisverwertungsverbot (BGH StV 1984). Die Durchsuchung einer Drogenberatungsstelle mit unzulässiger Beschlagnahme von Klientenakten allerdings findet keine höchstrichterliche Billigung (BverfGE 44, S. 353). Unzulässigerweise gewonnenes Beweismaterial ist unverwertbar (KG StV 1985, S. 404).

Hausdurchsuchung: § 102–110 StPO
Beiziehung anderer Zeugen, z. B. Freunde oder einen Anwalt. (Man darf telefonieren mit dem Anwalt oder Freund, für ein Telefonverbot gibt es keine gesetzliche Grundlage.) Immer freundlich bleiben, nicht zu redselig sein. Wie schnell hat man sich verplappert. Auch keine Diskussionen mit den Beamten führen: Protokoll fordern.

---

[1] Aus Böllinger, Fietzek, Stöver: Drogenpraxis, Drogenrecht, Drogenpolitik

Schema zur Hausdurchsuchung

> Es klingelt bzw. jemand klopft an der Tür. Sie öffnen die Tür und vor Ihnen steht Mann/ Frau in Zivil oder Uniform/ Polizei.
> »Bitte weisen Sie sich aus.«
> »*Können wir reinkommen?*«
> Nein: freundliche Verabschiedung. Ende.
> Ja: »Was wünschen Sie?«
> »*Die Beantwortung einiger Fragen.*«
> »In welchem Rechtsstatus bin ich dabei?«
> *Verdächtige/r Als Auskunftsperson*
> »Haben Sie eine richterliche Anordnung zur Durchsuchung?« § 105 StOP
> Nein: »*Dann können wir uns auch vor der Tür unterhalten*«
> Ja Nein: Gefahr im Verzug. § 105 StPO
> Je nach Einschätzung der Lage:
> a) »Ich komme mit aufs Präsidium und gebe dort meine Aussage zu Protokoll«
> b) »Ich verweigere die Aussage § 55 StPO
> c) »Ich habe keine Zeit, kommen Sie später noch einmal vorbei.
>
> – Hausdurchsuchung (s. unten)
> – Rechtsmittel (s. unten)
>
> *Kursiv gesetzte Schrift:* Antworten der Polizei

Rechtsmittel

Wenn der Wohnungsinhaber als Beschuldigter sich in seinen Rechten verletzt fühlt, kann er gem. § 23 EGGVG binnen 4 Wochen beim OLG Antrag auf Entscheidung über die Rechtmäßigkeit des »Justizverwaltungsakts« der Hausdurchsuchung stellen. Die Maßnahme kann für rechtswidrig erklärt werden.

Zwar können formal nur bei Verdacht einer terroristischen Vereinigung ganze Gebäudekomplexe durchsucht werden (§ 103 Abs. 1 S. 2 StPO). Jedoch werden planmäßige überraschende Polizeiaktionen zur Identitätsprüfung an sog. gefährlichen Orten auch aus Abschreckungsgründen gerade im Drogenbereich zunehmend durchgeführt (»Razzia«). Gegen damit verbundene Zwangsmaßnahmen besteht nur das (komplizierte) Rechtsmittel nach §§ 23 ff. EGGVG (dazu KATHOLNIGG 1990, S. 388 ff.).

Nachts darf nicht durchsucht werden, außer bei »Gefahr im Verzug«, die natürlich häufig behauptet wird (§ 104 StPO). Also: Begründung

unbedingt mitteilen lassen und notieren. Wenn Hausdurchsuchung (HD) ohne Anwesenheit von Richter oder Staatsanwalt erfolgt: Den Dienstausweis zeigen lassen, die Hinzuziehung eines Zeugen verlangen. Die Polizei kann einen Zeugen bestimmen, der aber kein Polizeibeamter sein darf. Der Inhaber der Wohnung darf die HD jedenfalls beobachten. Beschädigung im Protokoll festhalten lassen. Falls die Polizei die gestellten Anträge nicht erfüllt:
– Sämtliche Anträge auf einem Blatt Papier schriftlich niederlegen und dieses Schriftstück zu den Akten geben. Verweigert die Polizei die Annahme, zusammen mit der Polizei das Haus verlassen und so versperren, dass die Räume von niemandem mehr betreten werden können. Auf der Dienststelle veranlassen, dass das nicht mitgenommene Schriftstück zu den Akten geholt wird.
– Bei Beschädigungen Zeugen zur Beweissicherung holen, am besten diejenigen, die als letzte die Wohnung in ordentlichem Zustand gesehen haben; nur solche Zeugen aussuchen, die bei der HD nicht anwesend waren.
– Fotos machen.
Am Ende der Durchsuchung eine schriftliche Mitteilung verlangen (§ 107 StPO). Widerstand und Gewalt gegen die Beamten sind sinnlos. Man macht sich nur strafbar (§ 113 StGB). HD dürfen vom 1.4. bis 30.9. jeweils zwischen 4 Uhr und 21 Uhr, vom 1.10. bis 31.3. zwischen 6 Uhr und 21 Uhr durchgeführt werden, bei Gefahr im Verzug und Verdacht auf BtM-Handel, Prostitution, Glücksspiel und Waffenhandel auch sonst (§ 104 StPO).

Personendurchsuchung
1. Nur der Verdächtige darf durchsucht werden (Leibesvisitation) – auf Anordnung eines Richters, Staatsanwalts oder bei »Gefahr im Verzug« (der häufigste Fall in der Praxis) durch Polizeibeamte – gem. §§ 102, 103, 105 StPO.
Die Personendurchsuchung gestattet keine körperlichen Eingriffe (wie Operationen, Magen auspumpen, Blutabnahme etc.), wie sie bei der körperlichen Untersuchung gegen den Beschuldigten nach § 81a StPO zulässig sind. Die körperliche Untersuchung einer Frau darf nur durch eine Frau oder einen Arzt erfolgen.
2. Die Personendurchsuchung erstreckt sich auch auf die dem Be-

troffenen gehörenden Sachen, § 102 StPO. Man braucht nicht Eigentümer der Sachen zu sein; es genügt, dass man sie bei sich hat (Kleidung, Tüten, Taschen, Einkaufswagen, Fahrradtaschen etc.) Auf Verlangen des Betroffenen muss ein Verzeichnis der im Beschlag genommenen Sachen angefertigt werden (§§ 107 Satz 2, 111 Abs. 3 StPO).
3. Personendurchsuchungen lässt man am besten widerstandslos über sich ergehen. Man soll aber auf jeden Fall den Zweck der Aktion und die Akteure erfragen. Besonders prekär ist, dass die Polizei gewöhnlich aus dem schlichten Vorhandensein eines Spritzbestecks bereits auf einen Drogenvergehen schließt. Da inzwischen geregelt ist, dass die Vergabe von Einmalspritzen straflos bleibt und Spritzbesteck lediglich ein Indiz für den straflosen Eigenkonsum darstellt (s.o.), erzwingt das Legalitätsprinzip keine Intervention. Richtlinien sollten dies den Beamten »an der Front« verdeutlichen.

Körperliche Untersuchung (§ 81 a StPO) –
Beschlagnahme (§§ 94–98 StPO)
Körperliche Untersuchungen dürfen gem. § 81 a StPO zur Feststellung von Tatsachen angeordnet werden, die für das Verfahren von Bedeutung sind. Solche nach den Regeln der ärztlichen Kunst vorzunehmenden Eingriffe gewinnen allgemein bei Drogendelikten und besonders im Zusammenhang von Drogenkonsum und Straßenverkehr immer größere Bedeutung. Zwar gibt es noch keine erprobte und leicht handhabbare, den Alkotests vergleichbare Methoden, einen Täter auf den Konsum von illegalen Drogen hin zu untersuchen. Die meisten Substanzen sind aber durch Urintests nachweisbar, allerdings nur kurzfristig.
Inzwischen ist man heftig dabei, Methoden zur Aufdeckung länger zurückliegenden Drogenkonsums zu entwickeln; als infamste erscheint uns die noch Monate nach dem Konsum ergebnisträchtige Haaranalyse (vgl. dazu KRIMINALSTATISTIK 1992, S. 253 ff.), für die noch nicht einmal ein ärztlicher Eingriff notwendig ist.
Beschlagnahmen (§§ 94 ff. StPO) finden im Ermittlungsverfahren zumeist, ohne die eigentlich notwendige richterliche Anordnung »ausnahmsweise wegen Gefahr im Verzug«, als Überraschungscoups

der Polizei statt. Voraussetzung ist, dass die zu beschlagnahmende Sache als Beweismittel benötigt wird (vgl. das Schema zur Beschlagnahme).

Folgende Grundregeln sollten Betroffene beachten:
– Nur das herausgeben, was man will. Herausgegeben werden muss allerdings verdächtiges Material, soweit es nicht gem. § 97 StPO »beschlagnahmefrei« ist, z. B. wenn es von Angehörigen (§ 11 StGB), Verlobten oder Ehegatten stammt oder an diese gerichtet ist. Schriftstücke von Rechtsanwälten, Ärzten, Geistlichen, sonstigen Verteidigern, die ein Zeugnisverweigerungsrecht nach § 53 StPO geltend machend könnten, sind ebenfalls geschützt.

Schema zur Beschlagnahme

– Verdächtige Personen bzw. Notizen gefunden
– Beschlagnahme?
Ja: Ungelesen versiegeln lassen. § 110 StPO
Nein: Bestätigung verlangen, dass nichts gefunden oder ermittelt wurde. § 107 StPO
– Durchnummerierte Liste aller beschlagnahmten Gegenstände geben lassen. § 107 StPO
– Durchschlag des Protokolls von der Hausdurchsuchung verlangen, aber nur unterschreiben, wenn es wirklich o.k. ist.
– Wenn sich die Beamten nicht ausgewiesen haben, sollte ihnen jemand nachgehen und die Autonummer aufschreiben.
– Die Zimmer im Beisein von Zeugen fotografieren. Spätestens jetzt den Anwalt verständigen, nachdem ein Gedächtnisprotokoll angefertigt wurde.

– **Rechtsmittel**
Unmittelbarer Widerspruch gegen die Beschlagnahme gegenüber der Polizei und Antrag auf richterliche Entscheidung (§ 98 Abs. 2 StPO).
Gemäß §§ 304, 305 StPO kann der von der Beschlagnahme Betroffene bei dem Gericht, das die Beschlagnahmeverfügung erlassen hat, Beschwerde einlegen. Bei Zurückweisung weitere Beschwerde, § 310 StPO.

– In jedem Fall sofort Widerspruch einlegen (§ 98 Abs. 2 StPO): eine Taktik um leichter Akteneinsicht zu bekommen, die wiederum essentiell für eine angemessene Verteidigung ist. Nach § 107 StPO muss auf Verlangen ein Verzeichnis der mitgenommenen Gegenstände ausgehändigt werden. Am besten man protokolliert selbst, was beschlagnahmt wird bzw. macht die Herausgabe von Protokollierung und Unterzeichnung des Protokolls durch die Beamten abhängig. Umgekehrt sollte man allerdings der Polizei nichts unterschreiben.

– Wenn »beschlagnahmefreie Gegenstände« (§ 97 StPO) mitgenommen werden sollen, die nicht verwertet werden dürfen, darauf bestehen, dass alles unter Beobachtung versiegelt wird. In jedem Fall empfiehlt es sich, die Sachen nicht aus den Augen zu lassen, und mit den Sachen unter dem Arm freiwillig zum Staatsanwalt mitzugehen, der dann sofort entscheiden muss. Nicht versuchen, noch schnell etwas verschwinden zu lassen. Dies ist besonders verdächtig. Die Chance, dass etwas nicht gefunden wird, ist viel größer.
– Bei Betäubungsmitteln: In jedem Fall ohne Widerspruch der Beschlagnahme zustimmen (Verweigerung der Zustimmung kann strafbare Begünstigung sein). Man muss nicht angeben, wem das BtM gehört. Wenn offensichtlich ist, wem das BtM gehört (am Körper gefunden wird), mit formloser Einziehung einverstanden sein.

Das Betäubungsmittelgesetz

Das Betäubungsmittelgesetz (BtMG) existiert seit Januar 1972. Davor gab es das Opiumgesetz, das für sämtliche Verstöße eine einheitliche Höchststrafe von drei Jahren aufwies. Es richtete sich im Wesentlichen gegen Morphinisten und Opiatabhängige aus der Kriegs- und Nachkriegszeit. Das Betäubungsmittelgesetz von 1972 unterschied in seinem strafrechtlichen Teil zwischen einfachen und schweren Verstößen. Die Liste der Betäubungsmittel (BtM) wurde erheblich erweitert, so dass auch die sog. Weichen Drogen diesem Gesetz unterfielen. Der Höchststrafrahmen bei einfachen Verstößen blieb bei drei Jahren, während er bei schweren Verstößen auf zehn Jahre hinaufgesetzt wurde. Schließlich wurden die Strafbestände wesentlich erweitert.

Das jetzt geltende BtMG ist 1981 novelliert worden und gilt seit dem 1. Januar 1982. Die Änderungen zeichnen sich durch die Erhöhung des Strafmaßes der Neugefassten Straftatbestände aus, so dass nun eine Erhöhung des Strafmaßes für schwerwiegende Taten auf eine Höchststrafe von bis zu 15 Jahren erkannt werden kann.

Das Betäubungsmittelgesetz als verwaltungsrechtliches Gesetz des StGB ist ein sog. Nebenstrafrecht. Das BTMG hat sich zum repressivsten Strafgesetz überhaupt entwickelt. Das zu schützende Rechtsgut ist die diffuse »Volksgesundheit«.

Das Betäubungsmittelgesetz (BTMG) macht jeglichen Verkehr und Umgang mit Betäubungsmitteln von der Erlaubnis des Bundesgesundheitsamtes abhängig. Die davon betroffenen Substanzen sind in dem § 1 BTMG Anlagen 1-3 beschrieben.
Strafbar macht sich, wer ohne entsprechende Erlaubnis mit Betäubungsmitteln umgeht (§§ 29-30 b BTMG). Im Prinzip ist alles strafbar, außer der Konsum von BTM. Jedoch wird bei vorliegendem Konsum der Besitz unterstellt, weshalb es so enorm wichtig ist, dass bei der Vernehmung durch die Ermittlungsbehörden keinesfalls Angaben zur Sache gemacht werden. Meistens wird im Laufe der Vernehmung durch die Polizei der vorherige Besitz eingeräumt, obwohl dieser von der Polizei häufig nicht nachgewiesen werden kann.

Konflikte nach dem BTMG für MitarbeiterInnen der Streetwork/ Mobilen Jugendarbeit

Die in dem § 29 Abs.1 genannten Straftatbestände, insbesondere der Umgang und Besitz von BTM kann schnell für StreetworkerInnen zum Konflikt mit dem BTMG im Arbeitsalltag führen. So ist das Verwahren illegaler Substanzen für KlientInnen unter Umständen strafbar.

Konflikte mit dem BtMG: Besitz (Verwahrung, Test, Notfall)

Im § 29 BtMG sind eine Vielzahl von Umgangsformen und Handlungen – sieht man vom straflosen Konsum ab – mit Betäubungsmitteln aufgeführt. Ein möglicherweise strafbarer Kontakt mit illegalen Drogen durch StreetworkmitarbeiterInnen ist demnach zumindest in drei Fallkonstellationen vorstellbar

1. Verwahrung

StretworkerInnen übernehmen von einer Person verbotene Substanz (z. B. illegal aus den Niederlanden importiertes Methadon), um diese für die Person einzuteilen, wobei sich die Rückgabe ausschließlich nach den Wünschen des Users richtet.

2. Drogenanalyse/Drogentest

Erste Variante, Einzelanalyse: SzenearbeiterInnen nehmen eine einzelne Drogenprobe an und bringen diese zwecks Analyse zu einer Apotheke.
Zweite Variante, Drogentest-Reihe: Eine Einrichtung nimmt regelmäßig Drogen zur Analyse entgegen. Diese werden zu einem privaten Labor gebracht.

3. Drogennotfall

StraßenarbeiterInnen nehmen Drogen an sich, von denen offensichtlich eine Gefahr ausgeht, um sicherzustellen, dass eine Analyse zur Aufklärung der Situation bzw. konkrete Hilfe für die Opfer möglich ist. (Eine solche Situation bestand Anfang 1997 in Bremen, als fünf Personen an den Folgen von Heroinkonsum starben und es zumindest anfangs unklar war, ob dies auf Verunreinigungen oder aber auf einen ungewohnten Reinheitsgehalt des Stoffes zurückzuführen war.)

In allen Beispielen stellt sich die Frage, ob diese Berührungen mit der Droge gleichzeitig auch schon einen Besitz von Drogen darstellen. Besitz im Sinne des BtMG wird definiert als tatsächliches Herrschaftsverhältnis, das sich in einem faktisch ungehinderten Zugang und einer damit verbundenen Einwirkungsmöglichkeit auf die Droge ausdrückt (Körner 1995, Anm. 781 zu § 29 BtMG).

– Im ersten Fallbeispiel begründet demnach schon die bewusste und bereitwillige Verwahrung von Drogen einen strafbaren Besitz, auch dann, wenn der eigentliche Besitz und die ausschließliche Verfügungsgewalt des Users nicht in Frage gestellt werden. Denn nach der Rechtsprechung begründet allein schon eine solche Verwahrung der Droge einen eigenen Besitz, auch dann, wenn SzenearbeiterInnen die mögliche eigene Verfügungsgewalt über die Drogen gar nicht in Anspruch nehmen (Körner 1995, Anm. 793 zu § 29 BtMG).

Eine zusätzliche Strafbarkeit ergibt sich im Beispielfall nach § 29 1 Nr. 6 b BtMG, da die »nicht-ärztliche« Verabreichung von Methadon nach § 13 1 BtMG untersagt ist, sie stellt daher eine unerlaubte Verabreichung bzw. Überlassung von Betäubungsmitteln zum unmittelbaren Verbrauch dar.

— Im zweiten Fallbeispiel stellt sich die Frage, ob sich SzenearbeiterInnen strafbar machen, indem sie eine Probe – und damit die Substanz – einer verbotenen Droge annehmen und zum Ort der Analysemöglichkeit transportieren. Und wie steht es mit Strafbarkeit des Analyseortes? Letzteres ist für die Variante der Einzelanalyse zumindest für Apotheken rechtlich geregelt. Denn nach § 4 1 Nr. 1e BtMG ist es Apotheken erlaubt, Betäubungsmittel zur Untersuchung anzunehmen. Strafrechtlich problematisch ist somit vor allem der Transport. Wird die Droge unmittelbar und auf direktem Wege zu einer Apotheke gebracht und ist dieser kurze Transport auch der einzige Grund für den Besitz der Droge, dann ist ein strafbarer Besitz im Sinne des BtMG – nach der hier vertretenen Meinung – zu verneinen. Denn nicht schon jede Berührung mit einer verbotenen Droge begründet unmittelbar den Tatbestand des strafbaren Besitzes, sondern erst das Entstehen einer eigenen Einflusssphäre über die Droge. Und ein direkter und unmittelbarer Transport zu einer örtlichen Apotheke hat eher den Charakter eines Botenganges, ohne dass in dieser kurzen Zeit ein eigenes Herrschaftsverhältnis über die Droge aufgebaut wird. Körner verneint ausschließlich den Tatbestand des Besitzes bei den vergleichbaren sog. *BtM-Vernichtungstransporten*, bei denen BtM von Privatpersonen oder SozialarbeiterInnen bei einer hierzu berechtigten Stelle abgegeben werden können (Körner 1995, Anm. 797 zu § 29 BtMG).
— Im dritten Beispiel können sich die HelferInnen auf den *rechtfertigenden Notstand* (§ 34 StGB) berufen, der schon bei der Schweigepflicht thematisiert wurde. In diesem Fall müsste eine Güterabwägung zwischen dem Leben und/oder der Gesundheit von

Drogenkonsumierenden und dem vom BtMG geschützten Rechtsgut der Volksgesundheit getroffen werden. Wenn die Mitnahme einer Drogenprobe die einzige konkrete Hilfe darstellt, wird den erst genannten Rechtsgütern sicherlich Vorrang gegenüber einer Bestrafung wegen Drogenbesitzes eingeräumt werden müssen.

Verschaffen und Gewähren von Gelegenheiten – § 29 Abs. 1 Nr. 10 BtMG

Der im § 29 Abs.1 Nr.10 BtMG angesprochene Tatbestand des Verschaffens einer Gelegenheit, d. h. der Herbeiführung günstiger äußerer Umstände, die den unbefugten Umgang mit Betäubungsmitteln unmittelbar fördern, bezieht sich in erster Linie auf das bewusste Bereitstellen von Räumen, Möglichkeiten zum Verbrauch, Erwerb Abgabe usw. von Drogen (z. B. durch einen Gastwirt) – dies wird in Einrichtungen der Jugendhilfe regelmäßig nicht vorkommen. Der Tatbestand könnte, wie generell alle Straftatbestände, auch durch Unterlassen bewirkt werden, wenn Voraussetzung dafür ist, dass die Person »rechtlich dafür einzustehen hat, dass der Erfolg nicht eintritt« – dieser Sachverhalt wird in der Rechtssprache als sog. Garantenpflicht bezeichnet. Liegt also eine solche Garantenpflicht vor, so können die Tatbestände auch durch Unterlassen begangen werden.

Bezüglich des pädagogischen Personals, also der Personen, die mit der Betreuung, Erziehung, Unterstützung, Beratung der Kinder, Jugendlichen und jungen Volljährigen in Einrichtungen der Jugendhilfe zu tun haben, ist regelmäßig davon auszugehen, dass eine Garantenstellung vorliegt, die eine Garantenpflicht begründet. Eine Garantenstellung liegt vor, wenn besondere Beziehungen zu der Person bestehen, die durch strafrechtliche Normen geschützt werden soll. Das ist hier gegeben, denn die Bestimmungen des BtMG sind in ihrer Zweckrichtung darauf ausgerichtet, andere Personen in jeglicher Weise vor dem Kontakt und Umgang mit Betäubungsmitteln zu schützen. Hier ist aber die Besonderheit gegeben, dass mit der Formulierung »Gelegenheit ... gewährt« eine Unterlassung durch § 29 Abs. 1 Nr. 10 BtMG selbst unmittelbar zu einer strafbaren Handlung gemacht wird. Bei der Auslegung des Begriffes »Gewähren« kann und muss deswegen auf die von der Rechtsdogmatik zu den Unterlassungsdelikten entwickelten Grundsätze zurückgegriffen werden.

Aus der Garantenstellung des pädagogischen Personals aufgrund der übernommenen Fürsorge-, Aufsichts- und Erziehungspflichten gegenüber den zu betreuenden jungen Menschen ergibt sich, dass das pädagogische Personal eben nicht zusehen kann, wenn in entsprechender Weise mit Betäubungsmitteln umgegangen wird. Das gilt insbesondere in Einrichtungen, wo das Personal eine unmittelbare Definitionsmacht hat. Eine besondere Situation ergibt sich an öffentlichen Orten, da hier die Definitionsmacht und damit die Durchsetzungsmöglichkeiten für pädagogisches Personal – insbesondere für Streetwork/Mobile Jugendarbeit der Besonderheit der Situation unterliegt. So muss z. B. unterschieden werden, ob ein Treffen von StreetworkerInnen/Mobilen JugendarbeiterInnen an Treffpunkten der Jugendlichen in der Öffentlichkeit vorliegt, oder ob eine vom pädagogischen Personal organisierte Aktivität an öffentlichen Orten stattfindet. Entscheidend ist die Definitionsmacht für das Begegnungssetting.

Für die Gleichsetzung von Unterlassen und aktivem Tun ist erforderlich, dass das Unterlassen im Unrechtsgehalt der aktiven Verwirklichung des Tatbestandes entspricht, dass also der *strafrechtliche Unwertgehalt zwischen aktivem Handeln und Unterlassen gleich ist*, dass das »Gewähren durch Unterlassen« einem aktivem Gewähren (z. B. durch die Bereitstellung von Räumen) gleichkommt. Entscheidend ist so das Verhalten der Handelnden: das »Nichtstun«, das Gewährenlassen muss in seinem sozialen Sinngehalt, aus dem heraus es zu interpretieren ist, einem aktiven Tun gleichzustellen sein. Damit kommt es auch darauf an, aus welcher Intention heraus ein Vorgehen gegen den Drogenkonsum unterlassen wird. Ein Gewähren ist deswegen dann einem aktiven Tun gleichzustellen, wenn eine fördernde Haltung zum Betäubungsmittelkonsum vorliegt, wenn also die DrogenkonsumentInnen usw. davon ausgehen können, dass die BetreuerInnen, ErzieherInnen oder StreetworkerInnen trotz Kenntnis des unbefugten Drogengebrauchs keinerlei ihnen zumutbare Maßnahmen treffen und damit signalisieren, dass sie gegen den unerlaubten Drogengebrauch nichts einzuwenden haben. Entscheidend ist, wie das pädagogische

Personal mit der Drogenproblematik in pädagogisch reflektierter und geplanter Weise umgehen will und ob es deswegen in einer konkreten Situation darauf verzichtet, mit nicht vermittelbaren Verboten zu arbeiten, um auf diese Weise nicht die Möglichkeit zu verschütten, junge Menschen aus ihrer Abhängigkeit oder ihrem schädigenden Konsum herauszulösen.

Weiterhin muss das aktive Handeln sinnvoll und der Person, der es abverlangt wird, auch zumutbar sein. Das bedeutet für das Unterlassen, dass die unterlassende Person in der Lage sein müsste, in sinnvoller Weise auch durch aktives Handeln gegen den Drogengebrauch vorgehen zu können. Und: Das Vorgehen und das Verhalten des Erziehungspersonals muss für sie selbst zumutbar sein.

Zumutbar sind Handlungen dann nicht, wenn eigene, billigenswerte Interessen in erheblichen Umfang beeinträchtigt werden und diese Beeinträchtigungen in keinem Verhältnis zu dem Handeln stehen, das die Betreuungspersonen unternehmen müssten, um den unbefugten Betäubungsmittelkonsum zu unterbinden oder gegen ihn vorzugehen. So wird bei den nicht selten sozial und emotional relativ dichten Situationen, wie sie sich in der Fremderziehung oder -betreuung ergeben, z. B. die automatische Benachrichtigung der Polizei als erste (und möglicherweise einzige) Reaktion unzumutbar sein. Andererseits darf das Stichwort »Unzumutbarkeit« nicht dazu führen, dass Komplikationen und Konflikten ausgewichen wird und man meint, durch ein »Wegsehen«, »Nichtwissenwollen« usw. der Problematik rechtlich hinreichend begegnen zu können. Festzuhalten ist, dass sich keine rezeptartigen, automatischen Verhaltensweisen aus der Pflicht zum Handeln ergeben, sondern dass es möglich ist, verschiedene sozialpädagogisch ausgerichtete Strategien im Kontext der Drogenproblematik in der Arbeit mit Jugendlichen zu entwickeln und umzusetzen.

Zu beachten ist, dass § 29 Abs. 4 i.V.m. § 29 Abs. 1 Nr. 10 BtMG auch fahrlässiges Gewähren unter Strafe stellt: Erfasst wäre damit zum Beispiel ein Verhalten des pädagogischen Personals, das zwar über Drogen in den Einrichtungen etwas gehört hat, sich aber bewusst nicht weiter informieren will. Ein bewusstes »Nicht-wissen-Wollen« würde den Tatbestand des fahrlässigen Handelns erfüllen.

Letztlich richtet sich die Vorschrift und die durch die Garantenstellung des pädagogischen Personals bedingte Handlungspflicht gegen ein Laissez-faire-Verhalten, erfordert die ziel- und zeitgerichtete Auseinandersetzung mit dem Drogenkonsum in Einrichtungen, erzwingt aber nicht die Automatik einer Anzeige bei der Polizei oder Staatsanwaltschaft.[2]

Die Aufsichtspflicht[3]

Die Aufsichtspflicht ist insbesondere für MitarbeiterInnen der Streetwork/Mobilen Jugendarbeit von erheblicher Relevanz, die tagtäglich mit Minderjährigen arbeiten. Der Bereich der Aufsichtspflicht ist dabei so komplex, dass hier nur die wesentlichen Grundlagen vermittelt werden können. Für die Vertiefung empfehle ich die zu den Thema angegebene Literatur.

Wer ist aufsichtspflichtig?

Die Verpflichtung kann sich ergeben entweder
a) aus einer ausdrücklichen gesetzlichen Bestimmung oder
b) aus einer vertraglichen Übernahme

Zu a)
Aufsichtspflichtig sind gem. § 1631 Abs. 1 BGB die Eltern, da es in der gen. Vorschrift heißt: »Die Personensorge umfasst insbesondere das Recht und die Pflicht, das Kind zu pflegen, zu erziehen, zu beaufsichtigen und seinen Aufenthalt zu bestimmen.« Die gleiche Verpflichtung gilt auch für die allein erziehenden Eltern bei nichtehelichen Kindern, sowie für unter Vormundschaft stehende Minderjährige, also für den Vormund.

---

[2] Aus: Zugehende Sozialarbeit für drogengebrauchende Frauen und Männer. Ein Handbuch. Herausgegeben von Deutsche AIDS-Hilfe e.V. Berlin, 1997
[3] Storr, in: Sozialpädagogische Praxis, Die Aufsichtspflicht der Sozialarbeiter und Sozialpädagogen

Zu b)
Auf vertraglicher Grundlage entsteht eine Pflicht zur Beaufsichtigung dann, wenn die Personensorgeberechtigten diese Pflicht durch ausdrückliche Vereinbarung auf andere Personen übertragen, die bei der Erziehung oder Betreuung der Kinder oder Jugendlichen mitwirken.
Beachte: Diese Verträge bedürfen keiner Form, d. h. dass mündliche Abmachungen gelten.

Unterscheide: Gefälligkeitsverhältnisse, durch die zwar jemand die tatsächliche Aufsicht übernimmt, dabei aber keine rechtliche Verpflichtung übernimmt (Nachbar lässt Kinder für eine Stunde in seiner Wohnung mit den eigenen Kindern spielen, will aber dabei keine rechtliche Verpflichtung zur Haftung bei entstehenden Schäden durch nicht eigene Kinder übernehmen). Indizien für eine vertragliche Bindung wären länger dauernde, regelmäßige oder gegen Entgelt erfolgte Betreuungen.

Inhalt und Umfang der Aufsichtspflicht

Die Aufsichtspflicht verpflichtet denjenigen, der sie kraft Gesetzes oder durch Vertrag hat, dafür zu sorgen, dass weder die Beaufsichtigten Kinder und Jugendlichen selbst Schaden erleiden noch dass sie anderen Schaden zufügen.

Genereller Maßstab für die Erfüllung der Aufsichtspflicht ist das, was verständigen Eltern nach vernünftigen Anforderungen im konkreten Fall zugemutet werden kann. Die offene Formulierung soll verhindern, dass keine überspitzten Maßstäbe angelegt werden können.
Pädagogisch richtige Entscheidungen sind die Messlatte auch für die Erfüllung der Aufsichtspflicht. Insbesondere sind die durch Gesetz selbst festgelegten Erziehungsziele zu beachten. In diesem Zusammenhang soll auf folgende Vorschriften hingewiesen werden:
- § 1626 Abs. 2 BGB (Berücksichtigung der wachsenden Fähigkeiten des Heranwachsenden)
- § 1 KJHG (Recht auf Förderung der Entwicklung)
- § 9 Nr. 2 KJHG (Berücksichtigung der wachsenden Fähigkeiten bei der Erfüllung der Aufgaben der Jugendhilfe)

Aus diesen Vorschriften sowie aus der pädagogischen Überlegung heraus, dass Kinder und Jugendliche lernen können, Risiken und Gefahren zu beherrschen und auch damit umzugehen, ergibt sich, dass ein relativ weiter Spielraum besteht, der im Einzelfall auch zulässt, pädagogische Aspekte gegeneinander abzuwägen. Dies soll allerdings nicht als Freibrief für Leichtsinn missverstanden werden! Vor allem, da die Rechtsprechung zum Umgang mit Streichhölzern und Feuerzeug extreme Maßstäbe setzt.

Um die in der Rechtsprechung entwickelten Kriterien verständlich zu machen, soll anhand eines Stufenmodells dargestellt werden, was im Einzelfall beachtet werden muss.

Auf der ersten Stufe besteht die Informationspflicht. Dies bedeutet, dass es erforderlich ist, sowohl sich als auch die Kinder und Jugendlichen zu informieren.
Sich informieren heißt, zu wissen, was in der konkreten Situation gefährlich sein kann. Dies kann sich auf die Kinder und deren Eigenheiten bzw. Fähigkeiten genauso beziehen, wie auf spezielle Risiken, die durch äußere Umstände eintreten können. Konkret bedeutet das, dass Aufsichtspflichtige beispielsweise wissen müssen, ob die Kinder bestimmte Regeln des Straßenverkehrs kennen, aber auch, ob ein Gelände in dem ein Spiel oder eine Wanderung stattfinden soll, bestimmte Gefährdungsmomente aufweist, oder welche Sicherheitsvorkehrungen, z. B. bei einer Bergtour zu treffen sind.
Die Kinder und Jugendlichen zu informieren bedeutet, dass Verhaltensregeln verständlich formuliert und evtl. wiederholt werden und dass kontrolliert wird, ob sie auch verstanden worden sind. Je nach Erziehungsstand der Kinder und Jugendlichen oder ihrer Zuverlässigkeit ergeben sich hier Spielräume, die strenges Handeln erfordern oder offeneres Agieren zulassen. Ein Maßstab dafür kann sein, wie gut der Aufsichtspflichtige das Kind oder die Gruppe kennt und was es ihr oder ihm möglicherweise zutrauen kann.

Die zweite Stufe besteht im Überwachen. Das bedeutet nicht, dass in jedem Fall und immer ein ständiges Überwachen erforderlich ist. Je nach Situation, Alter und Entwicklungsstand kann auch gelegentliches oder stichprobenartiges Überwachen ausreichen.

Es muss um so stärker überwacht werden, je weniger der Aufsichtspflichtige die einzelnen Kinder bereits kennt, je unzuverlässiger sie sich in der Vergangenheit erwiesen haben, je riskanter ein Spiel oder eine Situation ist und je wahrscheinlicher es ist, daß evtl. Ge- oder Verbote missachtet werden.

Auf der dritten Stufe geht es darum, notfalls einzugreifen. Falls ein Kind oder Jugendlicher sich so verhält, dass mit hoher Wahrscheinlichkeit ein Schaden eintreten kann, ist es die Pflicht der aufsichtspflichtigen Personen, diesen Schaden zu verhindern. Das Eingreifen hängt natürlich von der Situation ab und kann von verbalem bis körperlichem Eingreifen reichen.

Übertragung der Aufsichtspflicht

Eine Delegation der Aufsichtspflicht an andere Personen ist grundsätzlich möglich. Der an sich Aufsichtspflichtige ist jedoch dafür verantwortlich, dass er die ihm obliegende Verpflichtung nur an eine gewissenhafte, zuverlässige Person überträgt. Insoweit trifft den Aufsichtspflichtigen möglicherweise ein Auswahlverschulden, für das er verantwortlich gemacht werden kann. Im Übrigen bleibt auch bei der ganzen oder teilweisen Übertragung der Aufsichtspflicht ein Teil der Verantwortung bei der Person, die delegiert hat. Beispielsweise ist ein/e StreetworkerIn, die eine Gruppe von ihr betreuter Jugendlicher kurzfristig von einer Praktikantin betreuen lässt, dennoch weiterhin verantwortlich dafür, dass organisatorisch alles so läuft, wie es geplant war, in anderen Worten, sie muss den Überblick behalten.

Vorsatz und Fahrlässigkeit

Eine Aufsichtspflichtverletzung kann nur vorliegen, wenn der oder die Aufsichtspflichtige vorsätzlich oder fahrlässig gehandelt hat. Vorsätzlich bedeutet, dass ein bestimmter Erfolg gewollt oder zumindest billigend in Kauf genommen worden ist. Fahrlässigkeit bedeutet, dass die in vergleichbaren Situationen erforderliche Sorgfalt außer Acht gelassen wurde. Hier ist zu beachten, dass es nach der Rechtsprechung um die »erforderliche« Sorgfalt geht, nicht etwa um eine in der speziellen Einrichtung »übliche« Sorgfalt. Durch generelle Schlampigkeit kann sich also der Einzelne nicht entlasten. Als Maßstab könnte z. B. gelten, dass man sich selbst klarmacht, dass man alles getan hat, was bei normalerweise zu erwartendem Verlauf dazu führt, dass kein Schaden eintritt.

Es muss allerdings nicht jedes nur denkbare Risiko ausgeschlossen sein, das nur bei einer Verkettung mehrerer unglücklicher Zufälle eintreten könnte. Sobald die Aufsichtspflichtigen allerdings das Gefühl haben »Hoffentlich geht es gut«, oder sich selbst damit beruhigen »Es wird schon nichts passieren«, sind in der Regel die Grenzen zur Fahrlässigkeit überschritten.

Konsequenzen aus einer Verletzung der Aufsichtspflicht

Falls die Aufsichtspflicht tatsächlich verletzt wurde und auch ein Schaden eingetreten ist, können sowohl
a) strafrechtliche
b) zivilrechtliche als auch
c) arbeitsrechtliche
Konsequenzen folgen. Wenn durch Verschulden des Aufsichtspflichtigen ein Kind oder Jugendlicher am Körper verletzt wird oder ums Leben kommt, besteht die Möglichkeit, dass

Zu a)
Strafrechtliche Konsequenzen wegen fahrlässiger Körperverletzung oder fahrlässiger Tötung erfolgen. Im Strafrecht besteht allerdings der Grundsatz, dass dem Beschuldigten eine Verletzung seiner Sorgfaltspflicht nachgewiesen werden muss, so dass eine strafrechtliche Verurteilung nur dann erfolgen kann, wenn die Verletzung der oben genannten Kriterien auch bewiesen wird.

Zu b)
Für eine zivilrechtliche Haftung (d. h. dass Schadensersatz geleistet werden muss) bestimmt der § 832 BGB allerdings eine Umkehr der Beweislage (siehe unter BGB § 832 Abs. 1,2).
Durch die gesetzliche Formulierung ist klargestellt, dass der Gesetz-

geber davon ausgeht, dass ein eingetretener Schaden in aller Regel auf unzureichender Aufsichtsführung beruht. Der Aufsichtspflichtige hat, wenn er nicht haften will, diese Vermutung zu widerlegen. Die oben genannten Maßstäbe verschieben sich zwar dadurch nicht, es ist jedoch manchmal nicht ganz einfach zu beweisen, ob man etwas getan oder nicht getan hat.

Auch für einen Schaden, den der Aufsichtsbedürftige selbst erlitten hat, ist der Aufsichtspflichtige möglicherweise nach § 823 BGB haftbar. Diese Vorschrift lautet: »Wer vorsätzlich oder fahrlässig das Leben, den Körper, die Gesundheit, die Freiheit, das Eigentum oder ein sonstiges Recht eines Anderen widerrechtlich verletzt, ist dem Anderen zum Ersatz des daraus entstehenden Schadens verpflichtet.« Aus der Aufsichtspflicht ergibt sich, dass auch Schaden von den Kindern oder Jugendlichen selbst abgewendet werden muss und dass bei einer Verletzung der Aufsichtspflicht eine Haftung nach § 823 eintreten kann.

Es sei noch darauf hingewiesen, dass Schadensersatzverpflichtungen wegen Verletzung der Aufsichtspflicht unabhängig davon bestehen können, ob das Kind oder der Jugendliche möglicherweise selber für einen Schaden haftet. Der für die Haftung eines Kindes oder Jugendlichen einschlägige § 828 BGB bestimmt nämlich, das Kinder bzw. Jugendliche zwischen sieben und achtzehn Jahren für einen angerichteten Schaden insoweit haften, als sie bei der Begehung der schädigenden Handlung die zur Erkenntnis der Verantwortlichkeit erforderliche Einsicht hatten. Selbst wenn sie jedoch schadenersatzpflichtig sind, ist es möglich, daß der Geschädigte sich auch an denjenigen hält, der die Aufsichtspflicht verletzt hat. Dies dürfte auch in aller Regel Erfolg versprechender sein, da Kinder und Jugendliche, je nach Höhe des Schadens, möglicherweise gar nicht in der Lage sind, den Ersatz zu leisten.

Zu c)
Arbeitsrechtliche Konsequenzen können eintreten, unabhängig davon, ob ein Schaden entstanden ist. Für eine mögliche Abmahnung oder sogar eine Kündigung des Arbeitsverhältnisses reicht es aus, dass die Aufsichtspflicht tatsächlich verletzt wurde. Wenn beispielsweise eine Betreuerin im Ferienlager die Kinder nachts mehrere

Stunden allein lässt, um in die Disko zu gehen, so hat sie ihre Aufsichtspflicht massiv verletzt, auch wenn tatsächlich nichts passiert ist. Eine derartige Verletzung der Aufsichtspflicht ist auch eine Verletzung ihrer arbeitsrechtlichen Pflichten.

Qualitätsentwicklung/Qualitätssicherung – Evaluation und Dokumentation (Diskussionsverlauf)

Jan Becker/Olga Glouftsi

Ein Beitrag zu diesem Thema steht leider nicht zur Verfügung. Im folgenden ist der Diskussionsverlauf aus der Arbeitsgruppe kurz dokumentiert
- Wir haben Standards zum Arbeitsfeld (LAG und BAG – Standards)
- Die Struktur der Standards entspricht der Struktur des Arbeitsfeldes Streetwork/Mobile Jugendarbeit
- Die Elemente und Instrumente der Evaluierung müssen sich an diesen Standards entlang bewegen:
  – Erfolgs- und Qualitätsinstrumente sind durch die Praktiker im Arbeitsfeld zu definieren (aus der konkreten Arbeit heraus)
  – Einige Praktiker haben Methoden der Evaluation und die dazu gehörende Software entwickelt
  – Beispiel: Zusammenarbeit Teestube Streetwork in der Wohnungslosenhilfe München und dvhaus, München
  – Beispiel: Projektvorstellung Gangway; Entwicklung des Modellprojektes »Hilfen zur sozialen Integration« gem. §13(1) SGBVIII
  – Evaluation von innen!!!
    So behält man die Instrumente und Ergebnisse als eigene Arbeitsmittel
  – Evaluation ist notwendig für die Reflexion der Arbeit und für die Projektentwicklung/Entwicklung der Qualität unserer Arbeit.

- Diskussion zum Thema Evaluierung und Datenschutz:
  – Evaluierung und Datenschutz bilden keinen Widerspruch
  – Interessant ist, dass trotz der Hacker die Sicherheit der Daten gewährleistet ist

(In Absprache mit den Kollegen in München: Der Zugang zu den Daten muss für das Team regelbar sein.)
- Wir haben Instrumente der Evaluierung hauptsächlich deshalb entwickelt, weil so mancher Arbeitgeber das wollte
- Wir haben festgestellt: Wir verbessern und effektiveren damit unsere Arbeit
- Wichtiges Kriterium bei der Datenerfassung und der Auswertung ist die Anonymisierung
- Anonymisierung und Transparenz/Freiwilligkeit
- Unser Erfahrungswert besteht darin, dass die Datenerfassung von den Adressaten sehr häufig akzeptiert wird.

Vom Fußball-Gott, der Eisen wachsen lässt
Einwurf für Deutschland – WIR SIND DABEI – OLYMP-JA!

Dieter Bott

Erinnern Sie sich noch an den Ausnahmezustand? Deutschland im WM-Fieber. Korea im Fußballrausch. Wahnsinn: Kahn-Sinn! Vier Wochen lang, im Juni 2002! Sofort sind besorgte Psychologen auf dem Plan, wenn diese Schlagzeilen hysterisch aufgedrehten Teenagern gelten wie einst der »Beatle-Mania«, bei Madonna oder Michael Jackson. Nur geht es diesmal nicht allein um Jugendliche, die ausflippen und die Schule schwänzen. Es geht auch um Erwachsene, überwiegend Männer, die ihre Pflichten vernachlässigen. Es geht um die Boygroups auf dem grünen Rasen. Wer vom weltweit grassierenden Fußball-Wahn und -Fieber unberührt und immun bleibt, scheint nicht richtig zu ticken. Während der religiöse Fundamentalismus und der nationale Fieberwahn auf den Widerstand der aufgeklärten Vernunft stoßen, schwelgen insbesondere Liberale und ehemalige Linksradikale in aufgeschminkten Fußball-Emotionen und lokalpatriotischen Klischees. Wer sich weder als Fan positioniert, noch damit kokettiert und sich vom Fußball-Fieber und -Geschwätz nicht anstecken lässt, der steht schnell im Abseits.

»Als Park in der 70. Minute den Ball volley zum Tor des Tages in die Maschen drosch, erbebte das ganze Land.« (NRZ, 15.6.02) »Wir haben mit diesem Sieg die Menschen in Südkorea unendlich glücklich gemacht«, erklärt Guus Hiddink, ihr Trainer aus Holland. »Das ganze Land versank im Freudentaumel« (NRZ). Selbst wenn es sich beim ganzen Land nur um die halbe Wahrheit handelt, zeigt die Berichterstattung auch in der seriösen Presse kaum eine Spur von Nachdenklichkeit. Selten findet sich eine kritische Reflexion der medial ange-

BILD, 08.07.02

drehten und forcierten Massenhysterie. »Das Ganze ist das Unwahre«, sagt Adorno gegen Hegel.

Selbstverständlich werden fragwürdige Schiedsrichter-Entscheidungen kritisiert, die nicht nur zum Vorteil von Adidas und Nike das gastgebende Fußball-Entwicklungsland Süd-Korea bis zum Schluss im Turnier belassen. In Zukunft sollen professionellere Schiedsrichter eingesetzt werden, um die effektivste Spielweise zu überwachen und zu kontrollieren, die von aus den Fußball-Imperien angeworbenen Trainern in entwicklungsfähige Regionen exportiert wird. Wie einst die Missionare mit der Bibel Glücksrittern und Geschäftsleuten den Weg ebneten, wird heute der profitable Kreuzzug und die kulturelle Expansion von Entwicklungshelfern mit dem Fußball vor- und nachbereitet.

Ganz Korea im Taumel

Staatspräsident Kim Dae-Jung jetzt FAN Nr. 1« (Express, 5.6.02) »GANZ BRASILIEN WEINT VOR GLÜCK« (dpa, FR, 1.7.02) »Eine ungewöhnliche Art des Jubelns fand die Familie von Mittelfeld-Weltstar Rivaldo. Sie feierte den WM-Triumph, indem sie in Recife (Brasilien) Essen unter den Menschen verteilte.«

Nicht Armut, Lohn- und Klassenkämpfe, sondern »DAS GOLDEN GOAL von Senegal ließ einen ganzen Kontinent erbeben«. (BILD, 17.6.) Handelt es sich bei dieser Ganzheits-Verzückung und Geschlossenheits-Idiotie um das totalitäre Wunschdenken der Werbebranche und Bewusstseins-Industrie? Lassen sich die sozialen Widersprüche tatsächlich mit Sports-Spektakel befrieden und mit »nationaler Selbstberauschung« (Adorno) betäuben? So dass die Abhängigen und Ohnmächtigen, statt politisch sich zu organisieren, sich zu einer nationalen Fan- und Volksgemeinschaft formieren, die geschlossen hinter ihrer Lands-Mannschaft und den ökonomischen Interessen ihres Führungspersonals steht?

Weil die Exotik fremder Länder und Sitten viele schöne bunte Bilder und Merkwürdigkeiten hergibt, amüsiert sich die »Rheinische Post« über einen Vorschlag, der in Italien längst politische Gestalt angenommen hat. In ihrem Glossarium berichtet sie von »skurrilen Zügen« aus dem Internet im fernen Korea. »Er (der holländische Trainer Hiddink) könnte mit dem Präsidenten des koreanischen Fußball-Verbandes eine Fußballpartei gründen und deren Chef werden. Sogar von einer Ein-Partei-Diktatur unter Hiddinks Führung ist die Rede.« (RP, 25.6.02)

Mit »FORZA ITALIA«, einem Schlachtruf aus dem Fußball-Stadion, hat der Vereinspräsident vom AC Mailand Berlusconi seine Partei benannt und durch die Mobilisierung seiner lokalen Fanclubs sich als Regierungschef etabliert. Was für Süd-Korea skurril klingen mag, ist in Italien Realität.

Als der in ein Meinungstief abgerutschte damalige Spitzenkandidat der SPD, Rudolf Scharping, 1995 von Oskar Lafontaine »weggeputscht« wird, reagieren die darüber begeisterten Parteitagsdelegierten mit Fußball-Geschrei und Stadiongebrüll: »Jetzt geht's los! – Jetzt geht's lohos!« – »Sieg! Sieg! – Wir fahren nach Berlin!« Dorthin, wo das Pokalendspiel ausgetragen wird und die Regierungsposten verteilt werden.

Kein bekannter Politiker einschließlich Gysi, der sich nicht öffentlich im Medium von Sport und Fußball inszeniert. Kein Parteitag mehr, der nicht geschlossen wie eine Fangemeinde hinter seiner Führungsriege steht. Kaum eine Sitzung oder Tagung, wo das Menschenrecht auf Grundversorgung mit Gratis-Fußball nicht schon vorher bedacht und berücksichtigt wird.

Nennen Sie mir bitte einen bekennenden Politiker – vielleicht aus der Kulturfraktion? –, der es wagt, öffentlich sein Desinteresse an Sport und Fußball zu äußern! Oder wenigstens einen bekannten Schriftsteller oder eine Schriftstellerin? Außer Elfriede Jelinek (»Sportstück«, »Lust«), die eigentlich eine Tapferkeitsmedaille verdient für ihren heldenhaften Kampf gegen den feschen Skifahrer-Faschismus des österreichischen Landes-Hauptmanns Haider, der – wir ahnen es bereits – auch Präsident vom FC Kärnten ist. Ich kenne nur einen, der mit allem anbändelt, nur nicht mit Fußball, und das ist der unvermeidliche Martin Walser. Seine Fußball-Abstinenz kompensiert er mit Tennis-Kucken und einer Jubel-Arie auf Bumm-Bumm Boris Becker, als dieser noch erfolgreich war.

Die gewichtige Kulturfront der 50er- und 60er-Jahre mit ihrer elitären Distanz zum geistlosen Sportsbetrieb ist lange schon zusammengebrochen. Trotz der Männerfreundschaft mit dem Boxer Samson Körner und seiner Vorliebe für schnelle Autos, lässt Brecht sich nicht als Kronzeuge für den Sport- und Fußball-Hype des gegenwärtigen

Thalia kickt
Fußball-EM der Theatermannschaften

Krefeld/Mönchengladbach – 22 Bühnen-Mannschaften aus sechs Nationen beteiligen sich am 7. September in Krefeld an den Fußball-Europameisterschaften der Theater-Kicker. Aus NRW sind auf dem Rasen die Teams vom Schauspiel Bonn, dem Essener Grillo Theater und dem Kölner Schauspiel dabei. Außerdem treten unter anderem an: das Hamburger Thalia Theater, das Nationaltheater Mannheim, das Thalia Theater in Halle und das Pfalztheater Kaiserslautern, die Mailänder Scala, Mannschaften aus Zagreb und der Oper in Antwerpen. Wegen der Hochwasserkatastrophe in Sachsen hatte die Staatsoperette in Dresden ihre Teilnahme absagen müssen. Der Reinerlös einer Tombola, die während des Turniers stattfindet, soll den von der großen Flut betroffenen Theatern in Ostdeutschland gespendet werden. *dpa*

Süddeutsche Zeitung, 26.08.02

Kulturbetriebs aufrufen. Wenn Brecht gegen das bürgerliche Theater der 20er-Jahre polemisiert (»Glotzt nicht so romantisch!«) und als Zuschauerhaltung sich die des kritisch-räsonierenden Sport-Publikums wünscht, dann ist das ernst gemeint und als Provokation gedacht. Und nicht aus dem Geist des Opportunismus geboren wie die Fußballtümelei des Schauspielers und Regisseurs Leander Haussmann, der während seiner Zeit in Bochum mit Profis des VfL und Spiel-Ergebnissen in der Theaterpause die leeren Ränge seiner Abspielstätte füllen wollte.

Sind Fußballer unsere wahren Götter?

Auch die christlichen Kirchen, eine der letzten Bastionen gegen den Sport- und Körperkult, resignieren, nachdem sie den Kampf um den vom Sportbetrieb freien besinnlichen Sonntag bereits in den 50er- und 60er-Jahren verloren haben. »Sind Fußballer unsere wahren Götter?«, fragt die evangelische Kirche in einer großangelegten Plakat-Kampagne. Und entdeckt: »Wer hinter die Kulissen des Spitzensports blickt, entdeckt Menschen, die wie du und ich sind: mit Stärken und Schwächen, Hoffnungen und Befürchtungen, Erfolgen und Niederlagen, kleinen Eitelkeiten und großen Sehnsüchten und Träumen.« Himmel Arsch und Zwirn. Da wünsch ich mir einen zornigen Gott, der diese süßlichen Nettigkeiten über »die Menschen, die wie du und ich sind« von ganz oben mit einem Blitz erledigt und den verantwortlichen Werbetexter zur Hölle schickt.

Weiter im Text der christlichen Fußball-Exegese: »Wenn Fußball als Religion zelebriert wird, ist es die Hoffnung auf die Verwandlung unsres Alltags, auf die Sehnsucht nach einem Gott zum Anfassen.« Alles wollen sie begrapschen. Es ist nicht zu fassen! »Immer wenn es im Fußball nicht so klappt, muss dann der Fußballgott herhalten. Ich halte das für Blödsinn. Es gibt nur einen Gott und der hat mit Fußball nichts zu tun«, wird Oliver Kahn zitiert. Gut pariert, Olli! Es kann nur einen Gott geben wie es auch nur einen Rudi Völler gibt. Aber selbst der hat mit Fußball-Training nur noch wenig zu tun. Sondern mehr mit Presseterminen, Seelenmassage und Werbestrategien.

Die Stellvertreter Gottes auf Erden, sein irdisches Bodenpersonal allerdings, schmückt sich immer häufiger mit der Kunststoff-Pille. Der Kardinal zeigt sich im vollen Ornat für ein Photo im »Kölner Express« auf der Domplatte. Beim Hibbeln und Trippeln mit dem Ball: So staksig wie Stoiber und so dummdreist bolzend wie Schröder. Um den Nachwuchs für ihre Klöster anzuwerben, ziert ein Werbeplakat der Katholiken ein strahlender junger Priester mit einem Fußball unterm Arm. Mein Gott, wir sind doch nicht von vorgestern!

In seiner Ausgabe vom 1. Juni 2002, die samt Fußball-Titelbild der WM in Korea & Japan gewidmet ist, berichtet der »Kriegsruf«, die offizielle Zeitschrift der Heilsarmee, die mittlerweile im 112. Jahrgang erscheint, dass »südkoreanische Christen während der WM eine evangelistische Kampagne planen.« Die ist in der Bundesrepublik bereits angelaufen. »Im April ist das Buch »Fußball-Gott« erschienen, in dem elf Bundesliga-Profis über ihre Erfahrungen mit Gott und dem christliche Glauben berichten«. Mit von der christlich-sportlichen Partie sind die Ballkünstler Marco Bode, Gerald Asamoah, Heiko Herrlich,

Gottesdienst zum Thema:

„Fußball ist unser Leben"

XANTEN (RP). Zum Beginn der Fußball-WM hat der Vorbereitungskreis Familiengottesdienste am Sonntag eine Messfeier unter dem Motto „Fußball ist unser Leben" vorbereitet. Kleine und große Fans sind zur Messe um 10 Uhr im Dom eingeladen. Ausgehend von der alten Fußballhymne sollen Parallelen aufgezeigt werden zwischen dem Spiel, das weltweit Anhänger in seinen Bann zieht, und dem Glaubensleben heutiger Menschen. Am Ende gibt es einen Lederfußball, ein Fußballbuch und einen Sportgutschein zu gewinnen.

Rheinische Post, 29.05.02

Paulo Sergio und Ze Roberto. »Das Vorwort hat der Teamchef der deutschen Nationalmannschaft, Rudi Völler, verfasst.«

Rudi Völler als Gütesiegel, der die Sache mit dem Glauben beglaubigen muss? Wenig überzeugend klingt auch, wenn »der Friedensbote«, ebenfalls ein evangelistisches Presseprodukt, das im 135. Jahr seit 1860 erscheint und beim Bäcker ausliegt, in seiner Juni-Ausgabe mit einem großen Fußball auf der Titelseite verkündet: »Wenn Sie Ihr Leben Jesus Christus anvertrauen und Gottes Angebot der Vergebung der Schuld annehmen, fällt das entscheidende Tor in Ihrem Leben, dann sind Sie auf der Seite des Siegers und Sie dürfen sich fühlen und feiern wie ein Weltmeister.«

Mit Jesus auf der Siegerstraße? Und wie die Weltmeister feiern und sich fühlen? Nein, danke. »Sein Reich ist nicht von dieser Welt.« »Die Letzen werden die Ersten sein!« Das entscheidende Tor, so habe ich es jedenfalls im Konfirmanden-Unterricht gelernt, ist das zum Himmelreich, als Ausgang und Transzendenz zu einer ganz anderen Welt. »Eher geht ein Kamel durch ein Nadelöhr, als dass ein Reicher in den Himmel kommt.« Und ausgerechnet bei den Millionären vom grünen Rasen soll der liebe Herrgott eine Ausnahme machen?

Unsere Kids jubeln: Endlich haben wir wieder Idole

Christian Rusch, 13 Jahre alt und Torwart in der D-Jugend, bekennt sich zu seinem Vorbild Oliver Kahn: »Er brüllt zwar viel rum, dennoch: ich finde ihn sehr sympathisch.« (BILD, 3.7.02) Noch vor der WM hat »mobil – was uns bewegt«, das Gratisheft für Intercity-Reisende, dem »Gladiator und National-Elf-Kapitän« Titel-Bild und -Story gewidmet. »Keiner kämpft wie Oliver Kahn – der Mann, der nicht verlieren kann.« (mobil 5/02) Die Hochglanzbroschüre der Bundesbahn, selber Teil der von ihr bei Kahn konstatierten »Image-Korrektur«, ruft erbarmungslos noch einmal alte und hässliche Geschichten über den Gladiator in Erinnerung. Von einer Benefiz-Veranstaltung, wo King Kahn »die Elfmeter von kleinen Buben abwehren sollte. Für jeden Treffer wurde von einem Sponsor ein bestimmter Betrag gespendet. Der blonde Hüne im Tor aber entpuppte sich als absoluter

Spaßkiller für die Jungfußballer ... Kahn parierte jeden Ball. Er konnte nicht anders.«

Der Rasen vor seinem Münchner Haus musste früher aussehen wie das Grün von Wimbledon – »akkurat auf den Millimeter geschnitten – bis ihn ein Bekannter mal darauf ansprach: Hast du eigentlich einen an der Waffel?« (mobil 5/02). Möglicherweise: Nicht von ungefähr ist Joschka Fischer seit zwei Jahren der in Deutschland beliebteste, sondern auch der von Oliver Kahn favorisierte Politiker.

Im Lift nach oben fällt Kahns Frau Simone ein Ski-Stock aus der Kabine. »›Um ein Haar wäre ich da hinterhergesprungen‹, erzählt Oliver Kahn, der diesen Reflex, alles, was sich bewegt, fest zu halten, schon seit dem fünften Lebensjahr trainiert« (mobil 5/02). Mit seinem Vater, der erfolgreich beim Karlsruher SC spielte. »Oliver hat mitbekommen, wie ich als Libero lautstark die Kommandos gab«, erzählt Rolf Kahn im »Echo der Frau« (Nr. 23, 28.5.02) »Er war extrem fleißig und zeigte großen Willen im Training. Dreimal wöchentlich reichten Kahn junior schon bald nicht mehr aus«, erklärt Vater Kahn, »der seinen jüngsten durch viele Trainings-Sondereinheiten immer besser werden ließ.«

Die systematische Zurichtung zum reflexartig agierenden Fachidioten, angetrieben von ehrgeizigen Eltern: Ist dies nicht das Wunschbild des begehrten Mitarbeiters für die Volkswirtschaft? Ein Ideal auch für die künftigen Leitwölfe in den Spitzenpositionen? »Dass er viel rumbrüllt«, bemängelt sein 13-jähriger Fan Christian Rusche. Doch der Titan hat noch weitere Führungsqualitäten: »Kapitän Kahn haut auf den Tisch«, frohlockt die Bild-Zeitung am 27.5.02 »ARD-Experte Günther Netzer kritisiert nach dem 0:1 in Wales gnadenlos und hart und zweifelt sogar, dass Rudis Elf die Vorrunde übersteht. Glaubt die Nation nicht mehr an ihre Mannschaft? Mit den Miesmachern in der Heimat räumt nun der Kapitän auf.« Chefsache sozusagen und eine ordnungs- und sicherheitspolitische Aufgabe für Schily, Kahn und Beckstein: Aufzuräumen mit den Miesmachern und Kritikern an der Heimatfront. Der Kasten und der Strafraum, der Bahnhof und die Innenstadt werden frei gehalten und sauber gemacht.

Am 6. Juni lässt Bild »die wichtigsten Bildungsexperten – DIE SCHÜLER – sprechen: LEHRER MÜSSEN AUCH MAL MIT DER FAUST AUF DEN TISCH HAUEN.« Es ist der ewige Traum der Verantwortlichen, dass ihre Schutzbefohlenen selber nach Zucht und Ordnung verlangen.

Vergessen wir Oliver Kahn, das Ideal des deutschen Innenministers, der jeden abschreckt und kaum einen reinlässt, und wenden wir uns dem billigen Vollstrecker zu, der es tatsächlich von Polen nach hierher geschafft hat und jetzt schon bis ganz nach oben gekommen ist. »Erklär mir einer den Wunderstürmer«, fragt sich und uns »DIE

Danke! Ihr siegt typisch deutsch!

Von Norbert Körzdörfer

Wir kamen als Flaschen. Als Verlierer. Als Angsthasen. Als Stolperer in die WM.
Jetzt sind wir die Sensation. Jetzt sind wir der Korken, der raus aus der Champagnerflasche will – als Weltmeister. Wir werden's!
Warum?
Es gibt drei Gründe. 1. Kahn. 2. Völler. 3. den deutschen Sturkopf.
„**Typisch deutsch!**" war ein Schimpfwort. „Typisch deutsch!" ist seit gestern ein Orden.
▶ **Wir siegen**, weil wir fleißig sind.
▶ **Wir siegen**, weil wir Freunde sind.
▶ **Wir siegen**, weil wir nicht an das „schöne Spiel" glauben, sondern an den Erfolg des Hirns, der Härte und den Willen des Wollens.
▶ **Ihr seid** ins Finale gestürmt, weil „King Kahn" alles hält und Ballack wie ein Schmetterling ballert.
Wir kamen als Ungeliebte. Seit gestern weht jedes deutsche Herz schwarz-rot-gold. Ihr wart 11 Kahns.
Danke, dass ihr die deutschen Tugenden wieder erweckt habt.
Und jetzt? Jetzt könnt ihr am Sonntag gegen Brasilien/Türkei verlieren. Na ja?!
Mach's noch einmal, Rudi!

BILD, 08.07.02

BUNTE« (Nr. 28/02). »Einen wie ihn dürfte es in der gestylten Welt des Fußballs eigentlich gar nicht geben. Er fährt keinen Traumwagen, wohnt in keiner Villa, trägt keine Designer-Kleidung und hat auch keine flotten Sprüche allzeit parat. Wenn er redet, senkt er schüchtern den Kopf. Und seinen Teamchef, den die ganze Fußballnation Ruuuudi ruft, spricht er höflich mit ›Herr Völler‹ an. Und ausgerechnet der ist Deutschlands neuer Fußballgott: Miroslav Klose, 24.«

Wenn die deutsche Leitkultur Kloses knechtselige Eigenschaften auch nicht für alle zukünftigen Green-Card-Aspiranten verbindlich machen kann, so sind sie möglicherweise doch bei den saisonalen Aushilfskräften der Putz- und Bau-Kolonnen aus dem Osten durchzusetzen. »FCK FOREVER / SPÄTZÜNDER / ALLZWECKWAFFE / KOPFBALL-MONSTER/STAR OHNE MACKEN.« BRAVO-SPORT fasst dieses Porträt von Miroslav Klose wie folgt zusammen: »Ein Stürmer mit Sieger-Gen: Miros Vater Josef war Fußballprofi beim AJ Auxerre, seine Mutter Barbara machte 82 Handball-Länderspiele für Polen. Miro konnte nur polnisch, als er mit sieben Jahren nach Deutschland kam. In der Schule hatte er deshalb große Schwierigkeiten, wurde später von der vierten Klasse in die zweite zurückversetzt. Einziger Trost: Fußballspielen. Miro ist sehr religiös, trägt stets ein Kreuz um den Hals. Auch in seinem Audi hängt ein Christus-Kreuz.« (Bravo-Sport, Nr. 15, 4.7.02)

Miroslav Klose behängt sein eigenes Kreuz mit Bleiwesten, um am Pendel seine Kopfballstärke und Sprungkraft zu verbessern. »Sein Trainer legt Sonderschichten ein für den eher schmächtigen Schlesier(!), der wie besessen ist vom Fußball, getrieben von einem inneren Kommando: Kämpfen, immer Kämpfen und niemals den Glauben an sich verlieren.« (BUNTE) »Bescheidenheit wie Klose sie lebt, ist eigentlich schon in Vergessenheit geraten. Und seine Erfolgsformel: ›Ich kann jeden Tag noch etwas lernen‹, klingt geradezu demütig. Auch eine Eigenschaft, die dem Fußball heute abhanden gekommen ist.« Demut und Bescheidenheit sind Wertvorstellungen, die die herrische Rasse zwar sich selber nicht zumutet, aber gerne ihren Arbeitskräften abverlangt. Kloses Clubarzt vom 1. FCK: »Kaum einer ist so leidensfähig wie Miro. Der jammert nicht.« Was für ein Vorbild und

teamfähiger Kollege: freiwillige und unbezahlte Überstunden ohne zu klagen und ohne gewerkschaftlichen Schutz. Und jederzeit lernbereit. Wann wird die affirmative Jugend- und Gesellschaftstheorie von Wilhelm Heitmeyer und Ulrich Beck endlich ihre blinde These von der Orientierungslosigkeit überprüfen?
Die jungen Leute kommen auf dumme Gedanken, weil angeblich ein Werte-Vakuum existiert?
Im Gegenteil. Weil sie Erfolg, Kampf und Sieg verinnerlicht haben wie nur die Topleute aus Wirtschaft und Politik und diese genauso rücksichtslos wie jene praktizieren: Im Rahmen ihrer jugendlichen Möglichkeiten. Und das kann sehr hässlich aussehen, im Gegensatz zu den eleganteren Gemeinheiten des gesellschaftlichen Führungspersonals.

Auch wenn dem empfindsamen Herrn Pfarrer und dem kritischen Soziologen und Pädagogen die gnadenlos entsolidarisierte ICH-AG nicht passt: Kämpfen, Kämpfen, Kämpfen. Bedingungsloser Ehrgeiz, Kohle und Erfolg: daran musst du glauben, um die Numero Eins zu werden. Der 2. Platz, die Silbermedaille, bringt schon keinen Werbevertrag mehr. Also 120% Leistung! Während der gesamten Spiel- und Arbeitszeit. Jammern gilt nicht. Ich will da rein! Wir sind dabei und stehen voll hinter ihm! Durch den Konkurrenzkampf um Standort und Tabellenplatz wird von der atomisierten »Einsamen Masse« (David Riesman) Geschlossenheit und Identität gefordert und demonstriert: Corporate Identity im Stadion und auf dem Parteitag, im Betrieb und im Verein. Eingeübt und verstärkt werden diese Werte und Haltungen nicht mehr in der Kirche, sondern in der Sport-Arena. Jeder Landesvater und Oberbürgermeister will sich mit seiner Superarena ein Denkmal setzen.

Joachim Erwin, der kalte Technokrat und CDU-Oberbürgermeister von Düsseldorf, trat im Karneval tatsächlich grün verkleidet als »Hub-Rasen« auf und pumpte seine Arme fortwährend nach oben, um zu demonstrieren, wie die geplante allermodernste Arena den Rasen sozusagen noch als Dach überm Kopf verwenden kann. Die Sportarena als Signum unserer Zeit und die begeisterte Menge als ihr Ornament. (Siegfried Kracauer) Mit-machen und Mit-laufen, Mit-jubeln und Mit-regieren, Mit-gestalten und Mit-bombardieren. Positiv denken!

»Fußball ist wie Demokratie – 22 spielen auf dem Rasen und Millionen schauen zu« (Klaus Hansen).

Sport tut Deutschland gut – Kinder stark machen

Diese Werbekampagne der »Bundeszentrale für gesundheitliche Aufklärung – gegen Sucht und Drogen« soll nicht nur dem deutschen Sportbund neue Mitglieder zuführen, sondern auch die Krankenkassen entlasten. Der Sport- und Deutschland-Slogan schmückt als Aufmacher auch das Titelblatt der Mai-Ausgabe des »Gesundheitsmagazins« der Barmer-Ersatzkasse.

»SUPER, MANN! Der Coach aus dem Verein« segelt wie Superman mit einem C auf der Kappe und drei Kindern in seinen Armen durch die Lüfte. Unübersehbar wie diese großen Werbetafeln am Straßenrand ist auch ihre Botschaft. Die Schutzbefohlenen sind bestens aufgehoben unter den Fittichen dieser mit übermenschlichen Fähigkeiten ausgestatteten Führungskraft. Vertrauensvoll mit Superman Raum und Grenzen auszutesten und zu überschreiten: eine Abenteu-

er- und Erlebnispädagogik, die mit fliegenden Fahnen und weltweit operierenden Einsatztruppen auf den Ernstfall vorbereitet ist.

GEWAGT ... GEWONNEN!
»Das gilt nicht nur auf dem Fußballplatz. Wer als Kind gefördert und gefordert wird, ist für die Feuerproben des Alltags besser gerüstet und stark genug, um NEIN zu Drogen, Nikotin und Alkohol zu sagen. Als Trainer oder Betreuer im Fußballverein können Sie mithelfen, Kinder stark zu machen. Die Bundeszentrale für gesundheitliche Aufklärung (BZgA) unterstützt Sie dabei. KINDER STARK MACHEN – helfen Sie mit!« Eine Sisyphus-Arbeit voller Widersprüche. Weil die Tabak- und Alkohol-Industrie, gegen deren Versuchungen die Kinder stark gemacht werden, mit ihren Steuerleistungen und Sponsoren-Engagements neben den Anregungs- und Trosteffekten ihren system-stabilisierenden Beitrag zum allgemeinen Wohlbefinden leisten.

An solchen, aber nicht nur an diesen Widersprüchen, entzündete sich einst das kritische Bewusstsein und engagierte sich für eine radikale Basis-demokratische Alternative zum »Raubtier–Kapitalismus« (Ex-Bundeskanzler Helmut Schmidt), dessen deregulierte Markt-Ökonomie zum »größtmöglichen Unglück der größtmöglichen Zahl« fortschreitet. Die gegenteiligen Hoffnungen von Adam Smith haben sich leider nicht erfüllt. Offenheit und Transparenz statt Identität und Geschlossenheit, Selbstorganisation und Rotation statt Vertrauen in die selbst ernannte Elite gehören zu den Herrschaft kontrollierenden Zielen emanzipatorischer Bildung. Seit Oskar Negts »Soziologische Phantasie« (1963), die ihre '68er Repräsentanten mit jedem Schritt beim langen Marsch durch die Institutionen bis hin zur Regierungsbeteiligung wieder einkassierten: »Es gibt keine Alternative«, sagen Fischers Grüne, um ihre Kapitulation und Selbstpreisgabe vor der Real-Politik zu legitimieren.

Hausbesetzungen und der Kampf für ein Jugend- oder Stadtteilzentrum erbrachten jede Menge der heutzutage vielgerühmten pädagogischen Grenzerfahrungen und erfordern eine Bewegungslust und Risikofreude, von der die »Abenteuer- und Erlebnispädagogik« nur träumen kann. Gerade wenn man sich in der freien Natur oder an

...gewonnen! Das gilt nicht nur auf dem Fußballplatz. Wer als Kind gefördert und gefordert wird, ist für die Feuerproben des Alltags besser gerüstet und stark genug, um **Nein** zu Drogen, Nikotin und Alkohol zu sagen.

Als Trainer oder Betreuer im Fußballverein können Sie mithelfen, Kinder stark zu machen. Die Bundeszentrale für gesundheitliche Aufklärung (BZgA) unterstützt Sie dabei: Wenn Sie ein Turnier, ein Fest oder eine andere Aktivität Ihrer Vereinsjugendarbeit unter das Motto „**Kinder stark machen**" stellen, bietet Ihnen der kostenlose **Kinder stark machen-Service*** fachliche und praktische Unterstützung.

*u. a. Bannerverleih, T-Shirts, Infomaterial, Aufkleber

Kinder stark machen – helfen Sie mit!

Bundeszentrale, März 2002

künstlich angelegten Hindernissen und Kletterwänden den Kick verschafft und Vertrauen und Kameradschaft in abgesicherten Seilschaften einübt.

Wie kümmerlich nimmt sich die STÄRKE-Pädogogik und -Kampagne aus – reduziert auf die Abwehr von Drogen – wenn man sie mit der »Großen Weigerung« von Herbert Marcuse vergleicht. Dem Boykott von Werbung und Konsum-Terror, deren Kritik sich heute nur noch auf das ästhetische Urteil beschränkt, ob die Markenpositionierung und das Design gut, besser oder gar nicht gelungen sind. Das angepasste ironische und subversive Bewusstsein durchschaut das alles und genießt geradezu die Raffinesse, mit der es über den Ladentisch gezogen wird.

Dass die Sportvereine und ihre Betreuer selbst von der Schmalspur-Pädagogik der STÄRKE überfordert sind, kann man in der repräsentativen Studie des sportnahen Sozialwissenschaftlers Brettschneider (2001) nachlesen. Der gesuchte Nachweis einer relevanten Sucht- und Drogenresistenz bei den in Sportvereinen organisierten Jugendlichen im Vergleich zu nichtorganisierten konnte peinlicherweise nicht erbracht werden.

Es zeigt sich übrigens schon seit Jahren, wie offen und anschlussfähig die angestrebte und gelobte Tugend der STÄRKE gegenüber dem »unsäglichen Härte-Ideal« (Adorno) ist: der ideologischen Klammer jeder autoritären Herrschaft und Gesellschaft. Schattenparker und Frauenversteher, Zicken und Weicheier werden als Bedenkenträger aus dem Ungeist »robuster Nachhaltigkeit« (Joschka Fischer) verspottet. Wenn mich nicht alles täuscht, zeigen Sprache und Verhalten auf öffentlichen Plätzen und Schulhöfen, in Stadien und öffentlichen Verkehrsmitteln, dass sich das Unbehagen in der Zivilgesellschaft und der Frust im Spät- und Turbo-Kapitalismus neben Ausländern und Sozial-Schmarotzern wieder an den klassischen Sündenböcken festmacht: an Juden, Schwulen und kapitalismuskritischen Intellektuellen. Trotz deren formaler Besserstellung und scheinbarer Akzeptanz durch Politik und Medien. Man beachte die Ambivalenz beispielsweise gegenüber Marcel Reich-Ranicki, Paul Spiegel und Michel Friedmann.

Wir sind dabei Olymp-ja! Eine breite Bewegung für die Spiele

»Die aktuelle Lage in Deutschland – vielerorts gekennzeichnet durch Pessimismus, eine als Krise der Institutionen bezeichnete strukturelle Verkrustung, mangelnde Reformbereitschaft in Wirtschaft, Politik und anderen gesellschaftlichen Bereichen, sowie die Verschlechterung der finanziellen Rahmenbedingungen – ist nicht unbedingt dazu angetan, zum Griff nach den Sternen zu ermutigen. Doch gerade in einer solchen Situation kann ein großes Ziel die Menschen motivieren, notwendige Änderungen tatsächlich in Angriff zu nehmen.«
Aus welchem politischen Lager stammen wohl diese Sätze, die am 16. Mai 2002 als Exklusivbeitrag in der »Frankfurter Neuen Presse« erscheinen? Ganz richtig, es handelt sich um die Sozialdemokratie und bei der Autorin um die ehemalige Frankfurter Sport-Dezernentin, die als Präsidentin der Radsportler auch Mitglied im Nationalen Olympischen Komitee (NOK) ist: die Amtsrichterin und Ex-800-Meter-Läuferin Sylvia Schenk.

»Im Vorfeld der Olympischen Spiele 1972 in München wurden eine Vielzahl von Einrichtungen ins Leben gerufen, die noch heute eine wichtige Rolle spielen: Von der Stiftung Deutsche Sporthilfe, dem Bundesinstitut für Sportwissenschaften über die Glücksspirale bis zu ›Jugend trainiert für Olympia‹ reicht die Palette. Ganz zu schweigen von den Menschen, die 1972 ehrenamtlich oder beruflich an den Sport gebunden wurden und von denen die Sportorganisationen nun seit Jahrzehnten profitieren. So betrachtet ist jeder in Olympia investierte Euro gut angelegt.« (Sylvia Schenk in der FNP)

Die Olympia 2012-Gesellschaft der Stadt Frankfurt weist circa sechs Millionen Euro als Bewerbungskosten aus, die bis zur nationalen Entscheidung im April 2003 jeweils auch von den konkurrierenden Mitbewerbern in Hamburg, Leipzig und Stuttgart investiert werden dürften. Sylvia Schenk: »Über 80 Prozent der Befragten unterstützen die Bewerbung.« Erst 2005 bestimmt das IOC, wo die Spiele 2012 stattfinden. Die Chancen für die deutsche Bewerbung werden eher gering veranschlagt, angesichts der Konkurrenz von New York, Südafrika und anderen. Allerdings schränkt Sylvia Schenk, um den Werbeaufwand zu begründen, gleich ein: »Wenn es ernst wird, das heißt, die Frage nach den Kosten gestellt wird, sinkt die Begeisterung. Nur noch knapp 50 Prozent der Menschen sprechen sich dann für eine Bewerbung aus.«

»WIR SIND DABEI! SIE AUCH?«, versichern einmütig wie Mutter und Tochter auf großflächigen Plakaten der Landesregierung für »Bürgerengagement in Hessen: Gemeinsam aktiv!« Cornelia Hanisch, Olympia-Medaillengewinnerin im Fechten und die 19 Jahre alte Ellen Griesshammer: »Olympische Spiele in Frankfurt, das wäre der Wahnsinn. Da helfe ich gerne mit.« – »Freiwillige Helfer (zwei Frauen!) sind der gute Geist aller olympischen Spiele«. Den guten Geist und den olympischen Wahnsinn kriegen nicht nur die Frankfurter Kleingarten-Vereine zu spüren, deren Gelände umgewidmet werden soll. Mit Protestaktionen, die mit der Zusicherung von gleichwertigem Ersatzgelände befriedet werden, verkünden sie kompromissbereit und kleinmütig: »OLYMPIA – ja. Verlagerung von Kleingärten – nein!«

In Düsseldorf, der Bewerberstadt für NRW, formiert sich der Protest energischer, weil die dörfliche Idylle in den naturgeschützten Rheinauen und die Ländereien von Bauern sowie das Wohngebiet von etablierten Anwohnern durch die vorgesehenen Neubauten für den olympischen Rummel gefährdet sind. Mit einer Traktoren-Demonstration vor dem Rathaus und alternativen Vorschlägen macht dieses potentielle CDU/FDP/GRÜNE-Klientel dem konservativen Bürgermeister erhebliche Schwierigkeiten. Nach ihrem Protest-Besuch beim NOK in Frankfurt wollen sie ihren Widerstand bis zum IOC nach Lausanne weitertragen: »Wir opfern Lörick (das betroffene Gebiet) nicht auf dem Olymp!« – »Hände weg von den Rheinauen!« – »Solltet ihr Athleten schicken, können wir unsere Betriebe knicken!« – »Olympia olé – Bauern adé.«

Vom Düsseldorfer Rathaus wird die olympische Fahne gestohlen. Nachdem man zuerst auf überschwängliche Begeisterung getippt hatte – »Das waren Fans« –, wurde eine Diebstahlsanzeige erstattet. Die PDS, die als einzige überregionale Partei die Olympiade-Bewerbung so entschieden ablehnt wie die lokalen Frankfurter »Flughafen-Ausbau-Gegner« (FAG), teilte der Presse mit: »Apropos Diebstahl: das

Land kürzt armen Senioren die Ferienfreizeiten, die Düsseldorfer Aids-Hilfe muss Personal entlassen, die Zukunft der Zufluchts-Stätte für misshandelte Mädchen steht auf dem Spiel. Gleichzeitig wirft das Land aber mindestens 22,5 Millionen Euro für die Olympiade-Bewerbung zum Fenster hinaus. Wer beklaut da eigentlich wen?«

Sylvia Schenk hat höhere Ziele und Werte im Sinn, wenn sie die olympischen Bewerbungs-Millionen nicht für reine Geldverschwendung hält: »Derzeit läuft unter der Schirmherrschaft des ehemaligen Bundespräsidenten Roman Herzog eine Kampagne, die mit den Worten ›Durch Deutschland muss ein Ruck gehen! Worauf warten wir?‹ dazu auffordert, aktiv zu werden. Aber mit welchem Ziel? Was jetzt noch inhaltsleer auf Plakatwänden und in Zeitungsanzeigen zu überzeugen sucht, bekäme mit Olympia ein Thema, das die ganze Nation hinter sich vereinen und tatsächlich dazu führen kann, Deutschland zu einem neuen Selbstverständnis zu verhelfen. (...) Dabei wären wir gezwungen, uns selbst Rechenschaft über unsere Rolle in der Welt zu geben und die Verantwortung als führende Wirtschaftsmacht anzunehmen« (Sylvia Schenk).

Ich kann mir gut vorstellen, dass es einem alten Sozialdemokraten angesichts der Sprache dieser Neuen Mitte und ihrem neuen deutschen Selbstverständnis dermaßen überkommt, dass er sich zum Äußersten gezwungen sieht: die verhassten Stalinisten von der oppositionellen PDS zu wählen, weil er nirgendwo besser mit 1. Mai- und Oskar-Lafontaine-Rhetorik bedient wird. »Arbeit soll das Land regieren« (PDS).

Fußballfrei in allen Betrieben!

Politiker und Gewerkschafter fordern Gleitzeit während der Weltmeisterschaft (BamS, 5.5.02). »Als Fußballfan weiß ich, wie sehr es einen fuchst, wenn man ein schönes Spiel verpaßt«, sagt der rheinland-pfälzische Ministerpräsident Kurt Beck (SPD) der Bild am Sonntag. »Unsere Gesellschaft hat ohnehin nicht gerade ein Überangebot an emotionalen Erlebnissen, die viele Menschen unterschiedlichster Stellung zusammenführen.«

Finale auf dem Römerberg

„Ich habe geschrien und geheult"

Fieberte mit: BILD-Reporter Max Schneider

Von MAX SCHNEIDER
Noch zwei Stunden bis zum Anpfiff, doch der Römerberg glänzt schon Schwarz-Rot-Gold. 8000 Fans, ein Fahnenmeer, die besten Plätze vor der Video-Großleinwand sind schon vergeben – doch aus allen Ecken strömen weitere Fußball-Enthusiasten zum WM-Finale.

Gedränge, Geschiebe, Gegröle. Aus den Boxen heizt Kult-Moderator Rob Greene ein. Frenetische „Deutschland"-Rufe. Stimmen überschlagen sich, die Menge heizt sich ein.

Wir stoppen derweil im sicheren Römer-Parkhaus. Schon im Keller ist der Gesang zu hören. Gänsehaut! 30 Stufen weiter und wir sind oben. Empfangen von einer drallen Brasilianerin, die johlend auf dem Treppengeländer hockt. Fotograf Frank Senttleben sucht sich ein Plätzchen hoch oben, ich den ersten Kiosk. „Zwei Binding bitte, aber kalt!"

Dann tauche ich ab – mitten in die Menge der inzwischen 12000 Fans. Schweiß fließt, Brüste wippen. Bedrängte fluchen. Überall DFB-Trikots, aber auch Eintracht-, Bayern-, Schalke-Shirts. Eng ist's, man sieht kaum die Leinwand und die Sonne brennt. Aber mir gefällt's! Den besten Platz haben natürlich wieder die Ordnungshüter. Gucken vom Römerbalkon zu.

Zehn Minuten vor Kickoff: Die erste Rauchbombe nebelt die Tribüne der Schupos ein – alles grölt. Böller krachen. Dazu: „Es gibt nur einen Rudi Völler"-Sprechchöre.

Samba-Lattenknaller in der ersten Halbzeit, die Menge atmet durch. Erst mal Bier holen. Beim 0:1 gähnendes Entsetzen, beim 0:2 dann der Frust. Vor der „Binding Schirn" krakeelt eine Gruppe Südamerikaner. Passt einigen tätowierten Hünen nicht: Sie schlagen dazwischen, prügeln einen Zuckerhutler blutig. Als „Nachtisch" saust eine rote Leuchtkugel in den Brasilo-Klüngel. Polizei zu spät – nur drei Festnahmen.

14.48 Uhr, Schiri Collina pfeift ab. Tränen, Enttäuschung. Der Römerberg ist ein einziger Scherbenhaufen. Ich habe geschrieen und geheult, jetzt habe ich die Schnauze voll. Und einen Sonnenbrand. Aber was soll's: Wir waren dabei und Holland nicht. Also Fahne raus aus dem Autofenster. Und Bier an den Hals!

Bunt geschmückt fieberte dieses Mädchen am Römer – mit der BILD-Fahne

Zeigen was frau hat: Eine Brasilianerin macht sich nach dem 2:0-Sieg „Luft"

Samba-Mädels feiern auf dem Römerberg: „Wir sind zum 5. Mal Weltmeister!"

Abpfiff und die Tränen rollten nur so: Geknickt schlägt sich ein Fan die Hand vor die Augen

Kaum was zu sehen deshalb klammerten sich Anhänger an die Römer-Fenstern fest

Brasil-Ausdauer: Das ganze Spiel schwang diese Schönheit hoch über dem Römerberg die Fahnen der Finalisten

Ende der „dritten Halbzeit": Polizisten bringen einen Hooligan in die Zelle

BILD, 01.07.02

»Massive Unterstützung kommt von den Gewerkschaften. Die Idee, zur WM flexiblere Arbeitszeiten einzuführen und Fernsehgeräte aufzustellen, ist total spannend«, so IG-Metall-Chef Klaus Zwickel. »Das ist eine neue Form von Mitarbeitermotivation am Arbeitsplatz. Ich sage nur: Machen!«
»Auch der Vorsitzende der FDP-Bundestagsfraktion Wolfgang Gerhardt appelliert an die Unternehmer: ›Die Fans sollen sich die Spiele anschauen können. Eine Einigung zwischen Betrieben und Mitarbeitern dürfte doch möglich sein. Und wenn dabei der Widerstand gegen flexible Arbeitszeiten fällt, wäre das schon der erste WM-Erfolg Deutschlands.‹« (BamS, 5.5.02)

»Wie meinst du das?«
Interkulturelle Kommunikation als Grundlage gelingender Beratung und Beziehungsarbeit in der pädagogischen Jugendarbeit mit MigrantInnen

Frank Dölker

1. Ausgangslage

In der Arbeit mit Jugendlichen mit Migrationshintergrund sehen sich MitarbeiterInnen der Jugendarbeit, Jugendhilfe, der schulischen und außerschulischen Bildungsarbeit häufig Kommunikationsproblemen und -barrieren ausgesetzt, die ihre Ursache nicht in der sprachlichen Kompetenz der Jugendlichen haben. Bemängelt werden im Umgang mit den Jugendlichen Unzuverlässigkeit, das Nichteinhalten von Regeln und Verbindlichkeiten, Unpünktlichkeit, sowie Bedrohungsgefühle, hervor gerufen durch Gestik, fremdes, vermeintlich nicht-adäquates Verhalten und Sprache. Gleichzeitig boomt der Markt mit Programmen gegen Rassismus, Intoleranz, für ein »multikulturelles« Miteinander, interkulturelle Mediation und diversen Integrationsmaßnahmen. Interkulturelle Missverständnisse werden in der Praxis oft nicht erkannt und Probleme im Umgang mit den Jugendlichen auf deren Verhalten zurückgeführt, abschwächend wohlwollend mit deren schwieriger sozialer Lage erklärt.

Oft herrscht auch in diesem pädagogischen Milieu noch eine Erwartungshaltung an Integration als Assimilation der Einwanderer vor, begleitet von xenophoben Gefühlen (vgl. Schäfter 1991). Gerade in der Jugendarbeit spielt die persönliche Dimension eine entscheidende Rolle in der Erreichung der Handlungsziele, Streetwork/Mobile Jugendarbeit versteht sich gar in erster Linie als Beziehungsarbeit. Ein reflektierter Umgang mit Nähe und Distanz, Akzeptanz, Zulassen und

Ernstnehmen (vgl. Hafeneger 1998) sind hier entscheidende Faktoren um eine gelingende Beziehungsarbeit in der oft multikulturellen Beziehung zwischen Jugendlichen und MitarbeiterInnen zu ermöglichen. Im Spannungsfeld zwischen dem Erkennen kultureller Diversitäten und einem damit einhergehenden reflektierten Umgang mit kulturellen Eigenheiten und der »Konstruktion der Kultur als Schicksal« (Kiesel 1998, S. 262) stehen MitarbeiterInnen vor der schwierigen Situation, einerseits die Akkulturationserwartungen der Mehrheitsgesellschaft nicht zu übernehmen und gleichzeitig müssen sie die Fähigkeit besitzen, fremdes kulturell bedingtes Verhalten objektiv zu interpretieren und pädagogisch sinnvoll zu handeln. Es gilt eine Fähigkeit zu entwickeln, Stereotypen zu kennen, mit diesen zu arbeiten, ohne dabei Vorurteile und Ressentiments aufzubauen, dabei nicht fremde, unerwünschte oder unhöfliche Äußerungen und Verhaltensweise unreflektiert in die Kulturecke zu platzieren. Der starke Einfluss der Medien trägt dazu bei, dass MigrantInnen, je nach aktueller Berichterstattung zwischen dargestellter Opfer- und Täterrolle hin und her interpretiert werden (Butterwege 1999).

2. Interkulturelle Aspekte

Schon immer war Deutschland auf Grund seiner geografischen Lage und auch auf Grund seiner wirtschaftlichen Möglichkeiten Ziel von großen Migrationsbewegungen. Nach den aktuellen politischen Debatten im Deutschen Bundestag und der Verabschiedung entsprechender Gesetzesvorlagen zeichnet sich eine politische und gesellschaftliche Anerkennung der Bundesrepublik Deutschland als Einwanderungsland ab. Auf Grund seiner Nähe zu den mittelosteuropäischen Staaten, die im Zuge der anstehenden Erweiterung der Europäischen Union in absehbarer Zeit Mitglied der Gemeinschaft werden und einen weiteren Zustrom von Migranten mit sich bringen dürften, »gewinnt die Frage nach dem Beitrag der (Sozial-)Pädagogik zur Gestaltung von Migrationsprozessen erneute Aktualität« (Scherr, 2001, S. 347).

Im Jahr 1998 lebten in Deutschland 82 Mio. Einwohner, davon waren 7,3 Mio. Personen ohne deutsche Staatsbürgerschaft. Ausländische

Staatsbürger sind nicht automatisch im Ausland geborene Personen, 1,4 Mio Ausländer sind in Deutschland geboren, besitzen aber aufgrund des bis 1999 geltenden Staatsbürgerrechts die Nationalität ihrer Eltern. Auch unter den Inländern gibt es Einwanderer. Die größte Gruppe sind Angehörige volksdeutscher Minderheiten aus Mittel- und Osteuropa, die direkt mit der Einwanderung die deutsche Staatsangehörigkeit erwarben. In Deutschland leben derzeit rund 3,2 Mio Aussiedler. Dazu kommen Personen, die nach dem 2. Weltkrieg als Vertriebene vornehmlich aus Polen und Kaliningrad eingewandert sind[1] Insgesamt sind derzeit ca. 10% der Wohnbevölkerung Deutschlands eingewandert, 81% der ausländischen Bevölkerung sind nicht in Deutschland geboren (vgl: Münz/Seifert/Ulrich 1999 S. 18ff. Der Anteil der eingewanderten Wohnbevölkerung stellte sich Ende des Jahres 1997 wie folgt dar: Aus den EU-Mitgliedsstaaten kamen 25% (Italien 8%, Griechenland 5%), aus der Türkei 29%, aus den Nachfolgestaaten des ehemaligen Jugoslawiens 17% und aus Polen 4%. Den Rest bilden Angehörige mit dem Status einer derzeit befristeten oder geduldeten Aufenthaltserlaubnis, diese sind Kriegsflüchtlinge, abgelehnte Asylbewerber, die derzeit nicht abgeschoben werden, ausländische Studierende oder sich im Asylverfahren Befindliche und sich illegal aufhaltende Menschen (vgl. Münz, Seifert, Ulrich 1999, S. 60 ff).

Mitte der 1980er-Jahre entdeckte die (Sozial-) Pädagogik das Feld der interkulturellen Bildung bei Jugendlichen mit Migrationshintergrund. In letzter Zeit werden überall Weiterbildungsangebote, Aufbaustudiengänge und Seminare zum Thema »Interkulturelle Pädagogik« angeboten. Adressaten sind immer öfters MitarbeiterInnen aus den unterschiedlichsten Arbeitsfeldern. Während die Wirtschaft schon längst in der Realität der Konsequenzen der Globalisierung angekommen ist und MitarbeiterInnen selbstverständlich entsprechend fachlich qualifiziert werden, hinkt der soziale/öffentliche Bereich dieser Entwicklung noch etwas hinterher. Adressaten für interkulturelle Bildung sind hier noch eher die Adressaten der eigentlichen Arbeit statt des

---

[1] Die Aufnahme als Aussiedler setzte für Zuwanderer, die aus Gebieten jenseits der Reichsgrenzen von 1937 stammten und deshalb nicht als deutsche Staatsangehörige anerkannt werden konnten, die Klassifizierung als »Statusdeutsche« voraus (vgl. Bade 1992, S. 406).

Fachpersonals. Die immer wieder neue Debatte, ob sich die Bundesrepublik als Einwanderungsland akzeptiert, wird begleitet von unterschiedlichen Ansätzen glückender und weniger glücklicher Modelle zur Integration. Im Allgemeinen wird von Zuwanderern erwartet, dass sie sich anpassen, Gewohnheiten ändern, aufgehen in einer für sie fremden Kultur – sich assimilieren. Die Realität zeigt, dass Zuwanderer nach Deutschland sich nicht problemlos an die deutsche Kultur assimilieren, z.T. findet Assimilation überhaupt nicht statt. Im Rahmen der Forschung zur Expertise zur Kinder- und Jugendarbeit in Nordrhein-Westfalen wurde festgestellt: »Der größere Teil der Zuwanderer entwickelt dauerhaft eine Wir-Identität in Zugehörigkeit zu einer Ethnie, d.h. einer Gruppe, die sich durch gemeinsame Herkunft, Sprache, Religion, Kultur oder Rasse konstituiert, wobei nicht alle, sondern nur einige dieser Merkmale zusammen kommen müssen« (Nieke 1993, S. 18).

Die meisten der ehemals als Wanderarbeiter eingewanderten Familien halten noch an der Vorstellung fest, irgendwann einmal wieder zurück in ihr Heimatland zu gehen. Sie betrachten den Aufenthalt in Deutschland nur als temporären Zustand, obwohl einige schon seit über 30 Jahren hier leben. Da von den in den letzten 30 Jahren 20 Millionen Einwanderern nur 6 Millionen hier geboren sind, 1998 aber 7,3 Millionen Ausländer in Deutschland leben, ist dieses Lebensgefühl realistisch und wird von den meisten umgesetzt. Einwanderer, die mit der Perspektive hier leben, nicht mehr in ihr Heimatland zurückgehen zu können, sind eher bereit, ihre ethnische Identität zugunsten einer Akkulturation mit der deutschen Gesellschaft aufzugeben. Bei den Einwanderern mit einer Rückkehrperspektive ist lediglich die Bereitschaft zu erkennen, sich den notwendigen kulturellen Gegebenheiten anzupassen, die für die konfliktfreie Aufrechterhaltung und Bewältigung des täglichen Lebens unbedingt notwendig ist.
Oft stoßen Bemühungen der Zuwanderer, sich zu integrieren, auf Ablehnung. Fremde werden von Deutschen als Fremde behandelt, und ihr Bemühen, sich zu akkulturieren wird nicht wertgeschätzt. Gründe, die zum Verhalten der Deutschen führen, sollen hier nicht näher erläutert werden. Wenn die Bemühungen der Einwanderer immer wieder auf Ablehnung stoßen, führt dies dazu, dass diese sich wieder

auf ihre ethnische Identität zurückgeworfen fühlen, oder tatsächlich darauf zurückgeworfen werden (vgl. Nieke 1993).

Nach dem Scheitern der Ausländerpädagogik aus den 70er Jahren mit ihrer Defizitorientierung, soll nun interkulturelle Pädagogik einen Beitrag leisten, kulturbedingte Grenzen zu überwinden. Auf Grund der komplexen gesellschaftlichen Zusammenhänge und medial-global geprägten Lebenswelten ist das Bild einer ethnisch-kulturellen Eigenart in der reinen Form heute in modernen europäischen Einwanderungsländern nicht mehr haltbar. Ethnisch-kulturelle Identität ist bei Migrationsjugendlichen nur eine von vielen Identitäten. »Statt kulturelle Selbst- oder Fremdidentifikationen zu fördern, steht die interkulturelle Pädagogik heute vor der Aufgabe, für Mitglieder von Gemeinschaften, die um jeweils andere Konzeptionen des Guten integriert sind, Voraussetzungen zur Ausbildung einer flexiblen Identität zu gewährleisten, in der sich alle Gesellschaftsmitglieder wiedererkennen und achten können« (Kiesel 1998, 264). Gleichzeitig konnte noch keine einheitliche Sprachregelung gefunden werden, wie »fremde« Jugendliche in Deutschland bezeichnet werden könnten, auch hier spiegelt sich ein nicht geklärtes Integrationsverständis bzw. der immer noch unsichere Umgang mit Fremdheit, auch in der Pädagogik, wieder. In der Annäherung an einen Begriff, der Jugendliche bezeichnet, die nicht als Kinder deutscher Eltern, in Deutschland geboren und aufgewachsen sind, trifft man auf eine Reihe unterschiedlicher Bezeichnungen: »Ausländische Jugendliche« ist kein klarer Begriff, denn darunter fällt der Austauschschüler aus Frankreich ebenso wie die Kinder der Kriegsflüchtlinge und illegal eingereiste junge Menschen aus Krisenregionen. »Gastarbeiterkinder« ist veraltet, denn wer seit 30 oder 35 Jahren in Deutschland lebt und arbeitet, ist kein Gast mehr. »Jugendliche mit ausländischen Pass« stimmt nicht, weil viele Kinder der eingewanderten Familien bereits einen deutschen Pass haben. Manche nennen sich selbst »Kanaken« und leben stolz provokativ ihre eigene »Ghetto«-Kultur. »Migrantenkinder« sind es nicht, denn Migranten bedeutet Einwanderer – und sie sind in Deutschland geboren. Jugendliche aus den ehemaligen GUS-Staaten, bekommen zwar sofort einen deutschen Pass, sie und ihre Eltern wurden in ihrer Heimat oft als Deutsche diskriminiert und werden hier als »Russen« bezeichnet.

In der 13. Shell Studie heißt es: »Wir wollten ein Gegengewicht gegen die u.E. unzulässigen Pauschalisierungen von Jugend setzen und – noch mehr als in der Vergangenheit – ein möglichst differenziertes Bild mit aller Vielfalt und allen Unterschiedlichkeiten des Jungseins heute gewinnen. Zum erstenmal haben wir deshalb ausländische Jugendliche in allen Phasen der Studie, sowohl im qualitativen wie im quantitativen Teil, einbezogen. Unser Thema lautet »Jugendliche in Deutschland«, also nicht mehr »deutsche Jugendliche« (http://www.shell-jugend2000.de/html/ergebnis01.htm, 22.02.02).

Zwischen modernen aufklärerischen pädagogischen Ansätzen wie der interkulturellen Pädagogik und den Alltagserfahrungen von Migranten besteht noch eine tiefe Kluft, die von pädagogischen MitarbeiterInnen teilweise bearbeitet werden sollte. Auch darf nicht verkannt werden, dass kulturelle Eigenheiten, die ja gerade bei Jugendlichen aus z. B. islamischen Kulturen in den Familien stark ausgeprägt sind eine tiefe Verwurzelung in den Werten der Elternkultur bedeutet. In der Frage von Freundschaft und Delinquenz sind unterschiedliche Reaktionen auf den Konformitätsdruck in Gesprächen mit Jugendlichen einer türkischen Jugendbande bemerkenswert, die in den unterschiedlichen Lebensorientierungen der Familien begründet sind (vgl. Tertilt 1996). In der Realität werden Menschen mit fremdem Aussehen, z. B. schwarzer Haut, immer wieder als Schwarze und dadurch als Fremde behandelt, und nicht als »normale« Deutsche. Sie finden in der afroamerikanischen und afrikanischen Kultur ihre kulturelle Identität, tragen dies selbstbewusst nach außen und bilden eine eigene Subkultur. Oft werden diese Bemühungen sanktioniert bzw. stoßen bei Teilen der weißen Bevölkerung auf Ablehnung. Britische schwarze Jugendliche bezeichnen sich oft selbst als »black-british« und wollen so ihre eigene kulturelle Identität zeigen und benennen. Dasselbe gilt für Jugendliche aus der ehemaligen Sowjetunion, die hier in Deutschland als »Russen« bezeichnet werden. Gerade Jugendliche aus schwierigen sozialen Verhältnissen schließen sich zu so genannten »Russen«-Cliquen zusammen, grenzen sich ab von anderen Kulturen und haben enorme Schwierigkeiten, eine Annäherung an den Wertekanon und Normen der modernen bundesrepublikanischen Gesellschaft zu finden. Von Clique wird gesprochen »wenn damit selbstgewählte und relativ selbstorganisierte spontane, erwachsene unabhängige informelle Gruppierungen im lokalen Nahraum und Milieu gemeint sind« (Hafeneger/Jansen 2001, S. 14).

Sie bilden für sich eine eigene ethnisch-kulturelle Gruppe und leben sehr stark verbunden mit der russischen Kultur. Im Rahmen einer Studie zu Lebenswelten türkischer Jugendlicher in Duisburg wurde festgestellt (vgl. Hanhörster 2001), dass bei einer Überlappung ethnisch-kultureller Segregation mit einer Konzentration von Armut, der Rückzug in die eigene ethnische Gruppe zu einer bestehenden Stigmatisierung des Wohngebietes beiträgt und dies dadurch zum sozialen, wie auch wirtschaftlichen Ausschluss dieser ethnischen Gruppen führt.

3. Interkulturelle Kommunikation

Die interkulturelle Kommunikationsforschung ist eine interdisziplinäre Wissenschaft, die u.a. ethnologische, linguistische, wirtschaftswissenschaftliche und psychologische Forschungsrichtungen beinhaltet. Seit Kommunikation nicht mehr ausschließlich als Informationsübermittlung betrachtet wird, sondern die Erkenntnis vorhanden ist, dass auch in allen Prozessen von Kommunikation Beziehungen zwischen den Menschen in unterschiedlichen Formen definiert werden, hat sich Kommunikationsforschung auf die Beziehung zwischen den Menschen ausgeweitet. Interkulturelle Kommunikation ist Kommunikation zwischen Angehörigen unterschiedlicher Kulturen und wenn sich die Interagierenden zudem als fremd erleben (vgl. Maletzke 1996). Bruck nennt alle menschlichen Beziehungen interkulturelle Kommunikation, wenn in der Kommunikation »andere Codes, Konventionen, Einstellungen und Alltagsverhaltensweisen erfahren werden« (Bruck 1994, S. 325). Es geht also um Begegnungen zwischen Angehörigen fremder Kulturen, wobei auch mittlerweile das Verständnis vorherrscht, dass Gender-Kommunikation ebenfalls in das Feld der interkulturellen Kommunikation eingerechnet werden kann. Kulturdefinitionen reichen von Theorien, dass Kultur die Fähigkeit sei, die Welt zu interpretieren und zu wissen, wie man sich in ihr verhält (vgl. Gudykunst/Kim 1984), bis zu Hofstedes Definition, dass

Kultur für die Gemeinschaft sei, was Persönlichkeit für den Einzelnen bedeute (vgl. Hofstede 1980). Obwohl Kultur den Menschen eine Art Orientierungshilfe und vermeintliche Stabilität gibt und somit Ordnung, ist sie nicht homogen und unterliegt permanenten Veränderungsprozessen. Interkulturelle Kommunikation ist nicht nur auf Sprache zwischen Benützern unterschiedlicher Sprachen oder unterschiedlichen Ländern beschränkt, sondern findet auch statt in Kommunikationsprozessen zwischen Angehörigen unterschiedlicher Schichten, Altersgruppen und Berufsgruppen.

Eine Forschungsrichtung, die sich mit Phänomenen der interkulturellen Kommunikation befasst, ist die Ethnografie der Kommunikation. Dell Hymes erforschte ethnografisch unterschiedliche kulturspezifische Sprechmuster in unterschiedlichen Sprachgemeinschaften. Neben Normen und Werten, die durch die Kommunikation transportiert wurden, analysierte er das Verhalten innerhalb einer Sprachgemeinschaft, also welche sozialen und sprachlichen Faktoren am Kommunikationsprozess beteiligt sind. Gumperz (1975) definiert Sprachgemeinschaft als eine soziale Gruppe, die durch die Häufigkeit sozialer Interaktionsmuster zusammengehalten wird und die sich durch schwache Kommunikationsverbindungen von den umgebenden Bereichen abgrenzt. Probleme, Missverständnisse und Konflikte entstehen, wenn Kontextualisierungshinweise, wie Idiomatik, Codeswitching, Lautstärke, Tonhöhenverlauf, Sprechtempo, Pausenstruktur und Sprachrhythmus in der Kommunikation differieren und vom Gegenüber falsch interpretiert werden (vgl. Casper-Hehne 1999). Ein aktuell populäres Beispiel ist der in »Kanaksprak«[2] gesprochene Satz: »was guckst du?« oder »was willst du?«, den alle MitarbeiterInnen von Jugendeinrichtungen von z. B. türkischen Jugendlichen schon gehört haben. Da Türken Fragen in Deutsch jeweils am Ende fallend betonen, Deutsche aber Fragen am Ende steigend betonen, kann eine einfache höflich gemeinte Frage als Unhöflichkeit, Missverständnis oder Bedrohung interpretiert werden.

---

[2] Junge Türken, besonders in Großstädten, bezeichnen ihre Art deutsch zu sprechen, vermischt mit türkischdeutschen Idiomen selbstbewusst als Kanaksprak. Hier ist mittlerweile ein populäres Genre entstanden, das in Kabarett, Fernsehshows und Kinofilmen große Erfolge, auch unter den Migrationsjugendlichen erfährt.

4. Ethnografie in der Streetwork

Streetworkerinnen und Streetworker können durch ihre aufsuchende Arbeitsweise Zugang in Lebenswelten bekommen, die für Erwachsene sonst in dieser Form nicht zugänglich sind. Streetwork scheint eine geeignete Methode zu sein auf professionellem Wege in Kontakt mit Jugendlichen zu kommen und Verhaltensweisen zu untersuchen. Zielgruppen von Streetwork werden oft ausgegrenzt, bzw. es bestehen Berührungsängste sich auf diese Jugendliche einzulassen (vgl. Müller Wiegand 1998). Um jedoch Erkenntnisse über ihre tatsächlichen Denk- und Verhaltensweisen zu bekommen, um möglichst nah an sie heranzukommen, um möglichst dichte Beschreibungen zu liefern, könnte Streetwork eine geeignete Form sein, in diese Lebenswelten zu Forschungszwecken einzutreten. Schwierig erscheint der scheinbar bestehende Widerspruch, dass einerseits StreetworkerInnen als Grundlage einer gelingenden Arbeit eine vertrauensvolle Beziehung mit den Jugendlichen anstreben und auf der anderen Seite Wissenschaftlichkeit einen distanzierten Blick erfordert.

Eine Ethnografie ist die schriftlich erstellte Beschreibung einer Personengruppe, ihrer materiellen Ressourcen, Symbole und die interpretierte Handlungsbegründung dieser bestimmten Personengruppe. Solch eine Darstellung wird typischerweise über einen längeren Zeitraum und durch direkte Teilnahme im sozialen Leben der Gemeinschaft erstellt (vgl. Duranti 1997).

Ethnografien sind Interpretationen und dadurch stark beeinflusst durch den Blick desjenigen, der sie anfertigt. Sie können deshalb nie völligen Anspruch auf uneingeschränkte Objektivität erheben, wie dies z. B. bei naturwissenschaftlichen Versuchen möglich zu sein scheint, Geertz weist darauf hin, dass dieser Umstand eigentlich selbstverständlich sei: »Normally, it is not necessary to point out quite so laboriously that the object of study is one thing and the study of it another. It is clear enough that the physical world is not physics« (Geertz 1983, S. 12). Nach der von Geertz ausgearbeiteten Theorie der interpretativen Ethnografie sind drei Hauptcharakteristika festzustellen:
1. Eine Ethnografie ist interpretierbar.

2. Gegenstand der Interpretation ist der Prozess des sozialen Diskurses.
3. Die Interpretation besteht aus Aufnahmen und Aufzeichnung dessen was gesagt wurde.

Der soziale Diskurs ist durch das Handlungsschema der involvierten Personen aufgebaut. Jede Person versucht im Verlauf der sozialen Interaktion, in Gesprächsverläufen oder Gruppenaktivitäten die nächste Antwort oder reaktive Handlung auf der Grundlage seiner eigenen subjektiven Interpretation der jeweiligen Situation einzubauen oder anzufügen. Folglich liefern Konflikte, Spannungen, vielfältige Sichtweisen und Missverständnisse den Forschern eine Momentaufnahme der kulturellen Bedingungen und Voraussetzungen der beforschten Gruppe und zeigen Anteile der Mechanismen, nach denen die Gruppe funktioniert (vgl. Geertz 1983). »Nach Ferchhoff/Neubauer (1989) ist eine Aufgabe von Jugendforschung ›die Verhaltensweisen und Lebensformen der Jugendlichen in ihren Selbstzeugnissen, Darstellungen, Interpretationen, Deutungen und Definitionen vorzustellen, ihre eigenen Kommentare, Erklärungsansätze und ihr Selbstbewußtsein ernst zu nehmen und zu verstehen.‹ (S. 111)«, so erläutert Müller-Wiegand (1996, S. 16) den ganzheitlichen möglichst präzisen Forschungsansatz.

Teilnehmende Beobachtung im Rahmen der alltäglichen Arbeit

Empirische Studien werden noch relativ selten in Form der teilnehmenden Beobachtung durchgeführt, weil der Zugang zu den zu untersuchenden Gruppen in ihren alltäglichen Lebenszusammenhängen nicht selbstverständlich gewährt wird. Der Forscher begibt sich direkt in die Lebenswelt der Jugendlichen. Er sucht sie dort auf, wo sie ihre Freizeit verbringen. Er lernt die Jugendlichen in ihrer alltäglichen Umgebung kennen, nimmt an vielen ihrer Aktivitäten teil, kann die gesammelten Informationen aus eigener Anschauung überprüfen und in den Lebensbezug der Jugendlichen einordnen. (vgl. Tertilt 1996) Um als ernst zu nehmende Person akzeptiert zu werden und nicht als »pädagogisierender« Sozialarbeiter oder Polizist zu gelten, muss er sich erst bewähren und eine vertrauensvolle Beziehung aufbauen.

Dies ist eine Grundvoraussetzung um zu qualitativen Daten zu kommen.

Die teilnehmende Beobachtung bietet den methodischen Vorteil gegenüber anderen, qualitativen, vor allem quantitativen Methoden, dass die Untersuchung direkt im Lebensumfeld der Gruppe stattfindet. Hier besteht die Möglichkeit die erhaltenen Informationen aus Gesprächen in den Lebenskontext der Gruppe zu bringen. Fragebogenerhebungen oder leitfadengestützte Einzelinterviews sind nicht geeignet Grundlage zu bilden zur Erstellung eines möglichst wirklichkeitsnahen Gruppenportraits. Aber sie sind eine wertvolle Ergänzung zur teilnehmenden Beobachtung.

Experteninterviews mit den AdressatInnen von Streetwork

Um Jugendliche verstehen zu können und sich mit ihrem Kommunikationsverhalten auseinander zu setzen können diese systematisch befragt werden. Zur wirklichkeitsnahen Darstellung einer Personengruppe zur Erstellung einer ethnografischen Studie bieten sich qualitative Interviews an mit offenen Gesprächselementen, vorzugsweise anhand vorbereiteter Frageleitfäden, die sich aus dem theoretischen Bezugsrahmen der Arbeit ableiten können. Die Interviews können mit Einzelpersonen aus der Personengruppe und mit der gesamten Gruppe geführt werden. Offene Interviews bieten Gestaltungsmöglichkeiten, die sich auf Qualität und Umfang der Aussagen positiv auswirken. Da Antworten selbstständig formuliert werden, entfallen Antwortkategorien. Die Jugendlichen würden sich vermutlich auch auf keine andere Möglichkeit einlassen. Einzelne Segmente können vertieft, präzisiert oder erweitert, die Abfolge der Fragen kann variiert werden, was insbesondere der Erfassung qualitativer Momente dient. Es besteht die Möglichkeit, Interviewpartner wiederholt zu befragen, um eventuell nochmals Nachfragen zu stellen, dies erhöht den Grad an Vollständigkeit. Ein Frageleitfaden hilft, das Gespräch zu strukturieren ohne den Gesprächspartner zu sehr einzuschränken. »Der gesprächssituationsflexible Einsatz des – idealer weise beim Forscher lediglich *mental* (kursive Hervorhebung im Text, d. Verf.) präsenten – ›Leitfadens‹ erlaubt es gleichwohl, situativ-subjektiven Themensetzungen und Relevanzstrukturierungen der Gesprächspartner weitgehend Rechnung zu tragen. Die wesentlichste Differenz zwischen einem Experten-Interview und einem standardisierten Interview besteht folglich darin, dass beim ersteren der Interviewer sein Frageset *nicht* (kursive Hervorhebung im Text, d. Verf.) direkt verwendet, um eine optimale Vereinfachung der Vergleichbarkeit seiner Daten zu erzielen, sondern dass er es als eine Art Richtungsvorgabe für ein informiertes Gespräch anbietet mit der Bereitschaft, es sozusagen ›jederzeit zu vergessen‹ gegenüber den Relevanzsetzungen – auch und gerade gegenüber den unerwarteten, außergewöhnlichen und abweichenden – des Gesprächspartners« (Hitzler, Ronald 2001, S. 6).

Störvariablen im wissenschaftlichen Arbeiten mit Jugendlichen

Sobald die Jugendlichen ahnen, dass sich eine Beziehung zu einem/r Sozialpädagogen/in für sie lohnen könnte, werden neue Dynamiken in den Gesprächsverläufen sichtbar. In diesem Sachverhalt liegen mögliche Störvariablen, die die Untersuchungsergebnisse verfälschen könnten, nämlich im Wunsch der befragten Jugendlichen, ein hilfreicher und guter Gesprächspartner zu sein[3], oder klar berechnend, Vorteile haben zu können, wenn bereitwillig auf Fragen im »erwarteten Sinne« geantwortet wird. Dies vor allem dann, wenn die Beziehung zwischen Forscher und Jugendlichen von Empathie, Sympathie geprägt ist oder Freundschaft zueinander besteht. Die Gespräche werden meistens auf Tonband aufgenommen und danach transkribiert. In Situationen, die Tonbandaufnahmen nicht möglich machen, weil die Jugendlichen dies ablehnen, wenn momentan kein Tonband spontan zur Verfügung steht, Tonbandaufnahmen aus technischen Gründen nicht möglich sind oder den Verlauf der Situation ungünstig beeinflussen würden, sind Gedächtnisprotokolle anzufertigen. In den

---

[3] Vgl. dazu auch: Müller-Wiegand, Irmhild, (1998), die im Lauf ihrer Forschungsarbeit mit Punks in Fulda zahlreiche Interviews mit Punks in ihrer Rolle als »deren Sozialarbeiterin« mit gleichzeitig mit Forscherinteresse durchgeführt hatte. Sie berichtete mir immer wieder vom von ihr wahrgenommenen Effekt der Verfälschung auf Grund von Empathie von Zielgruppe zur Forscherin und weißt in ihrer Dissertation explizit darauf hin (S. 25 ff.).

Gedächtnisprotokollen muss auf eine wörtliche Wiedergabe des Gesagten verzichtet werden. Dokumentiert werden Verläufe und Gesprächsinhalte, die danach selektiv deskriptiv verschriftlicht werden.

Mögliche Störvariablen, die den Interviewprozess und die Zuverlässigkeit der Ergebnisse beeinflussen, sollen hier, an Beispielen illustriert, skizziert werden: Im Sinne der gegenstandsorientierten Theorie der Ethnografie sollten diese Störvariablen in der Arbeit berücksichtigt werden. Die Arbeit wird dadurch zwar weniger generell, kann aber für die untersuchte Gruppe eine präzisere Darstellung liefern.
- Die Jugendlichen haben die Neigung, im Sinne sozialer Erwünschtheit oder bewusster Übertreibung zu antworten. Die Jugendlichen kennen mich als Streetworker. Sie wissen, dass Streetworker parteilich sind im Sinne anwaltschaftlicher Funktion und unter Bewahrung von Anonymität arbeiten (vgl. Stefan 1989). Dies haben sie erfahren und dies haben sie in verschiedenen Situationen getestet. Gleichzeitig hatten sie im Lauf der Zeit in den verschiedensten Situationen gelernt, welche ihrer Verhaltensweisen ich in Ordnung finde, welche ich respektiere, akzeptiere und klar ablehne. Im Verlauf unserer zum Teil sehr intensiv und leidenschaftlich geführten Auseinandersetzungsprozesse, für die oft Regelbrüche und ihr Verhalten Anlass waren, haben die Jugendlichen u.a. auch gelernt, wie sie sich verhalten müssen, um mit mir möglichst keinen Konflikt zu haben. Dieses Wissen um ihre Haltung muss in den Interviews berücksichtigt werden.
- Die Antworten auf Fragen in Interviews, sowie Gesprächsverläufe in Gruppengesprächen unterliegen den momentanen Stimmungen der Befragten. Die Jugendlichen bringen die aktuelle Stimmung, mit der sie in das Gespräch gehen, mit. Das Gespräch findet nicht in einem emotionalen Kunstraum statt, sondern gliedert sich ein in die Handlungsabläufe des Alltags mit all seinen vorher erlebten und nicht bearbeiteten Gefühlslagen der Jugendlichen.
- Die antizipierte Erwartung des Forschers prägt und steuert den Verlauf von Gesprächen. In der Rolle eines Sozialarbeiters, dessen professionelles Ziel u.a. ist, die Interaktion zwischen ihm und den Jugendlichen im Sinne eines Korrektivs ungünstig verlaufender Lebensläufe zu verstehen, können durch die professionelle Prä-

gung Fragen so formuliert werden, dass die Antwortkategorien mögliche Problemfelder bei den Jugendlichen aufreißen, obwohl dies von seiten des Fragers gar nicht wissentlich beabsichtigt ist.

5. Lebensweltorientierung von Jugendlichen in modernen Gesellschaften

Moderne westeuropäische Gesellschaften sind multikulturelle Gesellschaften, in denen unterschiedliche Kulturen mehr oder weniger gleichberechtigt nebeneinander existieren. Individualisierung der Lebenswelten und Pluralisierung der Gesellschaftszusammenhänge (Beck 1986) haben dazu geführt, dass zahlreiche Teilkulturen eine unübersichtliche Gesamtkultur bilden. Jugendliche wachsen in unterschiedlichen Milieus auf und überwinden scheinbar problemlos kulturelle Grenzen. Sie verinnerlichen den vorherrschenden Habitus des vorherrschenden Lebensstil ihrer sozialen Schicht und entwickeln entsprechende Handlungsmuster. Diese Handlungsmuster schlagen sich nieder in ihrer spezifischen Art zu denken, zu fühlen, zu kommunizieren und in ihrer Wertebildung, was einen spezifischen Lebensstil bewirkt (vgl. Bourdieu 1979). Diese schichtspezifische Sichtweise unterscheidet sich von neueren Studien, aus denen hervorgeht, dass sich in der so genannten »Erlebnisgesellschaft« (Schulze 1995) eine Alltagskultur unter Jugendlichen bildet, »die sich jenseits der klassischen Schichtschemata herausbildet und die durch die ›Kategorien‹ Alter und Bildung wesentlich beeinflusst wird« (Friebertshäuser 2001). Schulze[4] arbeitet zwei unterschiedliche Definitionen heraus, die sich am Grad der Bildung orientieren. Jugendliche mit niedrigem Schulabschluss und somit impliziertem niedrigem Bildungsniveau ordnet er einem sogenannten »Unterhaltungsmilieu« zu, während er Studierende in einem so genannten »Selbstverwirklichungsmilieu« verortet (vgl. Schulze 1995). Ein wesentlicher Ausdruck jugendlicher Lebenswelten sind unterschiedliche Lebensstile der Jugendlichen, damit ein-

---

[4] Auf einer empirischen Studie beruhend teilt er die (west)bundesdeutsche Gesellschaft nach kultursoziologischen Kriterien ein und findet dabei 5 wesentliche Milieus: das Niveaumilieu, Harmoniemilieu, Integrationsmilieu, Unterhaltungsmilieu und Selbstverwirklichungsmilieu.

hergehend ihre Wertorientierungen und ihr Konsum- und Freizeitverhalten. Damit Streetwork den jeweiligen Zielgruppen adäquate Hilfs- und Entwicklungsangebote unterbreiten kann, die – nach dem alten sozialarbeiterischen Grundsatz – die Kunden dort abholen, wo diese stehen, sollten Kenntnisse der jeweiligen Lebenswelten als Grundlage von weiteren Schritten vorliegen. Besonders wenn die Zielgruppe problematische Jugendliche sind mit devianten Verhaltensmustern oder die sich in akuten Problemlagen befinden, kann Streetwork nur dann als Korrektiv für ungünstig verlaufende Lebensentwürfe greifen, wenn die Mitarbeiterinnen und Mitarbeiter die jeweiligen Lebenswelten und die dort gültigen Werte, Ansichten und Rituale kennen und sinnvoll deuten. Zu einem zentralen Arbeitsansatz hat Thiersch das Lebenswelt-Konzept in der Sozialpädagogik weiterentwickelt, »das versucht die Aufgaben der Sozialen Arbeit im Horizont heutiger lebensweltlicher Verhältnisse, ihrer spezifischen Strukturen, Ressourcen und Probleme zu bestimmen. Lebensweltorientierte Soziale Arbeit bezieht sich auf zwei Dimensionen. Sie verbindet die allgemeinen Fragen nach den spezifischen politischen, sozialen und individuellen Konstituenten und Lebensmustern heutiger Lebensverhältnisse mit der spezifischen Frage nach Aufgaben, Schwierigkeiten und Möglichkeiten heutiger, angemessener Arrangements der Sozialen Arbeit« (Thiersch 1998, S. 83).[5] Ausgehend von der Erkenntnis, dass Menschen ihrem Handeln Sinn und Bedeutung beimessen, bedeutet dies, dass sie die erlebten Ereignisse nach den ihnen ureigenen verinnerlichten Interpretationsmustern deuten.
Der Begriff Lebenswelt lässt sich unterscheiden in zwei unterschiedliche Dimensionen:

Die gegenständliche (objektive) Lebenswelt

Die objektiv erfassbare und beschreibbare Lebenswelt, in der das jeweilige Subjekt lebt, wird als gegenständliche Lebenswelt bezeichnet. Bestandteile dieser gegenständlichen Welt sind Dinge, die sinnlich

---

[5] Vgl Grunewald, K.: Alltag, Nichtalltägliches und die Lebenswelt. Beiträge zur lebensweltorientierten Sozialpädagogik. Festschrift für Hans Thiersch zum 60. Geburtstag. Weinheim und München, 1996

wahrnehmbar sind und dem jeweiligen Subjekt zugeordnet werden können. Aus diesen Dingen können verallgemeinerbare Aussagen über die jeweilige Person oder eine bestimmte Personengruppe gemacht werden. Konkrete Bestandteile dieser gegenständlichen Lebenswelt sind das »eigene biographische Kapital« (Friebertshäuser 2001, 13), wie Schulbildung/Berufsbildung und diese belegende Zertifikate und Zeugnisse, Interessen, Hobbies, ausgeübte Tätigkeiten in jeglicher Form, familiäre Zusammenhänge einschließlich familiärer Beziehungen und Gestaltung, Bestandteile von Freundeskreisen, die finanzielle Lage, die kulturelle Prägung. Gegenständliche Lebenswelten können mit Hilfe von teilnehmender Beobachtung, Sozialraumanalyse, mündliche Befragung, quantitativen Erhebungen recherchiert werden und ermöglichen auf diese Weise Einblicke in die regionale, familiäre, örtliche, nachbarschaftliche, ökonomische, berufliche, (...) Lebenswelt eines Menschen (vgl. Friebertshäuser 2001).

Die persönliche (subjektive) Lebenswelt

Jeder Mensch schafft und prägt sich seine eigene subjektive Welt. Diese wird oft fraglos als gegebener Teil des Alltags interpretiert Man kann diese Welt auch als die nicht-körperliche Welt bezeichnen. Dazu gehören biografisch geprägte Orientierungen, Haltungen, Sichtweisen, Konfliktbearbeitungsmuster, Affinitäten. Diese Dimension der subjektiven Lebenswelt kann von außenstehenden Personen nicht sinnlich wahrgenommen werden, gleichzeitig ist sie für die jeweiligen Personen oft natürlich und wie selbstverständlich gegeben. Zur Verdeutlichung dieser Dimension benützt Friebertshäuser das von Bourdieu entwickelte Habitus-Modell: »Der Habitus vermittelt zwischen den beiden Dimensionen Lebenslage und Lebensstil. Als spezifisches Denk-, Wahrnehmungs-, Bewertungs- und Handlungsmuster ist er ein Produkt spezifischer sozialer bedingungengeronnener Erfahrung, Produkt der Geschichte eines Individuums und fungiert zugleich als Erzeugungsprinzip für die daraus resultierenden soziokulturellen Praxen, Haltungen, Einstellungen« (Friebertshäuser 2001, S. 13). Dieser Aspekt erscheint besonders bemerkenswert unter dem Gesichtspunkt, dass StreetworkerInnen als eine besondere Berufsgruppe innerhalb der Pädagogik und Sozialarbeit gesehen werden und sich auch selbst sehen und mit Stereotypen und Anfeindungen oft konfrontiert werden[6]. Dies führt zu eigenen subjekiven Lebenswelten und zu Selbstverständlichkeiten des professionellen Alltags, der Arbeits- und Lebensstil nachhaltig prägt. Auf die Distanz zwischen unterschiedlichen Lebenswelten zwischen Jugendlichen und pädagogischen Mitarbeitern weist Ferchhoff in seiner Darstellung unterschiedlicher jugendkultureller Stile an der Wende vom 20. zum 21. Jahrhundert hin. Er veranschaulicht die Distanz, durch das Gegenüberstellen von der stilistisch ausdrucksstarken kommerzialisierten Freizeitindustrie und dem vergleichsweise »biederen Ambiente der Jugendarbeit« (vgl. Ferchhoff 1999, S. 300f), wobei sich beide an Jugendliche wenden mit dem jeweils subjektiven Gefühl, bei diesen durch den eigenen subjektiven Ausdruck anzukommen.

Lebensweltorientierung ist ein zentraler Bestandteil von Sozialpädagogik im Arbeitsfeld Streetwork/Mobile Jugendarbeit. Ethnografische Methoden können der forschenden Erkundung von fremden Lebenswelten dienen. Ethnografische Methoden können für die Professionalisierung des Arbeitsfeldes dienlich sein, weil durch diese Methode die Sichtweisen und Perspektiven der Zielgruppen erfahren werden können. Bisher wurden ethnografische Methoden in der Streetwork sehr selten benutzt. Am Anfang der Arbeit mit den jeweiligen Zielgruppen steht zwar üblicherweise eine teilnehmende Beobachtung, die auch Bestandteil einer Ethnografie ist, jedoch primär mit dem Ziel, sozialpädagogische Intervenierungsgründe zu suchen und bedarfsgerechte Hilfsangebote formulieren zu können. Gleichzeitig ist mit der teilnehmenden Beobachtung intendiert, den Zielgruppen näher zu kommen, sich gegenseitig (Streetwork und Zielgruppe) vertraut zu machen, mit dem Ziel auf der Basis einer Vertrauensebene, gelingende Beziehungsarbeit als eine Grundlage für weitere sozialpädagogische Schritte folgen zu lassen. Wenn Streetworker ihre Zielgruppen verstehen wollen und sie deren Wahrnehmungs-, Bewertungs-, Denk-, und

---

[6] Vgl Vortrag von Hanna Permien, Deutsches Jugend Institut, München über das Bild von StreetworkerInnen in der Öffentlichkeit und negative Vorurteile, die dieser Berufsgruppe nachgesagt wird. Der Vortrag wurde gehalten anlässlich einer Streetwork Tagung an der Katholischen Fachhochschule Freiburg, veranstaltet vom Institut für Weiterbildung der KFH Freiburg.

Handlungsmuster erfassen und in die pädagogische Arbeit einfliessen lassen wollen, ist ein Verstehen der Zielgruppen für ihre jeweiligen Handlungsbegründungen unbedingt hilfreich und für den Erfolg der Arbeit nützlich. Friebertshäuser geht von der These aus, »dass die in der ethnografischen Feldforschung entwickelten methodischen Verfahren zur Organisation des Verstehens auch für pädagogisches Handeln hilfreich sind« (Friebertshäuser 2001, S. 11). Im Verlauf meiner Arbeit als Streetworker mit den unterschiedlichsten Zielgruppen, habe ich immer mit den unten beschriebenen Methoden den ersten Zugang und damit den Einstieg in erfolgreiche Kontakt-und Beziehungsgestaltung schaffen können. Teilnehmende Beobachtung, Experteninterviews, z. B. mit den Jugendlichen selbst, mit Mitarbeiterinnen und Mitarbeitern anderer Fachdienste, die z. T. schon direkt mit diesen Zielgruppen zu tun hatten, wurden ebenso geführt, wie mit Experten, die mit ähnlichen Zielgruppen arbeiteten, z. B. Jugendgerichtshilfe, wo aus Gründen des Datenschutzes aber nur anonym über bestimmte Personengruppen, z. B. Aussiedlerjugendliche, Einschätzungen und Tendenzen erfragt wurden.

6. Interkulturelle Bildung – für wen?

Jugendliche mit Migrationshintergrund sind immer wieder Zielgruppen interkultureller Bildungsansätze. Diese Jugendlichen wachsen in unterschiedlichen kulturellen Milieus auf und überwinden kulturelle Grenzen in ihrem Alltag scheinbar mühelos. Es wird von ihnen erwartet, in ihren Familien an traditionellen Wertvorstellungen festzuhalten und sich dementsprechend adäquat zu verhalten. Sie verbringen einen großen Teil ihrer Freizeit in ihren Freundescliquen, die auch zum Teil multiethnisch zusammengesetzt sind. Hier treffen Menschen freiwillig aufeinander, die aus den unterschiedlichsten Kulturkreisen kommen und daher unterschiedliche Wertorientierungen, Kommunikationsmuster und Verhaltensweisen mitbringen. Sie treffen aufeinander und es gelingt ihnen (scheinbar mühelos) interkulturell zu kommunizieren.

Wie aus der aktuellen Jugendforschung hinlänglich bekannt ist, sind Jugendcliquen sehr lose Zusammenhänge, so dass Konflikte in den Cliquen unter den Jugendlichen oft auch durch Entziehen gelöst bzw.

vermieden werden. Die Jugendlichen gehen in deutsche Schulen, werden dort ganz überwiegend von deutschen Lehrern unterrichtet, sie frequentieren offene Jugendeinrichtungen, die meistens von deutschen SozialpädagogInnen geführt werden. Sie machen Ausbildungen oder sind in Maßnahmen der Jugendberufshilfe, in denen deutsche MitarbeiterInnen beschäftigt sind. Sie treiben Sport in Sportvereinen und sind auch hier mit multikulturellen Zusammenhängen konfrontiert, wobei TrainerInnen oft deutscher Herkunft sind. Auf Ämtern und in Institutionen sind sie mit deutschen Strukturen und Gepflogenheiten tagtäglich konfrontiert und es wird erwartet, dass sie sich den deutschen Gegebenheiten selbstverständlich anpassen.

Bei Kommunikationsproblemen und Konflikten zwischen Migrationsjugendlichen und deutschen Erwachsenen wird die Ursache meist bei den Jugendlichen vermutet. In Anlehnung an Bukow/Llaryora (1988)[7] und Radtke (1991) deutet Scherr (2001, S. 348) an, dass »Funktionssysteme und Organisationen der modernen Gesellschaft«, die auf der Grundlage »spezialisierter Codes und Programme, die – von den Erfordernissen einer gemeinsamen Sprache abgesehen – Differenzen zwischen nationalen, ethischen, regionalen und religiösen Kulturen abstrahieren«. Er verdeutlicht, dass interkulturelles Lernen auf Grund der »strukturellen Belanglosigkeit kultureller Differenzen in der modernen, funktional differenzierten Gesellschaft« an Relevanz verloren habe. Er fordert Pädagogik auf, sich »nicht länger an Programmen des interkulturellen Lernens zu orientieren« (Scherr, 2001. S. 348).

Für die sozialarbeiterische Praxis bedeutet dies, dass genau hinterfragt werden muss, wer denn eigentlich interkulturell lernen sollte. Verfolgt man den fachlichen Diskurs in der Migrationsforschung und in der interkulturellen Pädagogik, ist festzustellen, dass immer noch einige Anstrengungen unternommen werden, sehr differenzierte Hilfs- und Förderangebote für multikulturelle Zielgruppen zu entwickeln und durchzuführen. Auffällig erscheint, dass sich diese Angebo-

---

[7] Vgl: Bukow, W.-D./Llaryora, R.: Mitbürger aus der Fremde. Opladen 1988 und Radtke, F.-O.: Lob der Gleichgültigkeit. In: Bielefeld (Hrsg.) Hamburg 1991

te, wie traditionell in der Sozialpädagogik üblich, an ärmere Schichten der Bevölkerung wenden. Dies bestätigt die Vermutung, dass reichere wohlhabende Migranten mit ihrer Multikulturalität weniger Probleme haben, so dass Problemlagen doch eher in der wirtschaftlichen Lage der Menschen und weniger in ihrer kulturellen Identität vermutet werden können.

Trotzdem erscheint die Vermittlung interkultureller Aspekte in der Aus- und Weiterbildung von SozialpädagogInnen sinnvoll. Es ist hilfreich das eigene Handeln und die eigenen Wertvorstellungen und Prägungen zu erfahren, um über eine kulturell geprägte selbstreflexive Geisteshaltung, Verständnis für anderes fremdes Verhalten zu entwickeln. Gerade bei MitarbeiterInnen im sozialen Bereich in Institutionen, die Armut und psychosoziale Problemlagen bearbeiten und verwalten, ist die Förderung des kulturellen Feingefühls dringend angezeigt, um Konflikte, die auf Grund der angespannten Notlagen der Hilfesuchenden entstehen, entsprechend deuten zu können und Fähigkeiten, Verständnis und Empathie im multikulturellen Kommunikationsprozess zu haben.

Hofstedes Kulturmodell als Beispiel quantitativer Forschungsmethoden

Das von Hofstede entwickelte Modell, sein Cultural Orientation Model, beruht auf einer Befragung, die er bei 116000 Mitarbeitern in 70 Ländern bei IBM – Mitarbeiterinnen und Mitarbeitern repräsentativ für alle dort vorhandenen sozialen Schichten, hierarchischen Strukturen und interkulturellen Zusammensetzungen – unter Berücksichtigung von internationalen Teams und Kooperationen durchführte. Seine Forschung hatte das Ziel, eine systematische Klassifizierung von kulturellen Unterschieden zu entwickeln. Systematische Vergleichsmöglichkeiten führen zwar zu generalisierenden Vereinfachungen, ermöglichen aber grundlegende Vergleichsgrößen übersichtlich zu veranschaulichen. Ohne eine systematisch vereinfachte Herangehensweise könnten Kulturen auf Grund ihrer Komplexität nur durch unendlich viele, oft nicht gleichbedeutende Faktoren verglichen und verstanden werden. Klassifizierungen, in denen Gleichheiten und Unterschiede von Kulturen dargelegt werden können, helfen relativ schnell, grundlegendes Verständnis für eine fremde Kultur zu entwickeln.

Das Hofstede Modell klassifiziert Kulturen in vier unterschiedliche Dimensionen:
1. Große vs. kleine Machtdistanz (Power Distance)
2. Individualität/Kollektivität
3. Hohe vs. niedrige Unsicherheits-Vermeidung (Uncertainty Avoidance)
4. Maskulinität/Femininität

Dem Hofstede Modell wird eine hohe Gültigkeit beigemessen, wenn vergleichbare Zusammenhänge z. B. Arbeit, Verwaltung, Familie zu Grunde liegen. Es ermöglicht grundlegende kulturelle Unterschiede zwischen den Ländern zu verdeutlichen und lässt gleichzeitig Raum für Erklärungs- und Deutungsmuster, die im Zusammenhang mit länderspezifischen Idiosyncrasien (Neigungen) stehen.

Machtdistanz (Power Distance)
Macht Distanz beschreibt den Grad, bis zu dem die Mitglieder einer Organisation oder Institution in einem Land akzeptieren und erwarten, dass Macht ungleich verteilt ist. Der Grad der Ungleichheit, der unter der Bevölkerung eines Landes als normal berücksichtigt wird.[8]
Bespiele zur Verdeutlichung des Unterschiedes zwischen großer und kleiner Machtdistanz:
– Die Notwendigkeit sich mit Untergebenen zu beraten entgegen der Akzeptanz eines patriarchalischen Führungsstils
– Die Bedeutung, die Statusunterschieden beigemessen wird
– Respekt für das hohe Alter
– Kommunikationswege bei der Behebung von Missständen
– Die Durchführbarkeit unterschiedlicher Management Stile, z. B. Management by Objectives
– Die Machbarkeit von generellen Bewertungs- und Beurteilungssystemen

---

[8] vgl.: Niels Bergemann; Andreas L.J. Sourisseaux (Hrsg.:) Interkulturelles Management; Heidelberg 1996

Individualismus/Kollektivismus (Individualism/Kollektivism)
Der Grad, der beschreibt, bis zu welchem Punkt die Gesellschaft ein lose geknüpfter sozialer Rahmen ist, in dem jeder für sich selbst und seine direkte Familie verantwortlich ist, anstatt eines sozialen Rahmens, in dem die Menschen von Geburt an in einer starken, schützenden Gruppe integriert sind, mit der Erwartung und Gewissheit, dass diese Gruppe sie schützt. Der Level, der festsetzt, was angemessenes Verhalten in einer Gesellschaft ist. Bespiele zur Verdeutlichung des Unterschiedes zwischen Individualismus und Kollektivismus:
– Die Wertigkeit von Wirtschaftstheorien, die auf Eigeninteressen basieren, und von psychologischen Theorien, die auf Selbstverwirklichung basieren in individualistischen Gesellschaften.
– Das Wesen des Verhältnisses zwischen Arbeitnehmer und Arbeitgeber: ob es berechnend kalkulierend oder in Moral begründet ist.
– Priorität im Geschäftsleben: hat eher die Erledigung von Aufgaben oder das Verhältnis zwischen den Mitarbeiterinnen und Mitarbeitern.
– Die meisten kollektivistischen Gesellschaften verfügen über informelle Normen, die festlegen, in welchen Situationen Geschenke oder »Bestechung« in welcher Höhe angemessen sind: diese sind oft Bestandteil des ökonomischen Systems und Bestandteil des Gehaltes von Mitarbeitern der öffentlichen Verwaltung. »Korruption« beginnt dort, wenn Menschen ihre Position zu in der Höhe »unangemessenen« Einnahmen benützen.
– Die Rolle der Familie in der Arbeitssituation
– Die Bedeutung von »face« und von Harmonie[9]

Unsicherheits-Vermeidung (Uncertainty Avoidance)
Unsicherheits-Vermeidung beschreibt den Grad, ab dem sich Mitglieder einer Gesellschaft durch eine unbekannte Situation bedroht oder ängstlich fühlen. Sie versuchen diese Situationen zu vermeiden, durch die Einführung von Regeln, den Glauben in absolute Wahrheiten und lehnen es ab, Abweichungen zu tolerieren. Unsicherheits-Ver-

---

[9] Das Konzept von »face« besagt, dass gewisse Kulturen so kommunizieren, dass der andere und man selbst nie das Gesicht verliert. Vgl.: Scollon, Ron und Scollon, Suzanne Wong: Intercultural Communication. A discourse approach. New York 1995

meidung beeinflusst in besonderem Maße, wie Institutionen und Organisationen in den jeweiligen Kulturen aufgebaut sind, und beschreibt den Grad, der bei Arbeitnehmern auf Grund von Unklarheiten Unsicherheit entstehen lässt. Beispiele zur Verdeutlichung von Unsicherheits-Vermeidung:
- Bestehen langfristiger Arbeitsverhältnisse mit stetiger Progression durch eine klar definierte Karriereleiter
- Das emotionale Bedürfnis für formelle und informelle Verhaltensregeln
- Formalisierung, Standardisierung und Ritualisierung bei Organisationen
- Die Art und Weise der Planung: In Kulturen mit stärkerer Unsicherheits-Vermeidung beachten Menschen in höheren Hierarchiestufen verstärkt kurz- und mittelfristige Planungszeiträume[10].
- Strategisches Denken, das eine Rückbesinnung auf fundamentale Ziele voraussetzt und in der Zukunft liegende Unwägbarkeiten mit kalkuliert, ist ebenfalls in Kulturen mit hoher Unsicherheits-Vermeidung verstärkt vorhanden.

Maskulinität/Femininität (Masculinity/Femininity)
Der Grad, der die dominierenden Werte einer Gesellschaft beschreibt in Bezug auf Geltung, Bedeutung von Stellung und Materialität oder in Richtung Interesse am Menschen und Lebensqualität. Beispiele für Maskulinität/Femininität:
- In »maskulinen« Gesellschaften herrschen klare Rollenvorstellungen bei Männern und Frauen; in »Femininen« ist das geschlechtliche Rollenverhalten flexibel.
- »Maskuline« Kulturen sind formaler strukturiert und weniger flexibel
- »Feminine« Kulturen fokussieren eher die Qualität von Beziehungen, »maskuline« die materiellen Werte[11].

Das Hofstede-Modell birgt die Gefahr, dass Kulturen stereotypisch betrachtet werden und daraus Vorurteile entstehen könnten. Es ist sehr

---

[10] Vgl.: David Hickson: Management in Western Europe. Society, Culture and Organisation in twelve nations. Berlin und New York 2000
[11] Vgl: Margaret Mead: Male and Female, London 1962

hilfreich in der generalisierenden Vergleichsweise, sollte aber nur ergänzend zur Vereinfachung komplizierter Sachverhalte und Deutungsmuster herangezogen werden.

Wahrheit ist relativ

In einer ethnografischen Untersuchung zur Wertebildung von Migrationsjugendlichen in ihren Cliquen wurde deutlich, dass Jugendliche in Bezug auf Erwartungen an Freundschaft sehr klare Werte formulieren, wie Ehrlichkeit, Zuverlässigkeit, Vertrauen und Rücksichtnahme. Sie lehnen Lügen und »schlecht über andere sprechen« entschieden ab (vgl. Dölker 2002). Deutsche SozialpädagogInnen haben andere Wahrnehmung als die Jugendlichen. Sie stellen fest, dass das Verhalten der anderen Jugendlichen durchaus kritisch kommentiert und bewertet wird. Es wird auch über andere schlecht gesprochen. Allerdings ist hier sehr behutsam zu interpretieren. Was die Jugendlichen als Ehrlichkeit und Zuverlässigkeit verstehen, kann in ihrem Sinne auch durchaus als solches verstanden sein. Der Grad der Zuverlässigkeit und der Grad der Ehrlichkeit der Jugendlichen differiert zum eigenen (deutschen) Verständnis dieser Werte. Als Angehöriger der deutschen Kultur ist das Kommunikationsverhalten eher low-context orientiert, im Vergleich zur high-context Orientierung der Migrationsjugendlichen (vgl, Hall/Hall 1983). Während Deutsche die Gesprächsinhalte eher wörtlich nehmen, neigen Migrationsjugendliche dazu, ihre Aussagen in einem multi-interpretativen Kommunikationsstil zu formulieren. In high-context orientierter Kommunikation ist der Begriff Wahrheit eher subjektiv relativ, Kommunikation dient der Festigung von Beziehung, Kritik wird, falls überhaupt, indirekt angebracht, um nicht das Gesicht zu verlieren, bzw. den anderen nicht in diese Situation zu bringen. In low-context orientierter Kommunikation ist Wahrheit absolut, Kommunikation kommt direkt auf den Punkt und hat die Beziehung nicht als leitendes Moment, Kritik wird offen und direkt geübt. Das Konzept von »Face« ist nicht bedeutend. Fallen lauern hier überall. Durch das Aneignen von Wissen in den o.g. Zusammenhängen und der gleichzeitigen kommunikativen Adaptionsfähigkeit der Migrantenjugendlichen ist es oft wiederum schwer zu erkennen, welchen Kommunikationsmusters der Jugendliche sich im

Dialog bedient, häufig sind Mischformen zu erleben, die eine Eindeutigkeit der Botschaftsübermittlung verkomplizieren.

In den 1960er Jahren führten Mildred und Edward Hall[12] detaillierte Interviews mit Vertretern unterschiedlichster Berufsgruppen durch. Ihr Untersuchungsziel war, ein Modell zu entwickeln, mit dem Kulturen vergleichbar gemacht werden konnten. Ihre herausragende Arbeit war das Aufzeigen unterschiedlicher kulturell bedingter Konzepte von Zeit. Im Umgang mit der Zeit unterscheiden Hall/Hall zwei grundsätzlich unterschiedliche Konzepte. Sie bezeichnen diese beiden Typen als monochron und polychron. Menschen mit einem monochronen Zeitverständnis teilen die Zeit ein. Ihr Handeln ist oft geprägt von einem strikten Einhalten eines Zeitplanes. Sie neigen dazu Dinge hintereinander zu erledigen, eins nach dem anderen. Sie teilen ihre Zeit ein. Kommunikation findet hier in der Regel zwischen zwei Personen statt. Menschen mit einem polychronen Zeitverständnis zerteilen die Zeit. Sie sind in der Lage und neigen dazu, mehrere Dinge gleichzeitig erledigen zu können. Kommunikation findet hier oft in größeren Gruppenzusammenhängen statt. Trompenaars beschreibt die Fähigkeit der polychronen Menschen, ihr Ziel zu erreichen: »There is a final, established goal but numerous and possibly interchangeable stepping stones to reach it. A person can ›skip between stones‹ on the way to the final target« (Tromenaars, 1997, S. 124). Er verdeutlicht, dass Menschen mit polychronem Zeitverständnis ihr Ziel nicht gradlinig anstreben, sondern auf »Zick-Zack-Kursen« oder indirekt doch ihr Ziel erreichen. Im Zusammentreffen von Menschen mit unterschiedlichem Zeitverständnis kann dieser Faktor sehr leicht zu Missverständnissen und daraus resultierenden Konflikten führen.

Während Menschen mit monochronem Zeitempfinden auf die Einhaltung von Zeitplänen pochen, neigen polychrone Menschen dazu Zeitpläne nur sehr vage oder überhaupt nicht verbindlich einzuhalten. In der pädagogischen Praxis liegt hier ein großes Konfliktpotenzial, z. B. wenn Jugendliche unpünktlich sind. Ihre Unpünktlichkeit wird meist

---

[12] Vgl. Hall/Hall, Santa Fé, 1983

als Unzuverlässigkeit oder Desinteresse interpretiert und oft sanktioniert. Hier fallen pädagogische MitarbeiterInnen schnell in die Assimilierungsfalle, der Jugendliche habe sich in seinem Verhalten den deutschen Gepflogenheiten anzupassen. Häufiges Zuspätkommen in Schulen führt bei Jugendlichen außerhalb des schulpflichtigen Alters gelegentlich zu Schulverweisen oder zum Verlust der Lehrstelle. Hier ist Pädagogik gefordert, zum einen darauf hinzuwirken, dass Jugendliche und Pädagogen lernen, unterschiedliche Modelle von Zeit zu verstehen und einen flexiblen (angepassten) und verständigen Umgang mit Zeitverständnissen und jeweiligen Erwartungen zu ermöglichen. Menschen, die mehr als eine Sache zur gleichen Zeit erledigen, können unabsichtlich Menschen kränken, die es gewohnt sind, ein Ding nach dem anderen zu tun. Vermeintliche Unaufmerksamkeit und kein gebührender Respekt sind die vordergründigen Konfliktherde. Und das gilt auch umgekehrt. Menschen, die einen monochronen Umgang mit Zeit gewohnt sind, können Menschen, die es gewohnt sind, verschiedene Dinge auf einmal zu erledigen, unabsichtlich beleidigen oder als unhöflich empfunden werden. Beim Betreten eines Büros oder Jugendclubs können sich Jugendliche mit polychronem Zeitverständnis von den MitarbeiterInnen schlecht behandelt fühlen, wenn diese zuerst eine Sache fertig machen, z. B. ein Telefonat beenden, bevor sie sich dem Jugendlichen zuwenden.

Kulturen können unterschieden werden zwischen langsamer und schneller Kommunikation. Dies zeigt sich an Phänomenen von Freundschaftsbildung und dem Eingehen persönlicher Beziehungen und an Planungs- bzw. Vorlaufzeiten von Vorhaben. »So seien in den USA persönliche Beziehungen und Freundschaften eher von kurzer Dauer (schnelle Kommunikation), in Deutschland dagegen dauere es länger, bis sich Freundschaft bilde (langsame Kommunikation)« (Casper-Hehne 1999, S. 82). Unter dem Aspekt der gelingenden Beziehungsarbeit ist dies hilfreich für die pädagogische Praxis, denn Jugendliche aus südeuropäischen Ländern oder Nahost neigen eher zu langsamer Kommunikation. Enttäuschungen können vermieden werden, wenn klar ist, dass die Beziehungsbildung zwischen MitarbeiterInnen und Jugendlichen subjektiv unterschiedlich erlebten Geschwindigkeiten unterliegt, empfundene vermeintliche Vertrauensbrüche werden leichter erklärbar und der Aspekt von Nähe und Distanz kann aus der Perspektive des Jugendlichen realistischer interpretiert werden.

Vorschlagsliste für Basistrainings

Interkulturelle Trainings für MitarbeiterInnen von Streetwork/Mobile Jugendarbeit sollten folgende Aspekte beinhalten:
- Bewusstheit und Kenntnisse über kulturelle Verschiedenheiten entwickeln und erhöhen
- Kennenlernen und Einüben spezifischer interkultureller Kommunikation
- Kennenlernen effektiver Strategien, Adressatengruppen und Teams mit unterschiedlicher kultureller Identität der Mitarbeiterinnen und Mitarbeiter zu formen, zu motivieren und zu leiten
- Darstellung der Möglichkeiten zur Konfliktbewältigung in interkulturellen Teams und in interkulturellen Adressatengruppen
- Erarbeiten von Werten, die in der jeweiligen Kultur der Zielgruppen als positiv oder negativ bewertet sind und daraus abgeleitet Bewusstheit und Verständnis für andere, fremde Kulturen und deren jeweils spezifische Wertorientierung kennen zu lernen, zu verstehen und handlungsleitend in die zukünftige Arbeit aufzunehmen.
- Klärung des Kultur Begriffes aus der jeweils spezifischen Sicht der Adressaten der Arbeit sowie der MitarbeiterInnen und daraus das jeweils eigene Verhalten und die Interpretation fremden Verhaltens aus der jeweils eigenen Sichtweise ableiten und verstehen lernen.
- Darstellung der Entwicklung und des Stellenwertes von kulturell bedingter Identität an den Stadien der jeweils kulturell bedingten sozialen und gesellschaftlichen Entwicklung (Kindheit, Jugendphase, Erwachsen-Sein), daraus: wie diese Entwicklungen interkulturelle Begegnungen beeinflussen und prägen; wie sich diese Konflikte in den jeweiligen Kulturen bedingen; welche kulturell spezifischen Strategien von Konfliktmanagement daraus entwickelt wurden
- Haltung zur und Verhalten in der Sprache: welche Sprachen wer-

den in den Adressatengruppen gesprochen; offiziell/inoffiziell, formell/informell; wie gehen die jeweiligen Teammitglieder damit um?
- Sprachliche Kommunikation im Hinblick auf implizierte und explizierte Nachrichten/Botschaften. Über die Sprache hinaus sollen unterschiedliche Symbole, Rituale, Gesten und die jeweilige Interpretationen in der jeweils eigenen, sowie fremden Kultur, sowie in internationalen Gruppen und Teams vorgestellt werden.
- Erarbeitung und Interpretation von unterschiedlichen sozialen Normen und Arbeitsetiketten, z. B. Verhandlungsstile, Kleidungsordnung, Pünktlichkeit, Höflichkeit, Sitzordnungen, Begrüßungs- und Abschiedsrituale.
- Befähigung der TeilnehmerInnen das jeweils passende situativ richtige Verhalten in unterschiedlichen Zusammenhängen und Bedeutungskontexten in ihr eigenes Verhaltensrepertoire aufzunehmen und zu festigen

In der Ausbildung und Weiterbildung von SozialpädagogInnen und SozialarbeiterInnen müssen interkulturelle Kompetenzen verstärkt vermittelt und erlernt werden. In der Entwicklung von Sozialkompetenz sollten linguistische und kulturanthropologische Ansätze erweitert und vertieft werden. Benachteiligung derer, die auf Grund ihrer materiellen und sozialen Lebenslage in unserer Gesellschaft benachteiligt sind und Sozialarbeit in Anspruch nehmen, um ihre Lage zu verbessern, darf nicht durch Inkompetenz und Unwissenheit der MitarbeiterInnen sozialer Dienste erhöht werden. Sozialpädagogik als Mittlerin zwischen Individuen und Gesellschaft kann hier eine weitere interdisziplinäre Kompetenz besitzen, um zu einem friedvollen Miteinander beizutragen.

Literatur

Agar, Michael: Ethnography. In Jef Verschueren/Jan-Ola Östman/Jan Blommaert (Hrsg): Handbook of Pragmatics. Manual. Amsterdam und Philadelphia 1995, S. 583-590

Atteslander, Peter: Methoden der empirischen Sozialforschung. 2. Auflage, Berlin und New York 1971 und 7. Auflage, 1991

Baacke, Dieter/Sander, Uwe/Vollbrecht, Ralf: Neue Netzwerke der Unmittelbarkeit und Ich-Darstellung. Individualisierungsprozesse in der

Mediengesellschaft. In: Heitmeyer, Wilhelm/Olk, Thomas (Hrsg): Individualisierung von Jugend, Weinheim 1990

Bade, Klaus J.: Fremde Deutsche: »Republikflüchtlinge« – Übersiedler – Aussiedler. In: Bade Klaus J. (Hrsg.): Deutsche im Ausland Fremde in Deutschland. Migration in Geschichte und Gegenwart. München 1993

Beck, Ulrich: Risikogesellschaft. Auf dem Weg in eine andere Moderne. Frankfurt 1986

Bergemann, Niels; Andreas L.J. Sourisseaux (Hrsg.): Interkulturelles Management; Heidelberg 1996

Bourdieu, Pièrre: Entwurf einer Theorie der Praxis auf der ethnologischen Grundlage der kabylischen Gesellschaft. Frankfurt/M. 1979

Bruck, P.A: Interkulturelle Entwicklung und Konfliktlösung. In: Luger/Renger (Hrsg.): Dialog der Kulturen. Wien 1994 (zit. nach Maletzke, 1996, 37)

Bukow, W.-D./Llaryora, R.: Mitbürger aus der Fremde. Opladen 1988 und Radtke, F.-O.: Lob der Gleichgültigkeit. In: Bielefeld (Hrsg.) Hamburg 1991

Butterwegge; Christoph: Massenmedien, Migrant(inn)en und Rassismus. In: Butterwege, Christoph/Hentges, Gudrun/Sarigöz, Fatma: Medien und multikulturelle Gesellschaft. Opladen 1999

Casper-Hehne, Hiltraud: Interkulturelle Kommunikation. Neue Perspektiven und alte Einsichten. In: ZfAL, Zeitschrift für Angewandte Linguistik. Heft 31, S. 77--104, 1999

Dölker, Frank: Streetwork und internationale Jugendarbeit als Zugang zu Migrationsjugendlichen – Ein exemplarischer Beitrag zur Reichweite von Ethnografie in der Jugendforschung. Unveröffentlichte Master Thesis zur Erlangung des Master of Arts an der Fachhochschule Fulda, Sozial- und Kulturwissenschaften. Fulda 2002

Ferchhoff, Wilfried/Neubauer, Georg: Jugend und Postmoderne. Analysen und Reflexionen über die Suche nach neuen Lebensweltorientierungen. Weinheim und München 1989

Ferchhoff, Wilfried: Jugend an der Wende vom 20. zum 21. Jahrhundert. Lebensformen und Lebensstile. Opladen 1999

Gudykunst,W:B/Kim,Y.Y.: Communication with strangers: An approach to intercultural communication. New York 1992

Hafeneger, Benno: Der pädagogische Bezug. Thesen zur Standortbestimmung einer vernachlässigten Dimension. In: Kiesel, Doron/Scherr, Albert/Thole Werner (Hrsg.): Standortbestimmung Jugendarbeit. Theoretische Orientierungen und empirische Befunde. Schwalbach 1998

Hafeneger, Benno/Jansen, Mechthild M.: Rechte Cliquen. Alltag einer neuen Jugendkultur, Weinheim und München 2001

Hamburger, Franz: Interkulturelle Erziehung in einem Land mit unzivilisierter Ausländerpolitik? In: Fechler, Bernd/Kößler, Gottfried/Lieb-

erz-Groß, Till (Hrsg.): »Erziehung nach Auschwitz« in der multikulturellen Gesellschaft. Pädagogische und soziologische Annäherungen. Weinheim und München 2000, S. 163-174.
Hall, Edward T./Hall, Mildred R.: Verborgene Signale. Studien zur internationalen Kommunikation. Santa Fé, 1983
Hanhörster, Heike: »Eene meene Muh, und raus bist du?! Lebenswelten türkischer Jugendlicher in benachteiligten Stadtteilen. Iza, Zeitschrift für Immigrationsforschung. S. 50-57. 3-4/2001
Hickson, David: Management in Western Europe. Society, Culture and Organisation in twelve nations. Berlin und New York 2000
Hitzler, Ronald: Die Erkundung des Feldes und die Deutung der Daten. Annäherungen an die (lebensweltliche) Ethnologie. In: Bezirkregierung Hannover, Dezernat 407 – »Niedersächsisches Landesjugendamt« (Hrsg.): Ethnografische Methoden in der Jugendarbeit. Hannover 2001
Hofstede, Geert: Cultures and Organisations. Intercultural cooperation and its importance for survival. Software of the mind. London 1994
Hymes, Dell: Soziolinguistik. Zur Ethnografie der Kommunikation. Frankfurt/M. 1976
Kiesel, Doron: »Jung, fremd, defizitär und bereichernd«. Zum Wandel der interkulturellen Jugendarbeit. In: Kiesel, Doron/Scherr, Albert/Thole Werner (Hrsg.): Standortbestimmung Jugendarbeit. Theoretische Orientierungen und empirische Befunde. Schwalbach 1998
Grunewald, K.: Alltag, Nichtalltägliches und die Lebenswelt. Beiträge zur lebensweltorientierten Sozialpädagogik. Festschrift für Hans Thiersch zum 60. Geburtstag. Weinheim und München, 1996
Gumperz, John: Sprache, lokale Kultur und soziale Identität. Theoretische Beiträge und Fallstudien. Düsseldorf 1975
Gumperz, John: Discourse Strategies. Cambridge 1982
Krafeld, Franz-.Josef: Wo stößt soziale Arbeit an ihre Grenzen. In: Sozial Extra, S, 15-19, Heft 11-12/2001
Maletzke, Gerhard: Interkulturelle Kommunikation – Zur Interaktion zwischen Menschen verschiedener Kulturen. Opladen 1996
Mead, Margaret: Male and Female, London 1962
Müller-Wiegand, Irmhild: Zeigt mir, was ihr könnt! – Punks in der Jugendarbeit. Praxisbeispiele aus Großbritannien und derBundesrepublik, Opladen 1998
Münz, Rainer Seifert, Wolfgang/Ulrich, Ralf: Zuwanderung nach Deutschland, Strukturen, Wirkungen, Perspektiven. Frankfurt/M. und New York 1999
Nieke, Wolfgang: Interkulturelle Arbeit mit Kindern und Jugendlichen ausländischer Herkunft. Expertise 1 zum Projekt »Kinder- und Jugendkulturarbeit in Nordrhein-Westfalen: Bestandsaufnahme – Perspektiven – Empfehlungen«. Unna 1993

Schäffter, Ortfried (Hrsg.): Das Fremde – Erfahrungsmöglichkeiten zwischen Faszination und Bedrohung. Opladen 1991

Scherr, Albert: Interkulturelle Bildung als Befähigung zu einem reflexiven Umgang mit kulturellen Einbettungen. In: Neue Praxis: Zeitschrift für Sozialarbeit, Sozialpädagogik u. Sozialpolitik. Neuwied 2001

Schulze, Gerhard: Die Erlebnisgesellschaft. Kultursoziologie der Gegenwart. Frankfurt und New York 1995

Scollon, Ron und Scollon, Suzanne Wong: Intercultural Communication. A discourse approach. New York 1995

Tertilt, Hermann: Turkish Power Boys. Ethnographie einer Jugendbande, Frankfurt/M. 1996

Thiersch, Hans: Lebensweltorientierte Soziale Arbeit und Forschung. In: Rauschenbach, Thomas (Hrsg.): Sozialpädagogische Forschung. Weinheim und München 1998

Trompenaars, Fons/Hampden-Turner, Charles: Riding the Waves of Culture. Understanding Cultural Diversity in Business. (New Edition) London 1997

Soziale Arbeit mit jungen Migranten

Hartmut Wagner

Migration und interkulturelle Kompetenz

Beinahe jeder Sozialarbeiter, besonders im niederschwelligen Jugendbereich, arbeitet mit Migrantenjugendlichen und jeder dritte Deutsche hat in seiner Familiengeschichte, bei Eltern oder Großeltern einen Migrationshintergrund. Dennoch haben wir bis heute kein abgestimmtes Einwanderungsgesetz und sind weit von einem Klima der interkulturellen Toleranz entfernt. Als Streetworker mit Menschen zu arbeiten, die das »life event« einer Migration hinter sich haben, verlangt viel Einfühlungsvermögen zu entwickeln. Man muss sehr oft sich selbst kritisch reflektieren, Normen und Werte in Frage stellen und Positionen gegen gesellschaftsübliche Meinungen entwickeln. Insofern haben Migranten und Sozialarbeiter, die mit Migranten arbeiten, eines gemeinsam, sie müssen Altes und Gewohntes hinter sich lassen und neue soziale Kompetenzen entwickeln. Ich will versuchen auf dem Hintergrund meiner langjährigen praktischen Arbeit mit Aussiedler und Migranten als Streetworker in Berlin und Pforzheim einige gesellschaftliche Aspekte, die die soziale Arbeit mit Migranten bestimmen, darzustellen.

Migration und Bildung

Eine der wesentlichsten Aussagen der Pisa-Studie ist, dass in Deutschland der Bildungsunterschied, bedingt durch sozioökonomische Bedingen, größer ist als in allen anderen Staaten. Kinder und Jugendliche aus Familien mit Migrationsgeschichte stammen zum größten Teil aus sozioökonomischen schlechteren Verhältnissen. Eine weitere Aussage ist, dass ein überdurchschnittlich hoher Anteil von Schülern in Deutschland als Risikoschüler eingestuft werden muss.

Das bedeutet, ihr Bildungstand liegt unter dem Niveau, das für eine erfolgreiche Ausbildung notwendig ist. In Baden-Württemberg beträgt dieser Anteil der Risikoschüler 19,1%. Schüler mit Migrationshintergrund haben schlechtere Ausgangsbedingungen als deutsche Schüler. Dies sind nur einige aktuelle Aussagen, die zeigen, dass das Einwanderungsland Deutschland die soziale Einbindung von Migranten als gesellschaftliche Aufgabe noch vor sich hat. In Deutschland leben 7,3 Mio. Ausländer, das sind 9% der Bevölkerung – Aussiedler nicht mitgezählt. Das ist mehr als in England, Frankreich oder den Niederlanden. Das bedeutet aber nicht, dass in den genannten Ländern nicht mehr Menschen mit Migrationshintergrund leben, sie haben jedoch schneller die Möglichkeit, die Staatsangehörigkeit des Einwanderungslandes zu erwerben. In Deutschland gibt es eine spezielle Gruppe von Einwanderern, die Spätaussiedler aus den osteuropäischen Staaten. Sie erhalten sofort nach der Einreise einen deutschen Pass. Dennoch unterscheiden sich die Ressourcen und Probleme, die sie mitbringen, nicht wesentlich von denen anderer Migranten.

Migration und Armut (am Beispiel der Aussiedler in Deutschland)

Mit der zunehmenden Globalisierung und der ungleichen Verteilung des Wirtschaftswachstums ist die Armut zu einem wachsenden Symptom der Ausgrenzung auch im »Wohlstandsland« Deutschland geworden. Neben den Alleinerziehenden (42%) und den Arbeitslosen (34,1%) sind hierbei diejenigen mit Migrationshintergrund (26,1%) am meisten in unserer Gesellschaft betroffen. Was heißt Armut. In der den genannten Prozentzahlen beziehen sich auf die Definition, dass die genannten Personengruppen unter 50% des durchschnittlichen Nettoäquivalenzeinkommens (1.141,20€/1995) verdienen und die Zahlen beziehen sich nur auf die alten Bundesländer. Wenn man diesen Zahlen noch die Prognose einer Studie des Bundesarbeitsamtes gegenüberstellt, dass im Jahr 2010 ein Drittel der Bevölkerung feste Arbeit, ein Drittel befristete Arbeit und ein Drittel keine Arbeit haben wird, wird deutlich, dass die Betroffenheit von Armut nicht nur für die Sozialarbeit in Zukunft ein wachsendes Arbeitsfeld werden wird, sondern ein massives gesellschaftliches Problem darstellt.

Was ist Armut? – Armut bedeutet mehr als nur unmittelbare, existentielle Not. Armut ist in den meisten sozialwissenschaftlichen Untersuchungen und sozialpolitisch veranlassten Erhebungen gleichgesetzt mit einer besonders schlechten Lebenslage bestimmter Bevölkerungsgruppen (in wichtigen Lebensbereichen wie Einkommen, Arbeit, Wohnung, Bildung und Gesundheit), gemessen am durchschnittlichen Versorgungsstandard der Bevölkerung. In der Europäischen Union wird – angelehnt an dieses Armutskonzept – die Armutsschwelle bei 50 Prozent des Durchschnittseinkommens festgelegt. Als arm gelten Personen in Haushalten, die unter 50 Prozent des Durchschnittseinkommens der Haushalte in den jeweiligen Mitgliedsländern zur Verfügung haben. Diesen Armutsbegriff hat sich auch die Kommission des 10. Jugendberichts zu eigen gemacht. Nach Ansicht der Bundesregierung gibt es in der Bundesrepublik keine Armut, die sozialen Sicherungssysteme reichen aus.

Für Lothar Krappmann, Professor am Max-Planck-Institut in Berlin und Leiter der Kommission, bleibt der Streit um Armutsdefinitionen nebensächlich: »Auch wenn bei anderen Ansichten andere Zahlen herauskommen, bleibt die Tendenz immer gleich: Die Kinderarmut steigt« und dies betrifft besonders Kinder von Migranten und zunehmend auch Aussiedler.

Aussiedlerinnen und Aussiedler in der Sozialhilfe

Zur Analyse der Lebenslage von Aussiedlern und ihrer Angewiesenheit auf Sozialhilfe hat das Bundesministerium für Arbeit und Sozialordnung im Mai 2000 die ISG Sozialforschung und Gesellschaftspolitik GmbH mit dem Forschungsprojekt »*Aussiedlerinnen und Aussiedler in der Sozialhilfe*« beauftragt. Der Schwerpunkt dieser Studie liegt auf der Gruppe der *Spätaussiedlerinnen und Spätaussiedler*, d. h. auf der Zuwanderergruppe, die seit 1993 in die Bundesrepublik Deutschland eingereist ist. Der folgende Abschnitt basiert auf dem ersten Zwischenbericht dieses Projekts.[1]

---

[1] D. Engels, H. Hägele, G. Machalowski, C. Sellin: Aussiedlerinnen und Aussiedler in der Sozialhilfe. Erster Zwischenbericht, ISG Köln, August 2000

Phasen der Zuwanderung und Strukturen der Zuwanderer

Der Zustrom von Aussiedlerinnen und Aussiedlern in die Bundesrepublik Deutschland stieg in der zweiten Hälfte der 80er-Jahre stark an und erreichte 1990 mit rd. 400.000 Aussiedlern seinen Höhepunkt. Anschließend ging die Zuwanderung auf Grund der Steuerung durch das Aussiedleraufnahmegesetz kontinuierlich zurück und stagniert seit 1998 auf einem Niveau von rd. 100.000 Aussiedlerinnen und Aussiedlern jährlich. Trotz rückläufiger Zuwanderungszahlen ist die Integration insbesondere von Spätaussiedlern schwieriger geworden: Der Arbeitsmarkt ist nicht so aufnahmefähig wie in den Anfangszeiten der Zuwanderung nach Deutschland, die mitgebrachten Qualifikationen sind oftmals für den deutschen Arbeitsmarkt nicht relevant, die Sprachkenntnisse der Spätaussiedlerinnen und Spätaussiedler sind deutlich schlechter als in der früheren Phase der Zuwanderung und die Möglichkeiten, den Lebensunterhalt aus eigener Kraft sicherzustellen, sind für die Aussiedlerinnen und Aussiedler geringer geworden. Daher sind sie in stärkerem Maße auf Sozialhilfe angewiesen, um ihren Lebensunterhalt sicherstellen zu können, als die einheimische Bevölkerung.

Die Zuwanderung nach Deutschland lässt sich in mehrere Phasen unterteilen: Vom Ende des Zweiten Weltkrieges bis zur Mitte der 80er-Jahre waren es Vertriebene und Aussiedler in jährlich relativ konstantem Umfang; von 1988 bis 1992 stieg die Zahl der Aussiedlerinnen und Aussiedler aus Osteuropa extrem an; seit 1993 handelt es sich um Spätaussiedlerinnen und Spätaussiedler vor allem aus den Gebieten der GUS Staaten. In den fast vierzig Jahren von 1950 bis 1987 kamen rund 1,5 Mio. Aussiedlerinnen und Aussiedler nach Deutschland, in etwa die gleiche Anzahl, die allein im 6-Jahreszeitraum von 1990 bis 1995 nach Deutschland zuwanderte. Seit 1998 nimmt die Zahl wieder ab. Zur Zeit wandern circa 100.000 Aussiedler pro Jahr in die Bundesrepublik Deutschland ein.

Rund ein Drittel der Spätaussiedler sind Kinder und Jugendliche unter 18 Jahren. Der Anteil der Kinder und Jugendlichen in der einheimischen Bevölkerung macht nur ein Fünftel aus. 46% aller Spätaussiedler sind in der Altersstufe der 18- bis 44-Jährigen (einheimische Bevölkerung: 39%). Das bedeutet nicht nur, dass die Bundesrepublik durch die Zuwanderung eine »Verjüngung« erfährt, sondern auch, dass bei allen lntegrationsbemühungen die junge Generation besonders zu fördern ist. Der Prozess der Zuwanderung vollzog sich über einen langen Zeitraum hinweg relativ unbemerkt. Erst seit den 90er-Jahren ist die Zuwanderung und lntegration von Aussiedlern problematischer geworden. Die Struktur der Zuwanderergruppen und die damit gegebenen lntegrationsvoraussetzungen haben sich seit 1993 verändert. Die Zuwanderung aus den Republiken der ehemaligen Sowjetunion ist seither vorherrschend.

Mit der Herkunft der Spätaussiedlerinnen und -aussiedler veränderten sich auch deren Sozialstrukturen und Qualifikationen. Sie verfügen weitgehend über geringe Deutschkenntnisse und ihre Berufsausbildung, Denk- und Lebensweisen sind nicht mit denen in der Bundesrepublik vergleichbar. Ursächlich dafür ist die sehr hohe Zahl binationaler Familien bei der deutschen Minderheit in der ehemaligen Sowjetunion, in denen kaum noch Deutsch gesprochen wird. Vor 1995 waren bei den Zuwanderern aus den GUS Staaten diejenigen mit ausländischer Staatsangehörigkeit in der Minderheit. Heute sind von den Zuwanderern aus der ehemaligen Sowjetunion nur noch 25% Aussiedler, 75% haben eine ausländische Staatsangehörigkeit.

Die heutigen Zuwanderer entsprechen den typischen Bevölkerungsgruppen der deutschen Minderheit in der ehemaligen Sowjetunion, nicht mehr – wie zu Beginn der Migrationswelle – denjenigen, die der deutschen Kultur in besonderer Weise verbunden waren. De facto sehen sich die Spätaussiedlerinnen und -aussiedler kulturell und sozial vor eine Einwanderungssituation gestellt. Von der deutschen Bevölkerung werden sie viel eher als »Ausländer« denn als Deutsche bzw. deutschstämmige Aussiedler wahrgenommen. Nur 25% der Zuwandernden sind nach § 4 des Aussiedleraufnahmegesetzes anerkannte Spätaussiedlerinnen und Spätaussiedler, während 75% miteinreisende (großenteils nicht deutsche) Familienangehörige sind. Diese Relation war im Jahr 1991 noch umgekehrt.

Geschätzter Sozialhilfebezug von Aussiedlern im Jahr 1998
Früheres Bundesgebiet (bis Okt. 1990) und Deutschland (ab Nov. 1990)

Zuzugs-Jahr	Aussiedler (Personen) Zuzüge	Verbleib	HLU-Quote nach Verbleibdauer*	HLU-Quote: gleitender Mittelwert**	Aussiedler, die 1998 HLU bezogen**
1985	38.968	38.360		1,5 %	575
1986	42.788	41.940		1,5 %	629
1987	78.523	71.690		1,5 %	1.075
1988	202.673	199.820	n.7-11 Jahren	2,5 %	4.996
1989	377.055	335.370	4 %	3,5 %	11.738
1990	397.075	327.520		4,5 %	14.738
1991	221.995	212.230		5,5 %	11.673
1992	230.565	218.890	n.5-6 Jahren	6,5 %	14.228
1993	218.888	212.270	6 %	7,5 %	15.920
1994	222.591	183.480	n.3-4 Jahren	12,5 %	22.935
1995	217.898	172.230	14 %	17,5 %	30.140
1996	177.751	144.320		19,0 %	27.421
1997	134.419	109.520	n.0-2 Jahren	20,5 %	22.452
1998	103.080	83.980	20 %	22,0 %	18.476
insgesamt	**2.664.269**	**2.351.620**		**8,4 %**	*196.996*

Quelle: Statistisches Jahrbuch 1992 – 1999; DIW Wochenbericht 48/96
* Ergebnisse des DIW   ** Berechnungen des ISG

Die Frage, zu welchem Anteil und für welchen Zeitraum Aussiedlerinnen und Aussiedler auf Sozialhilfe, insbesondere auf Hilfe zum Lebensunterhalt (HLU) angewiesen sind, kann auf Grundlage der amtlichen Sozialhilfestatistik nicht beantwortet werden, da das Merkmal »Aussiedler« nicht erfasst wird. Es wird zwar zwischen deutschen und nichtdeutschen Hilfebeziehern unterschieden[2], aber innerhalb der

---

[2] Frick, Joachim/Büchel, Felix/Voges, Wolfgang (1996): Sozialhilfe als Integrationshitfe für Zuwanderer in Westdeutschland, in: DlW Wochenbericht Nr.48196, Berlin; Büchel, Felix/Frick, Joachim/Voges, Wolfgang (1996): Der Sozialhilfebezug von Zuwanderern in Westdeutschland, Diskussionspapier 1996/21 der Technischen Universität Berlin

Gruppe der deutschen Bezieherinnen und Bezieher nicht weiter differenziert.

Integrationsprobleme von Spätaussiedlern

Die Integration der Spätaussiedlerinnen und -aussiedler ist ein Prozess, der sich über viele Jahre hin erstreckt und dadurch erschwert wird, dass die Sprachkenntnisse gering sind, die Arbeitsmarktchancen sich verschlechtert haben und die Verwertbarkeit vorhandener Qualifikationen teilweise große Probleme bereitet. Ein weiteres Integrationshindernis besteht in der räumlichen Konzentration von Aussiedlerinnen und Aussiedlern in mehr oder weniger geschlossenen Siedlungsbezirken, so genannte »Ghettos«. Sie entspricht dem Wunsch, sich in der Nähe von Verwandten und Freunden anzusiedeln, und wird oft durch die kommunale Politik unterstützt. In diesen Siedlungsgebieten entstehen eigene Strukturen und Subkulturen; diese so genannte »Migrationsnetzwerke« können sowohl die Integration unterstützen als auch den gegenteiligen Effekt einer Isolation und Förderung von russischsprachigen Enklaven bewirken.

Die sozialen und psychischen Folgen der Zuwanderung sind für jugendliche Aussiedler besonders einschneidend. Sie haben ihre Heimat oft nicht aus eigener Entscheidung heraus verlassen und haben alle sozialen Beziehungsnetze verloren. Hier gelten sie dann als »Russen«. Sie sind nun in einem Land, dessen Sprache sie nicht beherrschen, dessen Strukturen und Normen sie nicht kennen. Es ist schwer für sie, neue Freunde und eine persönliche Perspektive zu finden. Sie sind in besonderer Weise gefährdet, die Integration zu verpassen und dauerhaft ausgegrenzt zu sein. Die Herausbildung von jugendlichen Subkulturen ist die Folge, auffälliges Verhalten ein Ausdruck von Frustration und De-Motivation.

Arbeitsmarktsituation von Spätaussiedlern

Eine gesellschaftliche Integration in Unabhängigkeit von sozialstaatlichen Hilfen gelingt grundsätzlich am ehesten durch Aufnahme einer Erwerbstätigkeit. Dabei galten Aussiedlerinnen und Aussiedler lange als arbeitsmarktpolitisch unproblematische Gruppe. Dies änderte sich mit den großen Zuwanderungswellen in den Jahren 1989 und 1990, als es für die Zugewanderten auch um den Preis eines beruflichen Abstiegs immer schwieriger wurde, in Deutschland eine Beschäftigung zu finden. Die Problematik verschärfte sich im Laufe der 90er-Jahre, als immer mehr Spätaussiedler aus der ehemaligen Sowjetunion nach Deutschland einreisten und sowohl die Deutschkenntnisse schlechter wurden als auch berufliche Qualifikationen immer weniger in Deutschland verwertet werden konnten.

Hochgerechnet auf Basis der Zahlen der Arbeitsverwaltung ist heute mindestens jeder vierte erwerbsfähige Spätaussiedler ohne reguläre Beschäftigung. Dabei unterzeichnet die amtliche Statistik das Ausmaß der Arbeitslosigkeit, da die Aussiedlereigenschaft nur für fünf Jahre nach der Einreise statistisch ausgewiesen wird. Inzwischen muss davon ausgegangen werden, dass Aussiedler zu den Problemgruppen des Arbeitsmarktes zählen und besonders drei Gruppen erheblich betroffen sind: Das sind zum einen langzeitarbeitslose Aussiedler, bei denen mit zunehmender Dauer der Arbeitslosigkeit die Integration in das Erwerbsleben immer schwieriger wird; zum zweiten Aussiedlerinnen, die bereits zu Beginn der 90er-Jahre ein überdurchschnittliches Arbeitslosigkeitsrisiko aufwiesen und schließlich zum dritten Jugendliche und junge Erwachsene, die weder gesellschaftlich integriert sind noch den Schritt in das Arbeitsleben bewältigen.

Die arbeitslosen Spätaussiedler der jüngeren Zuwanderergeneration sind kaum mehr mit den Aus- und Übersiedlern bis Ende der 80er-Jahre vergleichbar, die Eingliederungsproblematik entspricht heute eher der von Ausländern. Eine Analyse der beruflichen Bildung zeigt, dass 1999 rd. 60% der arbeitslosen Aussiedlerinnen und Aussiedler Un- und Angelernte waren (die vergleichbaren Anteile bei deutschen Arbeitslosen liegen unter einem Drittel). Angesichts der immer knapper werdenden Arbeitsplätze für Menschen ohne Berufsausbildung muss diese Struktur als äußerst ungünstig eingestuft werden. Sofern berufliche Qualifikationen vorliegen, sind diese oft nicht verwertbar; sie wurden in Wirtschaftssystemen erworben, die stark von den

Gegebenheiten in der Bundesrepublik Deutschland abweichen. Für die überwiegende Mehrheit der Aussiedlerinnen und Aussiedler ist eine der im Herkunftsland erlernten oder ausgeübten Tätigkeit adäquate Erwerbstätigkeit in Deutschland kaum möglich. Dies gilt praktisch durchgängig für alle Qualifikationsstufen, Wirtschaftsbereiche und Tätigkeitsfelder.

Sprachliche und qualifikatorische Defizite sowie die unterschiedlichen kulturellen Hintergründe erschweren die Integration und führen gerade bei den jüngeren Spätaussiedlerinnen und -aussiedlern zu Abgrenzungs- und Abschottungstendenzen. Dabei haben jüngere Spätaussiedler im Vergleich mit in Deutschland aufgewachsenen Migrantenkindern den Nachteil, dass diese die deutsche Sprache besser beherrschen und eine klare Identität in Bezug auf ihr Ursprungsland empfinden.

Insgesamt gesehen muss von äußerst ungünstigen Erwerbschancen sowohl für die in jüngerer Zeit neu eingetroffenen Spätaussiedler als auch für Aussiedler, die trotz längeren Aufenthalts den Anschluss an das Arbeitsleben in Deutschland noch nicht geschafft haben, ausgegangen werden. Die Arbeitslosigkeit dieser Gruppe zeigt deutliche Verhärtungs- und Ausgrenzungstendenzen, was die Bemühungen um Integration schwieriger und kostspieliger macht. Angesichts der Komplexität der Problematik und der Gefahr einer dauerhaften Ausgrenzung aus dem Erwerbsleben ist zu konstatieren, dass das herkömmliche arbeitsmarktpolitische Instrumentarium mit sechsmonatiger Eingliederungshilfe, ebenso langem Deutsch-Sprachkurs und den »Standard«-Qualifizierungsangeboten viel zu kurz greift, um die massiven Schwierigkeiten anzugehen und die Eingliederung voranzutreiben. Sicher sprechen wir hier nur von einer Minderheit der zugewanderten Aussiedler und Aussiedlerinnen (schätzungsweise 10%). Jedoch sind sie sicher eine von Armut und Ausgrenzung stark betroffene Risikogruppe, die besondere Unterstützung speziell in niederschwelliger Form benötigt.

Soziale Einbindung von jungen Einwanderern

Zur Situation von jungen Aussiedlern und anderen Migranten

Die Lebenssituation ausländischer Jugendlicher und junger Aussiedler ist auch Ende der 90er-Jahre von strukturellen Benachteiligungen geprägt. So sind sie nach wie vor in besonderem Maße von Arbeitslosigkeit betroffen und verfügen oftmals über weniger qualifizierte Schulabschlüsse als deutsche Jugendliche. Die mangelnde Teilhabe an wirtschaftlichen, politischen, kulturellen und gesellschaftlichen Bereichen lässt sich teilweise auf rechtliche Gründe zurückführen. Darüber hinaus stellen fehlende oder mangelnde Sprachkenntnisse, vor allem bei jungen Aussiedler/innen und Flüchtlingen, einen Hemmschuh für die Integration dar. Sie zementieren langfristige Ungleichgewichte auf allen Ebenen der Ausbildung und in der späteren beruflichen Laufbahn.

Jenseits dieser eher verdeckten Disparitäten reißt in den letzten Jahren auch die Zahl der offen gewalttätigen Übergriffe gegenüber Ausländer/innen und Aussiedler/innen nicht ab. Insbesondere in den neuen Bundesländern hat sich dieses Problem in vielen sozialen Brennpunkten verselbstständigt. Leben in Deutschland bedeutet für viele ausländische Mitbürger/innen und Aussiedlerinnen eine Gefahr, obwohl die Tatsache, dass Deutschland ein Einwanderungsland ist, inzwischen politische Zustimmung findet. Auf diesem Weg gibt es jedoch noch viele Stolpersteine zu bewältigen. Junge Aussiedler/innen und Ausländer/innen werden in unserer Gesellschaft mit besonderen Schwierigkeiten konfrontiert. Sie müssen häufig Sprachprobleme überwinden und sind in überproportional hohem Maße von Arbeitslosigkeit betroffen. Dazu fehlt es in der Gesellschaft an sozialer Einbindung und Akzeptanz. Darüber hinaus gehören Diskriminierungen oder fremdenfeindlich motivierte Übergriffe für viele leider zum Alltag.

Seit etwa der Mitte der 90er-Jahre ist auch die Eingliederung jugendlicher Spätaussiedler/innen schwieriger geworden. Dies wird zum Beispiel an einigen Veränderungen der Rahmenbedingungen sichtbar: So sind einerseits die Probleme auf dem Lehrstellen- und Arbeitsmarkt größer geworden. Zum anderen hat sich die Diskussion über zusätzliche Zuwanderung nach Deutschland verschärft; die Akzeptanz gegenüber Aussiedler/innen hat abgenommen. Die Integration wird durch zurückgehende Deutschkenntnisse sowie durch Wohngebiete mit hoher Aussiedlerkonzentration erschwert. Punktuell rutschen junge Aussiedler/innen ins kriminelle und Drogen-Milieu ab.

Seit 1989/90 sind nach Angaben des Bundesverwaltungsamtes rund zwei Millionen Aussiedler/innen nach Deutschland gekommen. Nach den hohen Zuzugszahlen Anfang der 90er-Jahre sind die Zahlen seit 1995 kontinuierlich gesunken. 1998 kamen etwa 100.000 Spätaussiedler/innen nach Deutschland. Der Bundesbeauftragte für Aussiedlerfragen, Jochen Welt, rechnet für die Zukunft mit einem vergleichbaren Zuzug von rund 100.000 Personen jährlich (vgl. Info-Dienst Deutsche Aussiedler, Zahlen-Daten-Fakten, Heft 9/99).

Junge Aussiedler/innen sind die zahlenmäßig größte Gruppe von Zuwander/innen, die nach Deutschland kommt. In den letzten Jahren war jede/r dritte zugezogene Aussiedler/in jünger als 18 Jahre (vgl. ebd.). Die jungen Menschen kommen zu etwa 95 % aus der ehemaligen Sowjetunion, vor allem aus Kasachstan und der Russischen Föderation, sowie aus Polen, Rumänien und der ehemaligen Tschechoslowakei. Seit etwa Mitte der 90er-Jahre ist die Integration von Spätaussiedlern und ihren Familienangehörigen schwieriger geworden. So ist trotz sinkender Zuzugszahlen eine abnehmende Akzeptanz von Aussiedlern in unserer Gesellschaft zu beobachten. Als ein wichtiger Grund dafür werden fehlende oder mangelnde Sprachkenntnisse und mangelnde »Integrationsbereitschaft« angeführt: Jugendliche Aussiedler der letzten Jahre bringen kaum noch Deutschkenntnisse mit. Sie werden nicht mehr als Deutsche, sondern als »Russen« angesehen.

Anders als frühere Aussiedlergruppen finden Jugendliche heute schwierigere Bedingungen auf dem deutschen Arbeitsmarkt vor. Ohne besondere Hilfen bei der Integration können sie in Schule, Ausbildung und Beruf immer seltener in der Konkurrenz mit einheimischen Jugendlichen bestehen. Die Zahl junger Aussiedler ohne Schul- oder Berufsausbildung steigt. In vielen Fällen sind sie auf unqualifizierte, unsichere, befristete und schlecht bezahlte Arbeitsplätze angewiesen. Eine rasche Eingliederung wird weiterhin dadurch erschwert, dass viele Aussiedler auch in Deutschland zusammen wohnen wollen, so dass sich Wohngebiete und Regionen mit überproportional vielen Aussiedlern gebildet haben. Jugendliche Aussiedler leben häufig sozial isoliert und erleben die Kontakte mit Einheimischen selbst in der Freizeit als Bewährungsprobe. In zunehmendem Maß sind sie durch Drogen und Kriminalität gefährdet.

Zum Begriff »Integration«

Was Integration sei und wie sie am besten zu bewerkstelligen sei, ist in der deutschen Diskussion ebenso wie in anderen Ländern immer wieder umstritten gewesen. Einerseits ist der Begriff »Integration« inhaltlich offener als Begriffe wie Assimilation, Separation oder Multikulturalität, die als Alternativen bereitstehen. Andererseits enthält er einen deutlichen normativen Impuls, der auf Zusammenführung und Zusammenhang von Unterschiedlichem gerichtet ist. Er soll ausdrücken, dass es in einer demokratischen Gesellschaft keine strikten und undurchdringlichen Grenzen zwischen einzelnen Gruppen geben darf – weder im Zugang zu Örtlichkeiten noch in der Einkommensverteilung oder im öffentlichen Diskurs oder in der grundsätzlichen Wertorientierung in Bezug auf die Normen des demokratischen Zusammenlebens. Im entsprechenden Gegenbegriff der »Desintegration« – wie er auch von Heitmeyer geprägt worden ist – sind alle negativen Folgen enthalten wie, Abgrenzung von gesellschaftlichen Wertvorstellungen, Ausschluss von Kommunikationszusammenhängen und notwendigen Ressourcen und schließlich Kriminalität als antisoziales Verhalten.

Wie kann Integration in einer offenen Gesellschaft konzipiert werden und welche Ziele sollte sie haben? Welche Voraussetzungen und Maßstäbe setzt der Begriff der Integration. Ist in ihm eine »Leitkultur« enthalten? Setzt man voraus, dass in einer pluralistischen Gesellschaft Unterschiedlichkeiten legitim sind und gleichzeitig ökonomische und soziale Kommunikation stattfindet, dass politische Entscheidungen mit Mehrheiten getroffen werden und ein Grundkonsens über die Rahmenbedingungen und die Entscheidungsregeln besteht, so ist eine differenzierte Konstellation gegeben. In einer pluralistischen Gesellschaft ist es legitim, dass sowohl Einzelpersonen wie Gruppen unterschiedliche Vorstellungen über grundlegende Wertbezüge haben, sofern sie in dem von der Verfassung vorgegebenen Rahmen bleiben und diskursfähig sind.

Ebenso ist es legitim, dass Personen und Gruppen sich unterschiedlicher kultureller Formen und Zeichen bedienen, sich unterschiedlich kleiden etc., solange dadurch nicht die Teilnahmefähigkeit der Einzelnen an der gesellschaftlichen Kommunikation abgeschnitten wird und die Individuen fähig bleiben, über ihre Gruppen-Teilnahme und ihre Präferenzen selbst zu entscheiden. Eine solche Vorstellung der Legitimität von Unterschieden ist nicht neu. Schon in der klassischen deutschen Literatur findet sie sich in Lessings »Nathan der Weise«, wo die beiden hier angeführten Kategorien von Unterschieden explizit genannt werden und gleichwohl Diskurs und Kommunikation zwischen Moslems, Juden und Christen zustande kommen soll.

Pluralismus hat sich als Leitmotiv moderner demokratischer Gesellschaften durchgesetzt. Die Integration von Einzelpersonen und Gruppen unterschiedlicher Herkunft und kultureller Formen ist möglich, wenn gemeinsame Basisüberzeugungen und Grundwerte geachtet werden. Die Eingliederung von Migranten orientiert sich in Frankreich am Begriff der »*Assimilation*« und in Großbritannien am Begriff des »*Multikulturalismus*«. Der in Deutschland verwendete Begriff der »*Integration*« ist weniger klar definiert. Die Integrationserfolge bei uns sind jedoch besser, als die Wahrnehmung und öffentliche Diskussion dies vermuten lassen. Die Integrationsprozesse der verschiedenen Zuwanderergruppen sind sehr differenziert. Gemessen an Bildungserfolg, Arbeitslosigkeit und Heiratsverhalten zeigen Spanier die besten Ergebnisse, Italiener und Türken rangieren am unteren Ende der Skala. Griechen sind in Schule und Beruf relativ gut integriert, heiraten aber überwiegend in der ethnischen Gemeinde. Kulturunterschiede können diese Ergebnisse nicht erklären.

Die niederländische Integrationspolitik beruht auf der Anerkennung der Tatsache, dass die Migranten nicht mehr zurückkehren werden.

Die Niederlande ist faktisch zu einem Einwanderungsland geworden. Um dies zu verdeutlichen, spricht man in den Niederlanden von ethnischen Minderheiten, die integraler Bestandteil der Gesellschaft sind. Zu ihnen zählen ausländische Arbeitnehmer und ihre Familienangehörige, Zuwanderer aus den niederländischen Gebieten in Übersee und verstärkt seit Beginn der 90er-Jahre Flüchtlinge. Die Integrationserfolge zeigen ein differenziertes Bild. In der Schule sind türkische und marokkanische Kinder mit stärkeren Problemen konfrontiert als die Surinamer. Angesichts der guten Wirtschaftskonjunktur ist in den letzten Jahren auch die Arbeitslosigkeit der ethnischen Minderheiten gesunken. Probleme gibt es jedoch bei Jugendlichen, die nur teilweise das niederländische Schulwesen besucht haben. Die niederländische Integrationspolitik ist durch einen breiten Konsens aller politischen Strömungen gekennzeichnet. Die »autochtone« Mehrheit ist aufgerufen, Vorurteile abzubauen und jede Form von Diskriminierung zu bekämpfen. Sie wird unterstützt durch die Initiativen der Kommunen und von anderen gesellschaftlichen Gruppen und den Selbstorganisationen der ethnischen Minderheiten selbst. Auch in den Niederlanden ist Integrationspolitik in hohem Maße Großstadtpolitik. Seit September 1998 ist ein Gesetz zur Eingliederung von Neuankömmlingen in Kraft getreten. Neuzuwanderer von Staaten außerhalb der EU und der EFTA besuchen einen einjährigen Kurs, in dem sie die niederländische Sprache erlernen und auf den Arbeitsmarkt vorbereitet werden. Außerdem haben mehrere Ministerien und sieben Kommunen ein Projekt zur Unterstützung von marokkanischen und niederländisch-antilianischen Jugendlichen entwickelt, die in der Vergangenheit vermehrt auffällig und straffällig geworden sind. Die Eltern der Jugendlichen und ihre Migrantenorganisationen sind einbezogen. Sieben Dachverbände der ethnischen Minderheitengruppen werden mehrmals jährlich von der Regierung zu Konsultationsgesprächen über wichtige Integrationsfragen eingeladen. Die Politik kann zwar die Bedingungen für Integrationsprozesse schaffen. Die Entscheidung, diese angebotenen Chancen zu ergreifen, liegt aber bei den Einwanderern selbst.

Am Beispiel Holland zeigt sich, dass das Verständnis von Integration eine sehr wichtige Rolle für die daraus resultierende Praxis auf ökonomischer, politischer und sozialer Ebene bedeutet. Daher ist auch der aktuelle Streit zwischen den Parteien nicht ein Streit um Begriffe, sondern um Inhalte, leider wird dies jedoch nur selten ausgesprochen.

Die Organisation für wirtschaftliche Entwicklung und Zusammenarbeit – OECD –, nennt fünf Risikofaktoren für die Entwicklung von Kindern und Jugendlichen:
– Aufwachsen in Armut und sozialer Randständigkeit
– Zugehörigkeit zu einer ethnischen oder sonstigen Minderheitengruppe
– besonders belastender familiärer Hintergrund
– schlechte Beherrschung der Unterrichts- und Umgangssprache
– ungünstige Wohnbedingungen mit mangelnder Infrastrukturanbindung und keinen Freizeitangeboten

Wenn diese Kriterien erfüllt sind, dann ist es wahrscheinlich, dass die Entwicklung von Kindern und Jugendlichen problematisch verlaufen kann. Die meisten – wenn nicht sogar alle – der eben genannten Risikofaktoren sind bei jungen Aussiedlern anzutreffen.

Identität und Körperlichkeit

Identität scheint unabdingbare Voraussetzung für die Artikulation und Einforderung einer wie auch immer gearteten Gleichberechtigung zu sein, sie allein gilt als Garant für die Solidarität unter Marginalisierten. Die Identität lässt sich nicht zuletzt vom Körper ablesen, denn er ist es schließlich, der mehr oder weniger sichtbares Anzeichen einer »Abweichung« von der gesellschaftlichen Norm ist; seine Geschlechtsmerkmale, seine Hautfarbe und sein Begehren verorten Individuen in einem gesellschaftlichen Kontext. Aber Fitness, Muskeln und Waschbrettbauch garantieren gesellschaftliche Anerkennung. In Übergangssituationen, in denen die Gesellschaft wenig Ressourcen bietet, ist der Körper oft die einzige Potenz, auf die man zurückgreifen kann und auf der man Identität aufbauen kann. In der biografischen Vergangenheit von Aussiedlern waren Gewalt, Kraft und Angsterzeugung immer Schutz und Anerkennung. Auf Kraft, Gewalt und Drohgebärden verbunden mit hierarchisch patrichalistischen Sichtweisen baut die ursprüngliche Identität in der neuen, fremdem gesellschaftlichen Umgebung auf. Erst langsam können dann neue Identitätsmuster dazukommen.

Identitäten geben Individuen ihren Ort in der Gesellschaft. Ihr Wirken ist ein zweifaches: Sie werden einerseits vom Einzelnen als etwas Eigenes empfunden, sind also Ausdruck einer Identifikation mit sich selbst. Und andererseits verorten sie Personen im sozialen und politischen Geflecht und dienen der Identifizierung, der Kenntlichmachung von außen. In der Identität sammeln sich insofern Vorstellungen des Selbst und der Gesellschaft, sie verbinden sich dort zu einem ununterscheidbaren Ganzen, das als eine Einheit empfunden wird. Diese ›Einheit‹ jedoch bleibt stets fragil, ist sie doch der Schauplatz von Auseinandersetzungen zwischen ›Innen‹ und ›Außen‹, zwischen Selbst- und Fremdbestimmung. »Identitäten sind Schauplätze des Kampfes um die Macht die Welt in den eigenen Begriffen zu erklären und zu ordnen.« Identitätspolitik ist gleichermaßen Körperpolitik, denn sie bezieht sich auf den je eigenen Körper, auf seine Geschlechtsmerkmale, sein Begehren, seine Hautfarbe ebenso wie auf seine Praktiken. Zwischen Körper und Identität besteht insofern eine direkte inhaltliche Verbindung, der Körper trägt eine gesellschaftliche Bedeutung, er wird stigmatisiert und zeigt somit die Konstellation eines Machtgefüges an, das ihn als Reservoir für fortwährend neue Konstellationen gesellschaftlicher Abwertung und Ausgrenzung ausweist; gleichwohl können zwischen Körper und Identität Dissonanzen bestehen.

Der Anspruch einer Politik der Identitäten ist es, Stigmatisierungen des Körpers kritisch zu benennen und sie gleichermaßen positiv zu wenden, um die gesellschaftliche Bedeutung von Körpern wie Identitäten zu verändern. Die Identitätsbewegungen als Teil der Neuen Sozialen Bewegungen setzen sich von den bisherigen sozialen Bewegungen, wie etwa der Arbeiterbewegung, ab, nicht zuletzt auch aufgrund ihres eigenen Ausschlusses aus diesen ›traditionellen‹ Bewegungen. Die Bezugspunkte der politischen Praxis sind nicht mehr (jedenfalls nicht ausschließlich) wie zuvor die Ausgrenzung und Degradierung aufgrund der Zugehörigkeit zu einer bestimmten gesellschaftlichen Schicht oder ethnischen Gruppierung. Identitätsbewegungen stellen nicht notwendigerweise die politische und ökonomische Machtfrage, sondern ihr Anliegen ist notwendigerweise weitreichender, ihre Politik stützt sich vielmehr auf die Anerkennung von abweichenden Identitäten durch die Gesellschaft, deren Zweck derjenige der Selbstverwirklichung und der sukzessiven ›Befreiung‹ durch die Veränderung sozialer, kultureller und politischer Strukturen und der Grundlagen der modernen Gesellschaft selbst ist.

Auf diesem etwas abstrakten Hintergrund muss auch die Identitätsfindung bei jungen Aussiedlern gesehen werden. Nur mit einer eigenen Identität können sie auch ihren Ort in der Gesellschaft finden. Ein Beispiel dafür sind Nachwuchsboxer, Eishockeyspieler, Türsteher, etc. mit Geburtsort in den GUS-Staaten.

Schuldnerberatung konkret –
Was StreetworkerInnen zur Beratung ihrer Klientel wissen sollten

Wolfgang Krebs

Diese Arbeitsgruppe wurde in den letzten Jahre jedes Mal auf dem StreetworkerInnen-Treffen angeboten und fand stets eine genügende Anzahl Interessierte, die nach Beendigung der Arbeitsgruppe auch stets als Rückmeldung gaben, für ihre Arbeitspraxis wichtige Informationen erhalten zu haben, bei aller Unsicherheit, ob sie die vielen erhaltenen Informationen im »Ernstfall« richtig einsetzen werden. Das der Gruppenveranstaltung zugrunde liegende Konzept beinhaltete stets eine Einführung in Schuldnerberatung mit dem Versuch der Schwerpunktbildung auf den Kenntnissen, die für die Praxis dieser speziellen Berufsgruppe besonders bedeutsam schienen. Fragen zu Einzelfällen aus der Praxis wurden natürlich beantwortet. Dieses Mal war das Konzept eher umgekehrt. Interessierte TeilnehmerInnen waren schon in der Einladung darauf hingewiesen worden, bei Interesse an dieser Arbeitsgruppe Unterlagen zu Beratungsanfragen mitzubringen. Diese sollten dann bearbeitet werden und allgemeine Ausführungen sich nur bei Bedarf anschließen. Kurz: Die Arbeitsgruppe kam auf diesem Treffen nicht zustande und nach meiner Annahme lag dies daran, dass aus welchen Gründen auch immer, niemand Unterlagen mitgebracht hatte, also sich keiner auf die Teilnahme an dieser Arbeitsgruppe vorbereitet hatte. Insofern kann es auch keinen Bericht aus dieser Arbeitsgruppe geben und angesichts des Konzeptes für die Arbeitsgruppen kann ich auch nicht aufschreiben, was ich alles vorgetragen hätte, wenn ...

Im Übrigen gibt es genug Lehrbücher zur Schuldnerberatung[1], die zumindest an Gewicht diesen Band über das StreetworkerInnen-Treffen 2002 allesamt übertreffen und die auf wenige Seiten verkürzt hier wiederzugeben mich überforderte und die LeserInnen nicht informierte. Stattdessen will ich darlegen, warum auch für StreetworkerInnen spezielle Kenntnisse der Schuldnerberatung wichtig sind und auf welche thematischen Komplexe diese Kenntnisse ausgerichtet sein müssten.

Zuerst: Das Thema versteht sich offensichtlich nicht von selbst. Mehrere Missverständnisse verbauen den Weg, was an folgender kleinen Begebenheit deutlich wird. So wurde mir einmal, als ich mit einer Koordinatorin von Schuldnerberatung, die immerhin zuständig war für eine ganze Reihe von Beratungsstellen, sprach, mitgeteilt, dass die Sorgen von StraßensozialarbeiterInnen kein Thema für Schuldnerberatung sei. Einmal, weil Jugendliche sich nicht verschulden können, und insoweit, als dass Beratungsnachfragen von bereits Volljährigen – und damit Verschuldensfähigen – an StraßensozialarbeiterInnen gestellt würden, könnten diese ja auf die vorhandenen Schuldnerberatungsstellen verweisen. Allerdings musste sie einräumen, dass hier die Wartezeiten[2] im Moment bei etwas oberhalb von drei Monaten lägen.

Missverständnis Nummer eins: Streetwork oder auch Mobile Jugendarbeit (in Hamburg: Straßensozialarbeit) hat es überwiegend mit Jugendlichen zu tun, die noch nicht geschäftsfähig, also unter 18 Jahre alt sind. Allemal orientieren sich Mobile Jugendarbeit wie auch Straßensozialarbeit am KJHG, heute SGB VIII, und das geht aus von einem erweiterten Begriff des Jugendlichen und nimmt als Altersgrenze 27 Jahre, was diese (beiden?) Arbeitszweige sehr ernst nehmen. Und Streetwork beschäftigt sich mit allen Zielgruppen »auf der Straße«, seien es Straßenkinder, seien es Menschen (jeden Alters) ohne Wohnung, seien es männliche oder weibliche Prostituierte, deren Aufenthalt auf der Straße wegen ihres Einkommens wichtig ist, seien es Jugendliche oder Erwachsene, die auf der Straße sind, weil sie dort ihre Händler für illegale Drogen treffen.

---

[1] Vgl. Literaturliste am Schluss.
[2] Das war im Jahr 2001, zwischenzeitlich waren sie sogar noch länger.

Zweites Missverständnis: Jugendliche können keine Schulden machen. Natürlich können Jugendliche keinen Kredit aufnehmen. Auch nicht mit Einverständnis ihrer Eltern. Hier müsste das Vormundschaftsgericht gefragt werden und das wird »nein« sagen. Aber Jugendliche, und besonders die Jugendlichen, die zur Zielgruppe von Mobiler Jugendarbeit oder Straßensozialarbeit gehören, haben sog. Privatschulden. Sei es, dass Oma, Opa, Vater, Mutter, Geschwister, andere Verwandte, Freunde oder Freundinnen ihnen Geld geliehen haben oder dass sie Dienstleistungen in Anspruch genommen haben, dass ihnen Freunde oder Freundinnen oder auch angebliche Kumpel etwas verkauft haben, dessen Bezahlung sie gestundet haben. Solche Schulden können unter Umständen teuer werden, aber andererseits wird über solche Schulden wenig gesprochen, weil sie oft in der Grauzone der Illegalität entstanden sind. Ein weiterer Verschuldensbereich gerade für die jugendlichen Zielgruppen des Streetwork ist ein sehr offizieller: Es sind Geldzahlungen zu leisten für Auflagen, Bußen oder Strafen, die Staatsanwaltschaften, Ordnungswidrigkeiten verfolgende Behörden oder Gerichte verhängt haben. Und: sehr viele Jugendliche (auch Erwachsene!) haben Schulden bei Verkehrsbetrieben, weil sie ohne gültige Fahrausweise angetroffen wurden. Das kostet jedes Mal 30 €, wozu sich Eintreibungsgebühren addieren.[3] Erst danach kommen Handy-Schulden, allerdings hier bei den Volljährigen.

Das dritte Missverständnis: Dem Klientel, egal ob jugendlich oder nicht, stünde die Schuldner- und Insolvenzberatung offen. Natürlich steht an deren Tür kein Schild: Für vom Streetwork Geschickte kein Zutritt. Aber Schuldner- und Insolvenzberatung (erst recht) ist ein beträchtlich hochschwelliges Angebot. Den Ratsuchenden wird einiges an Kooperationsleistungen abverlangt. Einmal lässt sich dies in einem längeren Beratungsprozess, der bis zu einer endgültigen Regulierung fortschreitet, schon von der Sache her nicht vermeiden. Notwendig sind: Einhaltung von Terminen, gute Disziplin im (Geld-)Ausgabeverhalten, sorgfältiges Sammeln jeder zur Verschuldungssituation gehörenden Korrespondenz, regelmäßige Einnahmen, am besten oberhalb

---

[3] Es sei verwiesen auf eine Untersuchung über die Verschuldung der Klientels von Hamburger StraßensozialarbeiterInnen, kurz vorgestellt im BAG-info Nr. 2/2001

der Pfändungsgrenzen durch Berufstätigkeit – alles Anforderungen, die für die beim Streetwork Ratsuchende schier unerfüllbar sind. Wohlgemerkt: Diese Anforderungen sind i.d.R. sachlich unvermeidbar, persönlich sinnvoll und nur selten im Unverständnis der KollegInnen der Schuldnerberatung liegend.

Das Angebot von Schuldnerberatung wird Schätzungen zufolge von etwa 10% der Überschuldeten genutzt – was schon eine beträchtliche Selektion darstellt. Von allen sog. Fällen (aus den 10% der Überschuldeten, die überhaupt kommen), die Schuldnerberatung bearbeitet, sind etwas über die Hälfte »Kurzberatungen«. Damit sind die Beratungen gemeint, die zwischen einem und drei Terminen dauern. Meines Wissens ist nie untersucht worden, warum die Kontakte zwischen Schuldnerberatung und Überschuldeten nach ein bis drei Kontakten abreißen. Weil die Fragen an Schuldnerberatung geklärt sind? Weil sich der/die Überschuldete jetzt alleine helfen kann? Wohl kaum. Natürlich kommt auch das vor. Die Regel hingegen dürfte sein, dass der/die Überschuldete sich an die Anforderungen der Schuldnerberatung nicht anpassen kann oder will.

Der Bedarf an Beratung bei Schulden in Streetwork/Mobile Jugendarbeit ist hoch. Bei einer Tagung mit fast allen Hamburger Straßensozialarbeitern gab es keinen Kollegen, keine Kollegin, die nicht schon Nachfragen zur Schuldnerberatung ausgesetzt war. Und auch im Rücklauf zu der bereits zitierten Untersuchung gab es nur eine Rückmeldung »noch keine Nachfragen zu Schulden« mit dem Zusatz: Bin erst seit kurzem auf der Stelle. Aus den Daten der Schuldnerberatung lassen sich nur indirekte Rückschlüsse zum Bedarf ziehen. Die aber sind relativ eindeutig. So schreibt der Jahresbericht der Schuldnerberatung aus Mecklenburg-Vorpommern, dass der Anteil der 18- bis 27-Jährigen 34% aller Neufälle ausmacht. Von diesen sind 18% in Ausbildung oder Arbeit, 43% beziehen Lohnersatzleistungen, 39% leben von Sozialhilfe. Also so weit weg von den Situationen der Zielgruppen von Streetwork dürften diese Kennzahlen nicht liegen.

Besondere Kenntnisse der Schuldnerberatung müssen KollegInnen aus Streetwork/Mobile Jugendarbeit in den folgenden Bereichen ha-

ben. Zuerst: Welche Beratungsspielräume bei Schulden habe ich als Streetworker, ohne mit dem Rechtsberatungsgesetz in Konflikt zu kommen? Danach, etwa in dieser Reihenfolge:
1. Existenzsichernde Maßnahmen, also, welche Hilfen können zur Sicherung des Lebensunterhaltes des Ratsuchenden in Betracht kommen und wie kommt der Ratsuchende daran: Das können sein, Sozialhilfe, Wohngeld, Arbeitslosengeld oder -hilfe, Unterhalt und Unterhaltsvorschuss, Ausbildungsförderung, Erziehungsgeld, um die wesentlichen zu nennen.
2. Wohnungs- und energiesichernde Maßnahmen, also, wie sichere ich den weiteren Verbleib in einer (Miet-)Wohnung mit Licht, Heizung und Kochmöglichkeit (= Energie) oder finde eine Unterkunft für wohnungslose Hilfenachfragende.
3. Welche Möglichkeiten des Kontoerhaltes bzw. der Kontoerlangung gibt es? Was tun, wenn das angefragte Kreditinstitut meinen »Kunden« nicht als seinen haben will?
4. Wie verhelfe ich – und das ist bei den Kontakten auf der Straße und bei Beratungsgesprächen, die eher an Tür- und Angel-Situationen erinnern, besonders schwierig – meinem Gesprächsgegenüber zu einer Einsicht in die Notwendigkeit, einen Überblick über seine finanzielle Situation zu erhalten und weiter, wie verhelfe ich ihm zu diesem Überblick?
5. Welche Schulden sind »gefährlich«, führen bei Nichtbegleichung zu Strafen oder gar Haft? Wie kann es gelingen, dass Geldauflagen, Geldbußen oder -strafen in gemeinnützige Arbeit umgewandelt werden?
6. Was muss Streetwork beachten bei der Sicherung von Klientengeldern auf einem Treuhandkonto, auf das der Ratsuchende (hoffentlich) einzahlt, die nur zur Tilgung/Regulierung von Schulden verwendet werden. Wie kann es überhaupt zu Einzahlungen kommen? Solche Möglichkeiten sind wichtig für die Regulierung der Privatschulden, aber auch für weitere und andere Schulden.
7. Viele »unserer« jugendlichen Kunden haben Schulden beim Arbeitsamt, weil sie Maßnahmen abgebrochen haben. Das Arbeitsamt als öffentlicher Gläubiger ist nicht gebunden an die Regeln wirtschaftlicher Vernunft, sondern an die Abgabeordnung oder die Bundeshaushaltsordnung. Die Verhandlungsmöglichkeiten sind

Ratenvereinbarung, Stundung, Niederschlagung und Erlass. Wie kann ich die mit dem Arbeitsamt verhandeln?
8. Wie verhandele ich mit Verkehrsbetrieben, bzw. wie lese ich Schreiben eines Inkassobüros, welches Forderungen von Verkehrsbetrieben beitreiben will? Welche Forderungen (Gebühren o.ä.) sind gerechtfertigt, welche nicht? Wie verjähren diese Forderungen und wie erlange ich die Verjährung?
9. Ganz wichtig im Streetwork: Wenn ein Mitarbeiter, eine Mitarbeiterin diese Kenntnisse alle zur Anwendung bringt, wird das Angebot schon recht hochschwellig. Streetwork ist sich (hoffentlich) stets darüber im Klaren, dass die Höhe der Schwelle immer vom Kontaktpartner bestimmt wird. Wenn z. B. der Jugendliche sagt: Die Schulden beim Arbeitsamt sind mir egal. Sollen die doch hinter mir herlaufen, die bekommen doch nichts, so hat Streetwork das zu akzeptieren. Allerdings nicht ohne die Mitteilung, welche Folgen diese Einstellung zeitigen wird. Akzeptanz heißt hier: Alles unterhalb dieser Schwelle, also z. B. die Privatschulden oder die Geldauflage, das regelt Streetwork, mit oder ohne den Jugendlichen – wenn er dieses möchte!

Für alle weiteren schuldnerberatungsspezifischen Anfragen aus Kreisen des Streetwork bzw. der Mobilen Jugendarbeit möchte ich auf die fünfwöchigen Fortbildungsseminare hinweisen, die z. B. von der Diakonie oder auch dem Burckhardthaus regelmäßig angeboten werden.

Literaturliste für StreetworkerInnen zu Fragen der Schuldnerberatung

Bücher:
Münder u.a.: Schuldnerberatung in der sozialen Arbeit, Votum Verlag, 4. Aufl. 1999, neu?
Schuldnerberatung in der Drogenhilfe (Loseblattsammlung mit Ergänzungen), Hg.: Stiftung Integrationshilfe, Luchterhand Verlag 1994 ff – jetzt ganz neu inkl. InsO
Winter, Müller (Hg.), Überschuldung – was tun? Ratgeber zum Verbraucherkonkurs, Bund Verlag 1998
Albrecht Brühl, Thomas Zipf: Guter Rat bei Schulden – Information für Betroffene und Schuldnerberater, DTV 2000

Materialien der Bundesministerien:
Was mache ich mit meinen Schulden? Informationsbroschüre mit bundesweitem Adressenverzeichnis von Beratungsangeboten, erscheint jährlich neu beim »Bergmann« Ministerium, Familie, Senioren, Frauen und Jugend
Broschüre: Restschuldbefreiung – eine Chance für den redlichen Schuldner, BM für Justiz

Zeitungen/Infodienste
BAG – SB Informationen (Fachzeitschrift für Schuldnerberatung), Hg.: BAG – Schuldnerberatung e.V., Wilhelmsstraße 11, 34117 Kassel, Tel.: 0561-77 10 93
Infodienst Schuldnerberatung, Hg.: Zentrale Schuldnerberatung Stuttgart, Esslinger Str. 8, 70128 Stuttgart
LAG-Infodienst, Hg.: LAG Schuldnerberatung Hessen e.V., c/o Haftentlassenenhilfe e.V., Wiesenstr. 32a, 60258 Frankfurt
Bei Interesse an einer dieser Schriften: Probeexemplare anfordern.

Gesetze:
Das Lehrbuch zum neuen Schuldrecht, Lorenz/Riem, 18 €
Rechtswörterbuch, Creifels im Beck Verlag, 41 €

Alte Schachteln, Alte Knacker:
Älter werden im Arbeitsfeld Streetwork/Mobile Jugendarbeit

Ernst Botzenhardt

Struktur der Arbeitsgruppe
- Berufsbiographie – wie wurde ich, was ich bin?
- Welche Veränderungen gab es
  - bei den Arbeitsbedingungen;
  - im Sozialraum;
  - bei den Adressaten;
  - gesellschaftlich?
- Welche Veränderungen gab es
  - in der Haltung;
  - bei den Grenzen;
  - in der Methodik;
  - bei den Zielen?

Was waren die schwersten Hürden und Erlebnisse in eurer Streetworkkarriere?
- Desillusionierung, oder: Streetwork zwischen Gelassenheit und Burn-out. Wenn man sehr lange Streetwork betreibt, vieles mitgemacht und sich besondere Fähigkeiten und Fertigkeiten angeeignet hat, ist die professionelle Haltung eine andere.
- Profilierung: Was ist möglich durch diese Haltung und was nicht? Was macht Spaß ? Wo sind die Grenzen
  a) psychisch: ich will und kann nicht mehr ...;
  b) körperlich: das schaffe ich nicht mehr ...;
  c) persönlich: da mache ich mich lächerlich ...?

Welcher Bedarf an veränderten Arbeitsbedingungen und Fortbildung ist vorhanden?
- Burn-out-/Wear-out-Prophylaxe:
  Die eigene Person; das Team; die Adressatinnen und Adressaten; Mythen; Institution; Politik (nach GEHRING/KÖRKEL Göttingen; Hogrefe, 1995)
- Komponenten

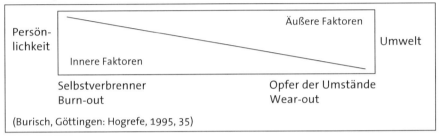

- Zukunftsperspektiven – Streetwork als anarchistischer Freiraum:
  – wozu sind wir noch zu gebrauchen;
  – welche Alternativen und Träume gibt es;
  – welche Risiken gibt es?

Ergebnisse der Arbeitsgruppe

Da die Arbeitsgruppe sehr klein war, stellte sich die Frage, warum sich nur so wenige TeilnehmerInnen des Streetworktreffens dafür interessierten.
Die vermuteten Gründe waren
- falscher Zeitpunkt der Gruppe;
- ältere Streetworker benötigen längere Erholungsphasen;
- absolute Priorität des informellen Austauschs;
- Scheu, sich mit Dingen und Problemen, die persönlich betreffen, auseinander zu setzen;
- in der Folge ein Verlust der Streitkultur und zunehmende Wurstigkeit.

Der Einstieg geschieht mit viel Elan und Lust auf Neues. Bei Fortbildungen wird wie ein Schwamm alles erreichbare Wissen aufgesaugt. Streetwork/Mobile Jugendarbeit wird in der Regel by doing erlernt. Wenn die Inhalte der verschiedenen Arbeitsgruppen im Laufe der

Jahre durchgekaut sind, wird der Streetworker zum Inputgeber, zum Anbieter von Arbeitsgruppen. Der Rest gibt sich mit dem informellen Teil der Tagungen zufrieden. Nach diesem Muster sind unsere Fortbildungssysteme aufgebaut.

Beim Vergleich von Standards und der Wirklichkeit in vielen Projekten setzt Desillusionierung ein. Die Bezahlung, die Streetworkern zustehen sollte, erhalten die wenigsten Kolleginnen und Kollegen; vielerorts gibt es keinen Bewährungsaufstieg. Trotz des breitfächrig angeeigneten Wissens und Könnens ist die fachliche Anerkennung gering und von dauerndem Legitimationsdruck begleitet. Streetwork/ Mobile Jugendarbeit stößt an seine Grenzen, die Folge ist Pragmatismus im Denken und Handeln. Dies kann auch zu endlosen Kämpfen und wear-out an den institutionellen Grenzen und Widersprüchen von Streetwork/Mobile Jugendarbeit führen.

Auch auf der persönlichen Ebene werden an und für sich veränderbare Grenzen als feststehend akzeptiert und Möglichkeiten, Wirksamkeit und Visionen des eigenen Handelns eingeengt. Es wird weiter im Streetwork gearbeitet, ohne es zu wollen. Dies kann zu Fatalismus und Burn-out führen.
Ein weiteres Ergebnis dieser Entwicklung ist die Flucht in die Nische die Spaß macht. Dies kann etwa Projektarbeit, Rückzug in Institutionen oder Gremien sein. Auf jeden Fall machen Streetworker Urlaub von der Straße. Um die alten Knacker und alten Schachteln wieder zu motivieren, ist eine neue Profilierung notwendig. Es bedarf der nötigen Auseinandersetzung mit den Fragen:
– Was wollten wir damals?
– Was haben wir erreicht?
– Was wollen wir noch?

Welche Möglichkeiten gibt es, das Flucht-Dilemma zu vermeiden?

In Bezug auf die Standards der BAG und der LAGen müssen Fragen beantwortet werden:
– Findet die Anmahnung von notwendigen Maßnahmen wie der Transfer unserer Standards von den LAGen und der BAG zu den Trägern und damit auch zu neuen Projekten statt?

- Was ist aus der Hoffnung auf ein fachspezifisches Gewissens geworden, das die Standards einfordert?
- Wo positionieren wir uns, auch in einem von Neoliberalismus und Sozialabbau bestimmten Klima?
- Nimmt man uns wahr?
- Gibt es einen Bedeutungsverlust von Streetwork/Mobile Jugendarbeit durch Änderung des öffentlichen Fokus von Problemgruppen zu Bildung?

In Bezug auf die Karriereplanung muss perspektivisch gedacht werden: Es bedarf klarer Absprachen mit dem Träger des Streetworkprojektes über die Dauer der Beschäftigung, über mögliche Unterbrechungen (Sabbatjahr) und über Möglichkeiten eines Bewährungsaufstiegs. Es kann eine Profilierung aus dem Streetwork heraus in andere Arbeitsfelder wie Schuldnerberatung oder Drogenberatung, die vorher schon Teil der Aufgaben auf der Straße waren, stattfinden. Weitere Möglichkeiten wären durch Projektarbeit, Mentoring, Fort- und Weiterbildung von Kolleginnen und Kollegen aus dem Arbeitsfeld Streetwork/Mobile Jugendarbeit, das Schreiben von Büchern, empirische Forschung, durch die Wahrnehmung von Lehraufträgen an Fachhochschulen an der Schaffung eines eigenen Berufsbildes Streetwork/Mobile Jugendarbeit mitzuwirken.

In Bezug auf die Streetworktreffen und Fortbildungssysteme muss überlegt werden: Da die Fachthemen wenig Neues bringen, müssen Streetworker wieder stärker klare fachpolitische und politische Standpunkte erarbeiten. Es ist hierfür eine andere Struktur der Treffen mit Plenumsdiskussionen und mehr Austausch unter den Gruppen notwendig. Dadurch wird die Arbeit wieder spannender und unser Profil klarer. Die Dauer und der Preis der Veranstaltung müssen erneut diskutiert werden.

Literatur

Gehring, Ulli/Körkel, Joachim, in: Missel, Peter/Braukmann, Walter (Hg.): Burnout in der Suchttherapie, Göttingen 1995 (Hogrefe)
Burisch, Mattias, ebenda

Sicherheit und Sauberkeit –
Die Vertreibung aus dem (Einkaufs-)Paradies

Uwe Buchholz/Uli Vollmer

Aufsuchende Sozialarbeit in den Innenstädten hat sich vielerorts verändert. Plätze sind leer, die City ist sauber. Die Klientel von Streetwork/Mobile Jugendarbeit ist auf der Flucht oder einfach verschwunden. Waren vor einigen Jahren noch Wanderungsbewegungen von Szenen, Cliquen und Gruppen aus den Randgebieten in die City zu erkennen, ist heute oft das Gegenteil feststellbar. Vorbei sind die Zeiten, in denen es in der City noch eine offene Drogenszene gab, Punks den Bahnhof belagerten und die Stadtteilcliquen sich um die Vorherrschaft in der Innenstadt prügelten. In der City ergeben sich daraus obskure Begegnungen von Ordnungskräften und Sozialarbeit, beide auf der Suche nach ihrer Klientel. Streetwork – quo vadis??

In diesem Bericht werden wahlweise die Begriffe »Klientel«, »Zielgruppen«, »Randgruppen«, »Adressatinnen und Adressaten« und »Minderheiten« verwendet. Hierbei handelt es sich um Menschen, deren überwiegender Sozialisationsraum dauerhaft oder vorübergehend der Lebensraum Straße ist. In der Arbeitsgruppe wurde das Projekt Kommunale Kriminalprävention in Baden-Württemberg und die Folgen für die aufsuchende Sozialarbeit in den jeweiligen Städten anhand von Beispielen aus Reutlingen und Karlsruhe vorgestellt. In einer anschließenden Runde berichteten die Teilnehmer und Teilnehmerinnen jeweils von ihren Erfahrungen bezüglich der Veränderungen ihrer Arbeit vor Ort und in den jeweiligen Städten. Da in früheren Fachveranstaltungen schon oft über Sinn und Unsinn ordnungspolitischer Maßnahmen und über mögliche Gegenstrategien diskutiert wurde, beschäftigte sich die Arbeitsgruppe hauptsächlich mit den resultierenden Folgen für Streetwork und Mobile Jugendarbeit.

Die Teilnehmerinnen und Teilnehmer der Arbeitsgruppe kamen aus verschiedenen Bundesländern. Die meisten arbeiten jedoch im Süden Deutschlands. Aus den neuen Bundesländern war kein Kollege/keine Kollegin vertreten. In der Arbeitsgruppe fanden sich hauptsächlich Kollegen und Kolleginnen zusammen, die auch mit dem Thema Ordnungspolitik in ihrer täglichen Arbeit konfrontiert sind. Übereinstimmend wurde berichtet über:
- Vertreibungstendenzen gegenüber »Randgruppen«,
- die Einrichtung von Präventionsräten,
- die Privatisierung des öffentlichen Raums
- und verstärktes Auftreten von privaten Sicherheitsunternehmen.

Die Veränderungen in der täglichen Arbeit lassen sich folgendermaßen unterscheiden:

Administrative Veränderungen

Landesweite Projekte für Ordnung und Sicherheit, Empfehlungen an Stadtverwaltungen

Vor allem in Süddeutschland sind schon seit Mitte der neunziger Jahre so genannte Projekte kommunaler Kriminalprävention initiiert worden. In einer Broschüre des Landeskriminalamtes Baden-Württemberg mit dem Titel »Kommunale Kriminalprävention, Projekte« wurde im Erfahrungsbericht Folgendes festgestellt: »Aus den Erfahrungen der Polizeidienststellen wird deutlich, dass allgemein erkannt wurde, dass die Ursachen für fortschreitende Kriminalität und Gewalt nur durch vernetzte Aktivitäten aller gesellschaftlicher Kräfte bekämpft werden können. Dies führt auch dazu, dass die Bereitschaft, die Prävention vor Ort gemeinsam anzugehen, zugenommen hat.

Ziel aller kommunalpräventiven Maßnahmen ist, neben einer Verbesserung der Beziehungen zwischen Bürgern und Polizei, die objektive Sicherheitslage und das subjektive Sicherheitsgefühl zu verbessern sowie die Verbrechensfurcht zu verringern.«[1] Ebenfalls ist in dieser Broschüre die Aufgabe der Polizei bei der Kommunalen Kriminalprävention beschrieben: »Die Polizei übernimmt (...) die Aufgabe,

---

[1] Landeskriminalamt Baden-Württemberg, im Auftrag des Innenministeriums Baden-Württemberg (Hg.): Kommunale Kriminalprävention, Projekte; Stuttgart 1998; 9

- die polizeiliche Kriminalstatistik (PKS) und Sonderauswertungen zu interpretieren,
- Lagebilder zu erstellen,
- Erkenntnisse und Erfahrungen aufzubereiten sowie
- an Aktionen, Bürgerveranstaltungen und Sprechstunden zum Thema Sicherheit teilzunehmen«[2]

Für Streetwork/Mobile Jugendarbeit bedeutet dies eine erhöhte Polizeipräsenz auf der Straße und eine genauere Beobachtung ihrer Klientel. Selbst bei einer peinlich genauen Dokumentation der Streetworktätigkeit stellt sich heraus, dass aufgrund der erhöhten Präsenz und auch durch das Erstellen der Lagebilder die Polizei über wesentlich mehr Daten verfügt als die Mitarbeiterinnen und Mitarbeiter der Streetworkprojekte. Abgesehen davon sind die unterschiedlichen Berufsfelder und Profile von Polizei und Sozialarbeit nicht vergleichbar und deshalb auch nicht kompatibel.

Installation von so genannten Sicherheits- und Präventionsräten

Um möglichst konkrete Maßnahmen einleiten zu können, ist es nötig, Arbeitsgruppen zum Thema Sicherheit zu bilden. Die Zusammensetzung dieser Arbeitsgruppen ist je nach Kommune verschieden. Unter dem Oberbegriff »Planung und Durchführung« sind in der Broschüre »Kommunale Kriminalprävention« des Landeskriminalamtes Baden-Württemberg folgende »mögliche Beteiligte« aufgeführt: Verwaltung, Gerichte, Staatsanwaltschaft, Polizei, Kirchen, Vereine, Kulturgemeinschaften, Frauenverbände, Frauengruppen, Wohlfahrtsverbände, bestehende Präventionsinitiativen, Handel und Gewerbe, Medien, Wissenschaft und weitere Stellen.[3]
Unter den Mitarbeiterinnen und Mitarbeitern der aufsuchenden Sozialarbeit gibt es unterschiedliche Erfahrungen mit Sicherheits- und Präventionsräten und auch unterschiedliche Einschätzungen, ob die Teilnahme an diesen Gremien für die Arbeit von Nutzen sei oder nicht. Es steht jedoch fest, dass auch hier das Profil von Sozialarbeit

---
[2] ebd.; 10
[3] Landeskriminalamt Baden-Württemberg, im Auftrag des Innenministeriums Baden-Württemberg (Hg.): Kommunale Kriminalprävention; Stuttgart 1996; 45-48

zu dem der Vertreterinnen und Vertreter der Ordnungspolitik im Widerspruch steht.

Bevölkerungsumfragen zum Thema Sicherheit und Sauberkeit (subjektives Sicherheitsempfinden)

Die Bevölkerungsumfragen werden in der Regel unter den Bürgern der Kommune durchgeführt. Dabei geht es darum, das Sicherheitsgefühl der Bevölkerung zu erfragen. Oft stehen die Ergebnisse dieser Umfragen im Widerspruch zu den statistisch erhobenen Daten, da nach dem »subjektiven Sicherheitsempfinden« gefragt wird. Für bestimmte Personengruppen oder auch Bewohner eines Stadtteils stellt allein die Anwesenheit einer Zielgruppe von Streetwork beziehungsweise Mobiler Jugendarbeit schon eine Bedrohung dar. Dies hat zur Folge, dass in diesem Stadtteil die Umfrage entsprechend ausfällt, was wiederum dazu führt, dass dort mit erhöhter Polizeipräsenz reagiert wird.

Veränderung und Ergänzung von kommunalen Verordnungen

Um die Probleme vor Ort auch entsprechend beheben zu können, wurden in vielen Städten die Polizeiverordnungen neu überarbeitet. 1974 hatte der Bundesgesetzgeber die Begriffe »Betteln« und »Landstreicherei« aus den Bundesgesetzen gestrichen. Heute werden diese Begriffe häufig durch »aggressives Betteln« und »Nächtigen« im Kommunalrecht ersetzt. Bei Bedarf werden die Verordnungen als Scheuermittel für eine »saubere Stadt« benutzt. Je nach Kommune und den örtlichen Gegebenheiten werden die betreffenden Personengruppen genauer beschrieben, der Konsum von Alkohol auf öffentlichen Plätzen beziehungsweise außerhalb von behördlich genehmigten Schankflächen verboten und die Benutzung öffentlicher Einrichtungen und Gegenstände genauer festgelegt.

Sichtbare Veränderungen des öffentlichen Raums

Präsenz, Kontrolle und Vertreibung

Trotz Personalnot und Überlastung wurde die Präsenz der Polizei in den Innenstädten verstärkt. Durch Umstrukturierungen ist der Einsatz von so genannten Kontaktbeamten und Fußstreifen erhöht worden. Polizeibeamte und Mitarbeiter der Ordnungsbehörden gehen gemeinsam auf Streife. Auf Bahnhöfen und in Zügen arbeiten Polizei, Bundesgrenzschutz und Sicherheitsdienste Hand in Hand. Neben den genannten Ordnungshütern steigt der Einsatz privater Sicherheitskräfte deutlich. Gerade in den Innenstädten hat sich der Einzelhandel mit uniformierten »schwarzen Sheriffs« verstärkt. Welche Sicherheitskräfte an welcher Stelle, auf welcher Rechtsgrundlage und für welchen Arbeitgeber den Aufenthalt im öffentlichen Raum reglementieren, ist für den Bürger völlig undurchschaubar.

Besonders bei so genannten Berber-, Punk-, Junkie- und diversen Jugendszenen werden systematisch tägliche polizeiliche Personalkontrollen durchgeführt, obwohl die Personen der Polizei namentlich bekannt sind und es keinerlei sichtbare Gründe für diese Maßnahmen gibt. »Randgruppen«, die sich über längere Zeit an einem Platz aufhalten, verschwinden über Nacht und sind dann an einer benachbarten Ecke wieder anzutreffen. Mittels Platzverboten bis hin zu Innenstadtverboten werden die Menschen vertrieben, ohne dass ihnen als Gruppe ein unmittelbares ordnungsrechtliches Vergehen vorgeworfen wird.

Innenstädte sauber und blank

Während alles getan wird, um dem kaufkräftigen Bürger das Verweilen in der Innenstadt so angenehm wie möglich zu gestalten, wird dem Nichtkonsumenten der Aufenthalt auf diesen Konsummeilen erschwert. Parkbänke und jegliche Sitzmöglichkeiten außerhalb von Geschäften und zugelassenen Freiausschankflächen werden abgebaut. Sitzplätze werden, wenn überhaupt, nur noch in Form von Einzelsitzplätzen in Schalenform aufgebaut, damit sich niemand der Länge nach hinlegen kann.

Uneinsehbare Nischen, häufig bevorzugter Aufenthaltsort von Jugendlichen und Szenen, werden ausgeleuchtet beziehungsweise leicht einsehbar gestaltet. Vielerorts werden Hinweisschilder an Plätzen und Bahnhöfen angebracht, die das Verweilen ohne Legitimation (beispielsweise Fahrschein oder Konsum) verbieten. Orte, an denen ein erhöhtes Kriminalitätsaufkommen vermutet wird, werden mit Videokameras überwacht.

Verhaltensänderungen bei »Randgruppen«

Aufgrund der beschriebenen Maßnahmen zur Vertreibung von »Randgruppen« aus den Innenstädten haben die Betroffenen zwangsläufig ihr Verhalten im öffentlichen Raum verändert. Besonders deutlich ist die Verhaltensänderung bei vertriebenen Drogenszenen wahrzunehmen. Vor den Vertreibungsmaßnahmen der Polizei war die offene Drogenszene Dreh- und Angelpunkt für die Drogenkonsumenten und für die Dealer. Die Szeneplätze wurden zur Drogenbeschaffung, zum Drogenverkauf, für den Konsum von Drogen und als informeller Treffpunkt genutzt. In Städten mit erfolgreicher Vertreibung ist die Drogenszene gänzlich verschwunden. Kauf und Verkauf sowie Einnahme und Rausch finden fast nur noch im privaten Raum statt. »Randgruppen« wie Punks und Berber sind durch die Vertreibungsstrategien häufig so zermürbt worden, dass sie ihren Wohnort verlassen und ihr Glück in liberaleren Städten suchen.

Weiterhin ist zu beobachten, dass die typische Klientel von Streetwork, insbesondere Jugendliche, immer weniger Interesse an konsumorientierten Innenstädten hat, um dort ihre Freizeit zu verbringen. Kinos, Discotheken und Szenekneipen verschwinden mehr und mehr aus der City. Sterile Plätze laden kaum zum längeren Verweilen ein. Man könnte es als neuen Zeitgeist der Jugend bezeichnen, dass junge Menschen ihre Freizeitaktivitäten lieber mobil gestalten oder aber gerne ihre Zeit zu Hause verbringen, da in innerstädtischen Planungen die Interessen von Jugendlichen kaum berücksichtigt werden.

Verlauf der Arbeitsgruppe

Thesen als Input für die Diskussion:
- Streetwork und Sozialarbeit allgemein haben ihr Klientel vor den Prozessen ordnungspolitischer Vertreibungstaktiken nicht schützen können.
- In Städten, in denen die Sicherheits- und Sauberkeitskonzepte er-

folgreich durchgesetzt wurden, ist Streetwork als Methode in Frage gestellt.
– Wenn Streetwork in den beschriebenen Innenstädten erfolgreich weiterarbeiten will, muss es sich konzeptionell verändern.
– Der urbane Raum gehört den Reichen und Starken.

Aufgrund der Thesen und der Situationsbeschreibungen ergaben sich folgende Fragestellungen:

Hat die Sozialarbeit versagt?

Es ist nicht von der Hand zu weisen, dass sich die Sicherheits- und Sauberkeitskonzepte in vielen Städten erfolgreich durchgesetzt haben. Was gerade von Streetworkern als Missstand bezeichnet wird, empfindet der Großteil der Bevölkerung als Fortschritt für sein subjektives Sicherheitsgefühl. Der Sozialarbeit ist es nicht gelungen, für die vertriebenen »Randgruppen« eine Lobby aufzubauen, geschweige denn sich auf politischer Ebene durchzusetzen. Ebenso wie es der Klientel an einer Interessenvertretung fehlt, scheint auch die Sozialarbeit kein politisches Durchsetzungsvermögen zu besitzen.

In der Arbeitsgruppe wurde mehrfach der Wunsch geäußert, dass sich die BAG Streetwork/Mobile Jugendarbeit auf Bundesebene gegen die Missstände einsetzt. Zudem wurde bemängelt, dass ein durchsetzungsfähiger Berufsverband für Sozialarbeit fehlt. Auch wurde darauf hingewiesen, dass es in der heutigen Zeit keine politische Partei gibt, die sich für die Anliegen unserer Zielgruppen einsetzt.

Im Gegensatz zu Rundumschlägen ordnungspolitischer Maßnahmen ist vielleicht gerade die Sozialarbeit in der Lage, kleinräumig und gemeinwesenorientiert alle relevanten Gruppen wie Behörden, freie Träger der Sozialarbeit, Kirchen, Schulen, Verbände, Parteien, Anwohner, Einzelhandel, Interessenvertreter der betroffenen Personengruppen und andere an einen Tisch zu bekommen, um gemeinsam sicherheits- und sozialverträgliche Lösungen zu entwickeln. Da Streetworker die Experten auf der Straße sind, sollte die zukünftige Aufgabe der Straßensozialarbeit die Integration der Betroffenen und ein differenziertes Konfliktmanagement sein, um Polarisierung, Ausgrenzung und Machtinterventionen zu verhindern.

Macht Streetwork in der Innenstadt noch Sinn?

In den letzten Jahren hat sich gezeigt, dass die Vertreibung von »Randgruppen« besonders in den Innenstädten, in Fußgängerzonen, auf Plätzen und vor und in Bahnhöfen durchgeführt wird. Dies ist in den meisten Fällen auch das Einsatzgebiet von Streetworkern. Gerade in den Städten, in denen die Vertreibung bereits erfolgreich durchgesetzt wurde, stellt sich die Frage, inwieweit die aufsuchende Arbeit erfolgreich fortgeführt werden kann.

Hält Streetwork in der Innenstadt nach erfolgreicher Vertreibung weiterhin an seinen Zielgruppen wie Punks, Berber, Drogenkonsumenten und anderen fest, ist aufsuchende Arbeit in der City auf die Dauer sinnlos. Dieser Feststellung folgend liegt die Möglichkeit nahe, die Zielgruppe zu ändern, das heißt in Zukunft werden konsumorientierte Jugendliche beim Einkauf in der Fußgängerzone beraten, Finanzierungsmöglichkeiten erörtert und die ersten Termine bei der Schuldenberatung vereinbart. Auf der Suche nach neuem Klientel werden so von Streetworkern bei ganz anderen als in den Standards beschriebenen Personengruppen Eigenschaften vermutet, die sie dann zur Zielgruppe mutieren lässt.

Ist die Polizei für unsere Klientel zuständig?

Städte, die mittels diverser Vertreibungsstrategien unerwünschte Personen aus der City jagen wollen, setzen sicherlich auf den Erfolg polizeilicher Maßnahmen. Verdrängungskonzepte erzeugen meist jedoch lediglich Scheinlösungen und stellen allenfalls das Behandeln von Symptomen dar. Hier ist zu befürchten, dass Streetwork, wenn überhaupt, nur noch in der Funktion der sozialen Feuerwehr eingesetzt wird. Die Zuständigkeit sollte jedoch nicht kampflos der Polizei und den Ordnungsbehörden überlassen werden. Nach einer intensiven Analyse der Sicherheits- und Ordnungslage können Vereinbarungen getroffen werden, die auch »Randgruppen« einen Aufenthalt im öffentlichen Raum ohne Repressalien ermöglichen. Dabei besteht die Gefahr, dass aus Kommunikation eine Kollaboration werden kann. In diesen Vereinbarungen dürfen zum einen die Polizei ihr strafprozessrechtliches Legalitätsprinzip nicht verleugnen, zum anderen Streetworker ihre Anwaltsrolle für ihre Klientel nicht vergessen.

Muss sich Streetwork verändern?

Im Verlauf der Diskussion wurde deutlich, dass in Städten erfolgreicher Vertreibung von »Randgruppen« die Straßensozialarbeit ihre Schwerpunkte verändern sollte und neue Wege beim Kontaktaufbau und bei der Kontaktpflege einschlagen muss.

Da sich in der Regel viele Einrichtungen der Sozialarbeit (Kontaktläden, Anlaufstellen und anderes) in der Innenstadt befinden, werden diese, oft auf Grund der Vertreibung, von der Klientel verstärkt genutzt. Das könnte für die aufsuchende Arbeit bedeuten, dass Streetworker auch verstärkt diese Einrichtungen aufsuchen. Daraus ergäbe sich auch eine intensivere Zusammenarbeit mit den Einrichtungen. Sollten Einrichtungen für eine in der Stadt präsente Gruppe fehlen, ist es auch die Aufgabe von Straßensozialarbeit, den Bedarf zu verdeutlichen und entsprechende Verhandlungen einzuleiten. Soziale Einrichtungen bedeuten für die betroffenen Gruppen auch Schutz vor den Repressalien der vertreibenden Ordnungskräfte. Eine Lösung wäre, dass Träger der sozialen Arbeit für ihr Klientel öffentlichen Raum aufkaufen.

Eine weitere Möglichkeit auf die Veränderung in den Innenstädten zu reagieren, wäre eine Schwerpunkverlagerung auf ein erweitertes und qualifiziertes Beratungsangebot. Hat sich die Klientel erst in den privaten Raum zurückgezogen, liegt die Überlegung nahe, die aufsuchende in eine »heimsuchende« Sozialarbeit umzuwandeln. Wer diesen Schritt gehen will, läuft Gefahr, die »heilige Kuh« der Straßensozialarbeit, die »Freiwilligkeit«, zu opfern.

Kann der urbane Raum zurückgewonnen werden?

Begründung für die massive Vorgehensweise der Polizei und der Ordnungsbehörden war in der Regel das subjektive Unsicherheitsgefühl der Bevölkerung in der Innenstadt, zumeist an wenigen, aber zentralen Orten und Plätzen. Stellt sich nach einer sorgfältigen und seriösen Analyse heraus, dass die Ängste unbegründet sind, muss eine entsprechende Aufklärung im Mittelpunkt stehen. Orte die tatsächlich für die Bevölkerung unsicher sind, werden von der Polizei verpflichtend überwacht. Die daraus resultierenden Maßnahmen sollten angemessen sein. Unverhältnismäßige Interventionen wie polizeiliche Willkür, Machtmissbrauch und unangemessene Reaktionen seitens der Polizei und der Ordnungsbehörden müssen skandalisiert werden. Unsere Klientel hat ein grundgesetzlich garantiertes Recht auf Teilhabe am öffentlichen Raum.

Leitbild der Diskussion und der gesellschaftlichen Entwicklung darf nicht der Klassenkampf um den urbanen Raum, sondern muss die gewalt- und angstfreie Koexistenz aller Bevölkerungsgruppen sein.

Zusammenfassung

Vor allem Kolleginnen und Kollegen aus Einrichtungen, die mit den beschriebenen Vertreibungen ihrer Zielgruppen zu kämpfen haben, stellen eine Veränderung im Beratungsbereich fest. Dabei hat sich nicht die Anzahl der Hilfesuchenden, sondern es haben sich die Problemlagen der Adressatinnen und Adressaten verändert.

Dies kann eine Folge der Vertreibungen sein. War es früher noch möglich, die Zielgruppen zu bestimmten Zeiten an bestimmten Orten anzutreffen, sind die Kontakte heute eher zufälliger Natur. Aber gerade die Zielgruppen von Streetwork/Mobile Jugendarbeit sind oft nicht in der Lage, mit ihren Problemen zur Anlaufstelle zu kommen. Sie sind darauf angewiesen, dass sie den niedrigschwelligsten Zugang zu den Mitarbeitern finden, nämlich den verlässlichen Kontakt auf der Straße. Oft fällt den jungen Menschen, die von Streetwork/Mobile Jugendarbeit erreicht werden, erst beim Kontakt auf der Straße ein, dass sie noch Fragen an die Mitarbeiterinnen und Mitarbeiter haben, dass sie unbedingt einen Termin vereinbaren müssen oder einfach nur ihren Alltagsfrust loswerden wollen. Werden diese Kontakte vom Zufall bestimmt, häufen und verkomplizieren sich entsprechend die Problemlagen.

Verschiedene mögliche Perspektiven wurden von den Kolleginnen und Kollegen dazu erörtert:

- Regelmäßige Präsenzzeiten in relevanten sozialen Einrichtungen, die von den Zielgruppen freiwillig genutzt werden.
- Zielgruppen werden auch zu Hause aufgesucht (wenn sie das für sich wünschen).
- Die von Streetwork/Mobile Jugendarbeit begleiteten Menschen werden auf Wunsch regelmäßig auf ihrem Mobiltelefon angerufen.
- Verstärkung des Beratungsangebotes.

Dabei müssen unter anderem die folgenden Fragen gestellt und beantwortet werden: Inwieweit ist dieses Beratungsangebot nach einer Veränderung noch freiwillig? Wie funktioniert dies in der Praxis? Welche zusätzlichen Kompetenzen brauchen die Mitarbeiter? Wie werden neue Zielgruppen in den Innenstädten den Mitarbeiterinnen und Mitarbeitern bekannt? Wo und wie finden Kontaktaufnahmen statt? Anhand dieser Möglichkeiten und Fragen wird deutlich, dass Streetwork/Mobile Jugendarbeit am Anfang einer Diskussion steht, deren Ergebnisse eventuell eine Veränderung des Arbeitsansatzes und auch eine Änderung der Methoden des Arbeitsfeldes, zumindest in den von Vertreibung betroffenen Innenstädten, zur Folge hätte.

Die Arbeitsgruppe formulierte die folgenden Forderungen:
- Die Innenstädte müssen nicht nur für die kaufkräftige Bevölkerung, sondern insbesondere für »Randgruppen«, Jugendliche und Kinder attraktiv gestaltet werden, damit der urbane Raum von allen Bürgern gleichberechtigt genutzt werden kann.
- Die Privatisierung des öffentlichen Raums muss beendet werden. Jeder Bürger hat das Recht auf ungehinderten Aufenthalt auf öffentlichen Plätzen. Der Zugang für alle darf nicht verhindert, sondern muss gefördert werden.
- Durch die Vertreibungstaktiken der Ordnungskräfte und durch suggerierte Unsicherheitsgefühle der Bevölkerung werden »Randgruppen« in der Öffentlichkeit stigmatisiert, indem man ihnen die alleinige Schuld für Missstände wie Dreck, Kriminalität, Betteln und Alkohol- sowie Drogenkonsum zuschreibt. Diese Etikettierung führt bei den Betroffenen zu Angst und Stress auf der Straße. Deshalb haben auch diese Menschen ein Recht auf Schutz vor Repressalien und Anfeindungen.

Rauschkunde: Suchtprävention und -intervention

Julia Elmer/Tristan Hellwig

LeiterInnen der Arbeitsgruppe waren Julia Elmer und Tristan Hellwig von der X-Faktor GmbH i.G. Berlin, ein Projekt, das sich die Fortbildung und Schulung relevanter Berufsgruppen, die Beratung in Institutionen und Betrieben sowie die Betreuung von jugendlichen und erwachsenen Drogengebrauchern mit problematischem Konsummuster zur Aufgabe macht. Die AG trug den Untertitel »Kiffende Fußballer und koksende Abgeordnete – Drogenkonsum im sozialen Kontext« und wollte damit a) einen Bezug zum Tagungsthema herstellen und b) auf den Umstand aufmerksam machen, dass Drogenkonsum heute viele Gesellschaftsschichten erfasst hat. Somit stellt die große Gruppe der »Modernisierungsverlierer« mitnichten die alleinige Klientel der Drogenhilfe.

Im ersten Teil der AG wurden als Grundlage zunächst Informationen über gängige illegalisierte Stoffe vorgetragen. (Die verwendeten Materialien hierzu sind im Anhang dieser Dokumentation zu finden) Die Teilnehmer der AG bildeten eine multiprofessionelle Gruppe aus unterschiedlichen Bundesländern mit entsprechendem Erfahrungshintergrund, was eine vielschichtige und spannende Diskussion entstehen ließ, deren Inhalte und Ergebnisse im Folgenden vorgestellt werden sollen.

Ein wesentlicher Bestandteil der Diskussion war die Analyse der Veränderungen in den Konsummustern und den damit einhergehenden neuen Anforderungen an die Jugend- und Drogenhilfe. Der zunehmende Trend zu politoxikomanen Konsummustern steht einer traditionellen abstinenzorientierten Drogenhilfe gegenüber, die sich immer noch in erster Linie am klassischen Heroinkonsumenten orientiert. Dieser ist aber so gut wie nicht mehr existent bzw. inzwischen auf einen Mix aus Methadon, Alkohol und Benzodiazepinen umgestiegen. Ein Ergebnis der Diskussion war demnach die Feststellung, die traditionelle Drogenarbeit sei zu unflexibel, um auf die neuen Entwicklungen adäquat reagieren zu können.

Veränderungen im Drogengebrauch und der gesellschaftliche Kontext

Die Zeiten, in denen die »Hippies« Hasch und LSD, die »Schickies« Kokain und die Junkies Heroin konsumierten, sind vorbei. Eine *Diversifizierung der Szenen* findet statt, d.h. es ist kaum noch möglich, den Konsum typischer Substanzen bestimmten Szenen zuzuordnen; es findet eine Vermischung der Szenen statt und neue Subszenen entstehen. Diese zu erreichen wird immer schwieriger, da es – aufgrund zunehmender polizeilicher Vertreibung und der Privatisierung öffentlichen Raums – an Treffpunkten mangelt bzw. noch existierende Treffpunkte wie Jugendzentren den staatlichen Sparplänen zum Opfer fallen.

Der Konsum von *leistungssteigernden Drogen* nimmt zu, um gesellschaftlichen Anforderungen vermeintlich besser entsprechen zu können. Dies betrifft vor allem bestimmte Berufsgruppen.
Einerseits betrifft dies die so genannten »kreativen Berufe« in den neuen Medien, wo oft Selbstaufopferung und 24-Stunden-Schichten zum guten Ton gehören bzw. der starke Konkurrenzdruck dies erforderlich macht. Ständige Überarbeitung wird in dieser Branche quasi zur existentiellen Notwendigkeit. Kokain und Speed vermitteln hier zumindest kurzfristig das Gefühl der Nimmermüdigkeit und der Leistungssteigerung. Chronischer Missbrauch allerdings führt auf kurz oder lang zum körperlichen und psychischem Totalzusammenbruch. Auch die Beschäftigten in der Vergnügungsindustrie (in Nachtclubs sowie im Eventbereich), aber auch Studenten (ohne reiche Eltern) und andere »working poor« gehören zu den gefährdeten Berufsgruppen.

Hierbei geht es darum, ein kritisches Verständnis der eigenen Arbeits- und Lebensbedingungen zu fördern, sozusagen ein gesellschaftliches Umdenken, nach dem die Freizeit nicht nur zur Reproduktion der Arbeitskraft dient und vor allem nicht als weitere Leistungsanforderung gesehen wird. Ein solches Umdenken könnte zu mehr Distanz (u.a. zur eigenen Arbeitsleistung) führen, man muss ja nicht alles mitmachen.

Des Weiteren gibt es einen Trend zur *Entkontextualisierung und Individualisierung* des Drogengebrauchs. War der Drogengebrauch früher noch in bestimmte Gemeinschaften, Rituale und Weltsichten eingebettet (seien es die Hippies und LSD oder der Gebrauch von Kokain in bestimmten gesellschaftskritischen Intellektuellenkreisen), so findet dieser heute weitgehend individuell beliebig und losgelöst von jeglicher Bedeutung statt. Es geht vielmehr darum, seine Stimmung je nach Bedürfnislage mithilfe von Rauschdrogen zu manipulieren. An dieser Stelle wird deutlich, wie wenig eine abstinenzorientierte Drogenhilfe bewirken kann. Es geht nämlich nicht darum, den Drogenuser vor einer drogenverherrlichenden Ideologie zu retten, sondern um einen selbstverantwortlichen, bewussten und genussorientierten Konsum. Drogenberatung heute sollte im wörtlichen Sinne verstanden werden, indem sie den Konsumenten schult, seinen Konsum so gesundheitsschonend und umweltverträglich wie möglich zu gestalten. Dieses ist durch fundierte Informationen über die Rausch- und Nebenwirkungen sowie Langzeitfolgen des Gebrauchs bestimmter Drogen zu erreichen. Dies würde auch der zunehmenden Tendenz zum *Mischkonsum* (»Hauptsache es knallt«) mit den entsprechend erhöhten Risiken entgegenwirken.

Gesellschaftliche Ursachen

Der Anspruch und die alltäglich erlebte Realität fallen heute immer mehr auseinander. Dies betrifft vor allem die Jugendlichen und jungen Erwachsenen in unserer Gesellschaft. Hier steht auf der einen Seite die Erwartung, groß rauszukommen (wie bei »big brother«) und der Wunsch, reich und attraktiv zu sein (wie in der Werbung). Auf der anderen Seite stehen Arbeitslosigkeit, unsichere und schlecht bezahlte Jobs. Viele Jugendliche machen diese Erfahrung nicht nur selber, sondern sehen auch ihre Eltern trotz abgeschlossener Ausbildung am Existenzminimum leben. Der logische Schluss: »Vernunft lohnt sich nicht, Anstrengung auch nicht« führt zu dem Wunsch nach einer Gegenwelt, die Sorglosigkeit und Ekstase verspricht. Die Spaßgesellschaft funktioniert allerdings nicht von allein, man muss in sie investieren. Dies mit bewusstseinsverändernden Substanzen zu realisieren, ist hier wohl die einfachste und vor allem billigste Methode. In diesem Sinne ist es nicht von Bedeutung, ob dieser Zustand mit Alkohol oder mit LSD erreicht wird. Es geht vielmehr darum, sich in einen Rausch zu begeben, der mit verschiedenen Stoffen heftiger (krasser) und damit in seiner Bedeutung als besser empfunden wird.

Auch die zunehmende Instabilität sozialer Beziehungen mag ein Grund für den zunehmend problematischen Drogenkonsum sein. Beziehungsarbeit stellt immer höhere Anforderungen an die Beteiligten und ist oft erfolglos. Soziale Unsicherheiten und Ängste verhindern ein ehrliches Aufeinanderzugehen. Ectasy vermittelt vor allem unsicheren Jugendlichen kurzfristig das Gefühl, keinerlei soziale Ängste und dafür viele Freunde zu haben, eine Illusion, die sich bei langfristigem chronischen Ectasygebrauch oft in ihr Gegenteil verkehrt und ernsthafte psychische Probleme und soziale Ängste mit sich bringen kann.

Legal/Illegal?

Die Unterscheidung in illegale und legale Drogen beruht nicht auf Logik und Rationalität, auch nicht auf wissenschaftlichen Erkenntnissen über die Gefährlichkeit bestimmter Stoffe. Die Aufrechterhaltung dieser äußerst willkürlichen Unterscheidung steht vielmehr im Zusammenhang mit den Interessen involvierter Wirtschaftszweige, die mit einer mächtigen Lobby ausgestattet sind. Auch wird von einem Großteil der Bevölkerung hinter dem Gebrauch bestimmter Stoffe eine Bedrohung der öffentlichen Ordnung und Moral vermutet, was noch von dem verbreiteten Drogenkonsum in gewissen »rebellierenden« Subkulturen wie den »Beatniks« oder »Hippies« in vergangenen Zeiten herrührt. Dabei wird die Tatsache ignoriert, dass der Drogengebrauch (als auch -missbrauch) heute weite Teile voll integrierter Gesellschaftsschichten erfasst hat.

Die gegenwärtige restriktive Drogenpolitik ist zutiefst irrational und bewirkt ganz sicher keinen reflektierten und bewussten Umgang mit berauschenden Substanzen. Sie hat vielmehr Beschaffungskriminalität und gesundheitliche Schäden durch unreine Substanzen zur Folge. So ist z. B. bekannt, dass reines Heroin weit weniger gesundheitsschädigend wirkt als Alkohol, der gesundheitliche und soziale Abstieg der »Junkies« und vielen anderen Drogenusern ist also in erster Linie auf deren Kriminalisierung und ihre Folgen zurückzuführen. Alkohol, Medikamente und Tabak müssen ebenso wie andere Stoffe als Drogen mit entsprechenden Risiken benannt und das Thema illegale Drogen enttabuisiert und diskutiert werden.

Der Konsum von legalen und illegalisierten Drogen hat heute in vielen Szenen eine Selbstverständlichkeit angenommen, welche die derzeitige restriktive Drogenpolitik (Verteufelung, Verfolgung, Bestrafung) völlig absurd erscheinen lässt. Und in der Tat wird eine verteufelnde, abstinenzorientierte Drogen»hilfe«, die vor allem mit dem erhobenen Zeigefinger arbeitet, von denen, die eigentlich davon profitieren sollten, nur belächelt und ausgetrickst. Gerade unter den Jugendlichen und jungen Erwachsenen, die sich in einer Phase der erhöhten Risikobereitschaft und »Spaßmentalität« befinden, gehört der Gebrauch von Rauschdrogen zum Alltag. Die Erfahrung zeigt, dass der größte Teil dieser jungen Menschen mit zunehmendem Alter und Übernahme von Verantwortung als Erwachsener seinen Drogengebrauch auf ein kontrolliertes, nicht schädigendes Maß reduziert bzw. ganz aufgibt. Hier geht es also in erster Linie darum, in dieser Phase die Schäden so gering wie möglich zu halten (»safer use«, »harm reduction«). Dies ist durch sachliche Information und kritische Diskussion sowie durch eine gezielte Unterstützung gefährdeter junger Menschen in einer wichtigen und sensiblen Phase der Orientierung am ehesten zu erreichen.

Wie sollte eine sinnvolle und glaubwürdige Drogenhilfe heute aussehen?

1) Sie sollte weder verherrlichend und verharmlosend noch verteufelnd über die gängigsten Substanzen, ihre Wirkungen und Neben-

wirkungen sowie mögliche Langzeitfolgen sachlich informieren. Hierbei sollte kein Unterschied zwischen »legalen« und »illegalen« Substanzen gemacht werden.

2) Sie sollte den Drogengebrauch als gesellschaftliche Realität zunächst akzeptieren und die Unterschiede in Konsummustern mit ihren verschieden hohen Risiken herausstreichen (Gebrauch, Missbrauch, Abhängigkeit als Kontinuum) Sie sollte »safer use«- Regeln vermitteln sowie die potenzielle Möglichkeit eines kontrollierten, bewussten, gelegentlichen und damit (sozial und gesundheitlich) nicht schädigenden Drogenkonsums thematisieren

3) Sie sollte das gesellschaftliche und individuelle Phänomen »Sucht« ganz unabhängig von Substanzen behandeln, das Problem »Sucht« geht nicht per se von den Substanzen aus, was die vielen stoffungebundenen Süchte und abhängigen Verhaltensmuster in unserer Gesellschaft deutlich machen

4) Sie sollte den Zusammenhang zwischen restriktiver Drogenpolitik und der gesundheitlichen und sozialen Verelendung bestimmter Drogenuser thematisieren und allgemein das gesellschaftliche Bedingungsgefüge zur Entstehung von problematischem Substanzgebrauch kritisch diskutieren (Entindividualisierung und Entpsychologisierung des »Drogenproblems«)

5) Sie sollte sich in ihren Hilfsangeboten an den individuellen Bedürfnislagen der User orientieren, nicht starr fixiert sein auf den Drogenkonsum eines Menschen, sondern auf seine aktuelle Lebenssituation mit den darin liegenden Chancen und den Schwierigkeiten, die es zu bewältigen gilt, einschließlich eines (symptomatisch) problematischen Drogenkonsums

6) Sie sollte allgemein sehr viel mehr in den Bereich der *Prävention* investieren und Drogengebraucher in ihrem sozialen Umfeld aufsuchen und nicht darauf warten, dass Menschen mit einem bereits erheblichen Drogenproblem das stigmatisierende Umfeld »Drogenberatung« selbst aufsuchen

7) Sie sollte vorhandene Selbsthilfebestrebungen unterstützen und die Netzwerkbildung fördern

Anhang zur Stoffkunde

	Cannabis
(Szene)namen:	Marihuana, Haschisch, Gras, weed, shit, dope, Pickel, piece, Brösel, pot, ganja, Libanese, Türke, Afghane, Charras
Marihuana:	Getrocknete Blüten, evtl. gepresst mit unterschiedlichen THC und Pflanzenanteilen (Blätter, Stengel, Samen etc.)
Haschisch:	In verschiedene Formen (meist Platten in der Form und Größe etwa einer Tafel Schokolade) gepresste Drüsenharzstände, »Pollen« genannt (Marokko, Türkei, Afghanistan), oder von den Blüten abgerieben »handrub« (Indien, Nepal)
Wirkstoff	Tetrahydrocannabiol (THC)
Gebrauchsarten	
Rauchen (inhalieren)	Joint, Pfeifen aller Arten und Formen (Bong, Hooka, Bamboo, Kawum etc.), »Eimer rauchen«, Erdloch rauchen usw.
Oral *Essen*	Lebensmittel z. B. Backwaren, Puddings, Konfitüren, bis hin zu Menüs mit mehreren Gängen
Trinken	heiße sowie kalte Getränke (Kakao, Milch, Tee, Alkohol, Mixgetränke)
Wirkung: Subjektive Wahrnehmung	
Geringe Dosis (3-5 mg THC)	Gehobene Stimmung, Heiterkeit, oft keine Wirkungswahrnehmung bei Erstgebrauchern
Mittlere Dosis (10-20 mg THC)	Heiterkeit, Euphorie, Konzentrationsstörungen, gedehntes Raum-Zeitempfinden und akustisch und optisch verfremdete Wahrnehmung, manchmal beklemmende Gefühle (prinzipiell erfolgt eine Verstärkung der grundlegenden Befindlichkeit) Aufmerksamkeit wird auf irrelevante Nebenreize gelenkt, bis hin zu neuen Erlebniskategorien, akustische Wahrnehmungen (z. B. Musik) erhalten einen neuen Bedeutungsgehalt

Hohe Dosen (20-? mg THC)	s.o. gesteigert, es kann zu negativen angstauslösenden Steigerungen von Wahrnehmungen kommen. Gefühle wie z. B. entfernt von der Realität, überdeutliches Empfinden von Körperfunktionen etc. können angstauslösend sein, Müdigkeit kann sich einstellen, es kann zu Grübeleien und Selbstwertkrisen kommen (entsprechend der Grundgestimmtheit) Haschpsychosen (refer madness): Selten auftretende Psychosen durch THC-Konsum.
physische Wirkung	
Geringe bis mittlere Dosen	Die Wirkung ist von dem Mengenanteil des THC in der gebrauchten Substanz abhängig THC-Gebrauch greift in den Zuckerhaushalt des Körpers ein (Zuckerverbrauch steigt), Bluttdruckanstieg, Beschleunigung des Herzschlags.
Hohe Dosen	Herzrasen, trockene Mundhöhle, Augenrötung, leichte Entwässerung des Körpers.
Safer Use (Risikomindernde Maßnahmen)	Allgemeines: Es gilt, wie bei anderen Drogen auch hier: Mit den richtigen Leuten, am richtigen Ort, zur rechten Zeit. Die Einnahme von Cannabis kann nicht zu einer »Vergiftung« führen. Trotzdem ist im Zusammenhang mit den o.g. Wirkungen der Konsum nicht völlig ohne Nebenwirkungen. Es sollte auf die jeweilige Grundstimmung geachtet werden, da sie durch Cannabis verstärkt werden kann. Die Teilnahme am Straßenverkehr sollte zumindest motorisiert unterbleiben. Insbesondere ist darauf hinzuweisen, dass Cannabis dem Betäubungsmittelgesetz unterliegt, d. h. auch kleine Mengen sind nicht legal, sondern sind von den Ermittlungsbehörden ermessensgemäß zu verfolgen.
Inhalation (rauchen)	Rauchkühlung zum Vermeiden von Hitzeschäden (versengen von Flimmerhäarchen) mit verschiedenen Kühlmethoden (Wasserkühlung, lange Mund- und Filterstücke an den Rauchutensilien) Nikotin und THC gelten als Antagonisten und können das vegetative Nervensystem durch unterschiedliche

	Impulse zur Dysfunktion führen (Kreislaufkollaps). Der Pur-Konsum ist grundsätzlich risikoärmer! Trennen von Wirk- (THC) und Schadstoffen (Kondensate wie Chlorophyll) durch verschiedene Filtertechniken. Grundsatz: Je länger der Weg von der brennenden Substanz bis zur Lunge, desto risikoärmer der Gebrauch!
Oral-Applikation (essen, trinken)	Da die Wirkung des THC erst nach einer halben Stunde (bis zu zwei Stunden) nach der Einnahme wahrgenommen wird, liegt bei der oralen Einnahme oft das Risiko in der »Überdosierung« durch zu schnelles Nachlegen. Grundsatz: Mindestens 1,5 Stunden warten, bis möglicherweise nachgelegt wird! Die Wirkung wird meistens heftiger wahrgenommen, da es durch den Verzehr keinen Wirkstoffverlust gibt.

Das Verabreichen von Zucker und Vitamin C vermindert die wahrnehmbare Wirkung unmittelbar. Bei Überdosierung das erste Mittel der Wahl!

Ecstasy (XTC)	
Grundstoff:	3,4-Methylendioxymethamphetamin (amphetaminverwandte chemische Verbindung) weiß-gelbliches Pulver
Szenenamen:	»E« Adam And Eve, Cosmic Space, Cadillac
Verbreitungsform:	Pillen, Pulver, Kapseln, Ampullen (Liquid Ecstasy)
Wirkstoffanteil:	75-150 mg
Gebrauchsarten:	Oral, selten schnupfen oder injizieren
Wahrnehmung	
Geringe bis mittlere Dosis (bis max. 130mg.)	Milde psychoaktive Wirkung, Innenleben wird stimuliert, seelische Ausgeglichenheit wird empfunden, Klarheit bei gleichzeitiger Plastizität des inneren Erlebens, Dauer der Wirkung: ca. 3-4 Std.
Hohe Dosis (über 200 mg)	Starke Halluzinationen können auftreten, innere Kälte, Angstgefühle bis hin zu Panik.

Körperliche Wirkungen	
Geringe bis mittlere Dosis:	Erhöhter Blutdruck, leicht erhöhte Körpertemperatur, schnellerer Puls, leicht erweiterte Pupillen, Freisetzung von Noradrenalin, Dopamin, Serotonin und Norepinephrin, das sind Neurotransmitter (Botenstoffe).
Hohe Dosis:	Muskelkrämpfe, Brechreiz, gefährlicher Wasserverlust, Übergeben, starke Kopfschmerzen.
Safer Use (Risikomindernde Maßnahmen)	Allgemeines: Der Konsum von Ecstasy sollte von Menschen mit Herzschwächen, Diabetes, Epilepsie, Glaukom, psychotischen Episoden sowie Bluthochdruck völlig vermieden werden (lebensbedrohlich). Ecstasy wird vornehmlich in der Technoszene zum Tanzen konsumiert. Bei sog. Raves wird Ecstasy als »Kommunikationsdroge« und zur Leistungssteigerung (meist in Verbindung mit Amphetamienen) benutzt. Im Laufe eines solchen Raves kann es zu gefährlichen Kolateraleffekten kommen. Wasserverlust und Ansteigen der Körpertemperatur werden durch die Einnahme von Ecstasy beschleunigt. Warnsignale des Körpers werden manchmal zu spät wahrgenommen.
Safer Use:	Vor dem Konsum unbedingt reichliche und vitaminreiche Kost zu sich nehmen! Ausgiebig vorher schlafen! Zusätzliche Salzaufnahme zur Flüssigkeitsspeicherung nach dem Konsum ist empfohlen! Während des Rausches auf ausreichend Flüssigkeitszufuhr achten (keinen Schwarzen Tee, Kaffee oder Alkohol, sie entziehen dem Körper Wasser), Überhitzung vermeiden, für ausreichend Frischluft sorgen! Bei Überdosierung Chill Out (Ausruhen) dringend geboten! Bei Ohnmacht auf mögliche Verletzungen achten und Person sofort an einen ruhigen Ort mit ausreichend Frischluftzufuhr schaffen (Sitzposition mit Kopf zwischen den Knien empfohlen. Ca. 20 Min. Ruhezeit gönnen, dabei regelmäßig Bewusstsein, Puls,

Atmung und überprüfen). Ist der Zustand nicht einzuschätzen, sofort Notarztwagen alarmieren. Nach dem Konsum wird eine Regenerationsphase von ca. 4-5 Tagen min. empfohlen mit viel Schlaf und gesunder Ernährung. **Achtung:** Dauerkonsum von Ecstasy beeinflusst die Produktion von bestimmten Neurotransmittern, die für die psychische Balance des Einzelnen wichtig sind. Es kann zur Reduktion bis zur völligen Einstellung der Produktion kommen. Antriebsarmut, Schlafstörungen, Frust, Depressionen, Gewichtsverlust können die Folge sein.

	**Lysergsäurediäthylamid (LSD)**
Szenenamen:	Acid, Trips, Pappen, Papers, Gelatine = Mikros
Verbreitungsformen:	Auf Papier aufgebrachte Säure (Pappe, Paper) oder auf Gelatine aufgebracht (Mikros) auf Zucker aufgeträufelt (selten)
Mengenanteil des Wirkstoffes	Ca. 100 Mikrogramm (1 Mikrogramm = 1 Tausendstel Gramm)
Gebrauchsarten:	Oral (Essen)
	**Wirkung**
Psychische Wirkung (subjektive Wahrnehmung)	Nach ca. 30-60 Min. setzt die Wirkung ein. Sie spielt sich hauptsächlich im Kopf ab. Halluzinationen, Veränderungen in der räumlichen und zeitlichen Orientierung, durch Verzerrungen in der Wahrnehmung und Vorstellungen; Veränderungen der Koordination sowie der Affekte und Körpergefühle. In der Abklingphase lässt der Rausch allmählich nach. Es wechseln Wellen abnormen Erlebens mit solchen geordneter Wahrnehmung. Diese Phase kann Stunden bis (selten) Tage dauern.
Psychische Wirkung	Es kann zu psychotischen Störungen mit schizophrenen Zustandsbildern, zu paranoiden Wahrnehmungsstörungen und ängstlichen Zustandsbildern kommen. Angstreaktionen, akute Panikzustände mit der Tendenz

	zur Selbstgefährdung, Motivationsverlust und dissoziales Verhalten sind möglich («Bad Trip», »Horror«).
Physische Wirkung (körperliche Wirkung)	LSD besetzt nach den derzeitigen Erkenntnissen die Rezeptoren insbesondere für Serotonin. Zunächst Ansteigen, später Abfall der Pulsfrequenz; Überwärmung des Körpers; Weitstellung der Pupillen
Risikomindernde Maßnahmen (Safer Use)	
Safer Use	Hier gilt besonders: Zur richtigen Zeit, am richtigen Ort mit den richtigen Leuten! Angstauslösende Reize sollten möglichst vermieden werden! Bei Angstreaktionen kann ruhig mit dem User geredet werden (Talk Down). Massenansammlungen von Menschen, enge Räume verlassen. Placebos oder natürliche Beruhigungsmittel wie Baldrian können beruhigend wirken. Echte Beruhigungsmittel werden bei akuten Panikreaktionen oder psychotischen Reaktionen verabreicht! Vorsicht: Krankenhäuser und Ärzte nach Qualifikation auswählen, da oft unsachgemäße Behandlung!

Kokain

Stoff	Gebrauchsarten u. -formen	Wirkung	Risikomindernde Maßnahmen
Kokain, Cocaine, Kokainhydrchlorid	Oral, essen, trinken, schnupfen, injizieren (i.v. oder subkutan) rauchen.	Subjektive Wahrnehmung des/der Gebrauchers, Gebraucherin: geringe Dosis: Erhöhte Kommunikationsbereitschaft, Frische Partystimmung; mittlere Dosis: Euphorie, Erregung, Energieschübe, Gefühl von Stärke und erhöhtem Selbstbewusstsein, häufig gesteigertes sexuelles Lustempfinden; hohe Dosis: z.T. wie oben beschrieben, durch Störungen im sog. limbischen Sytsem, zuständig für vegetative Abläufe im Körper (u.a. Atmung) kommt es zu krassen Schwankungen der Atemfrequenz (Wechsel von »Schnarchatmung« = zwei Atemzüge pro Minute, zu Hyperventilation innerhalb weniger Minuten).	Schnupfen: Kristalle gut zerkleinern, z. B. mit Koksmühle oder mit scharfkantigem Gegenstand. Nasendusche und/oder Nasensalben regelmäßig anwenden (scharfkantige Kristalle verletzen die Nasenschleimhaut
Szenenamen: Koks, Coca, Schnee, Weißes	Oral: durch das Vermischen mit Speisen oder Getränken, vorzugsweise in Sekt o. Champagner.	Physische Wirkung: Erhöhter Blutdruck, erhöhte Atemfrquenz, erweiterte Pupillen, vermehrte Transpiration; Trockene Mundschleimhaut, Appetitverlust.	Rauchen: Beim Rauchen von Aluminiumfolie unbedingtes Abflammen des Plastikschutzes. Auf langes »Rauchröhrchen« achten

			Injektion:
Durch chemische Lösungsmittel extrahiertes Alkaloid des Kokastrauches (kristallform, weiß-transparent	Schnupfen: inhalieren der kleingehackten Kristalle durch ein geeignetes Röhrchen (oft durch gerollte Banknoten).	Neurologische Effekte des Rausches: Serotonin, Noradrenalin, und Dopamin überschwemmen das Gehirn und verlangsamen oder stoppen die körpereigene Neurotransmitterproduktion. Bei Absetzen der Stoffzufuhr dauert es einige Zeit bis die körpereigene Produktion wieder in Gang kommt. Während dieser Zeit können »Entzugssymptome« wie deprssive Verstimmungen, Schlaflosigkeit, Tremor oder Paranoia auftreten.	
Durch das Hinzufügen einer alkalischen Substanz, wie z.B. Natriumbicarbonat oder Amoniak entstehen Crack oder Freebase-Cocaine	Injizieren: in destilliertem Wasser gelöste Substanz wird auf ein Spritzbesteck aufgezogen und gespritzt.	Freebase und Crack sind sozusagen eine Art »Turbokoks« mit verstärkten Rauschsymptomen von sehr kurzer Dauer (2-10 Minuten) mit extremer Depression während des Abklingens.	

Rauchen:	Gefahren: Relativ schnelle Toleranzbildung mit dem Zwang zur Dosissteigerung; Nachhaltige Störung der Neurotransmitterbalance des Körpers (z.T. irreversibel). Langanhaltende Schlafstörungen und Appetitverlust mit dadurch einhergehender Gewichtsabnahme; Realitätsverlust, Depressionen, Nasenschleimhautzerstörung (beim Schnupfen), Verödung des Lungengewebes (beim Rauchen bis zu 30% innerhalb eines halben Jahres exzessiven Gebrauches von Base-Coke Durch die Kappilarverengung Gefahr von Aderschädigungen im Hirn = Hirnkrämpfe und Steigerung des Infarktrisikos.
1. die Substanz wird auf einer Folie erhitzt und mit einem Röhrchen inhaliert	
2. die Substanz wird mit Tabak gemischt und geraucht	
3. Substanz wird mit einer entsprechenden (Glas)Pfeife geraucht	
4. Crack und Freebase wird ausschließaich geraucht, meistens in speziellen Basepfeifen.	

Pressetext der Arbeitsgruppe Rauschkunde

Immer größer werdende Leistungsanforderungen und allgemeiner Konkurrenzdruck in unserer Gesellschaft, aber auch die Tendenz zur Stigmatisierung von Modernisierungsverlierern lassen den Konsum von Drogen und speziell den der »schnellen« leistungssteigernden Drogen ansteigen. Dabei stehen die Tabuisierung des Drogengebrauchs, die Illegalisierung der betreffenden Substanzen und eine vordergründig an Abstinenz orientierte Jugend- und Drogenhilfe der Entwicklung neuer Konzepte von Prävention und Intervention entgegen.

Angesichts einer durch und durch von Sucht geprägten Gesellschaft (von legalen wie illegalen Substanzen, aber auch stoffungebundene Süchte) müsste eine sinnvolle Jugend- und Drogenhilfe den Fokus der Aufmerksamkeit weg vom Drogenkonsum hin zu den individuellen Bedürfnislagen der Konsumenten lenken, die immer auch durch den gesellschaftlichen Rahmen mitbestimmt sind (Armut, Perspektiven, Chancen, Beziehungen ...). Zumindest die Legalisierung von Cannabis wäre ein erster Schritt, die Doppelmoral in der Drogenpolitik zu überwinden und den staatlichen Hilfesystemen etwas mehr Glaubwürdigkeit zu verschaffen.

Armut als Schicksal? Anforderung an und Standpunkte von Streetwork/Mobile Jugendarbeit

Monika Brakhage

In der Vorbereitung dieser Arbeitsgruppe überlegte ich, wie sich die Arbeitsgruppe, im Hinblick auf das Arbeitsfeld Streetwork/Mobile Jugendarbeit, dem Thema Armut nähern könnte. Bei dieser Überlegung ging ich davon aus, dass Armut, zumindest die Folgen von Armut, in welchen Erscheinungsformen auch immer, entweder Diskussionsgegenstand in streetworkspezifischen Gremien oder/und (auch) Auslöser für Interventionsmühungen seitens der StreetworkerInnen/Mobile JugendabeiterInnen sind. Weiterhin überlegte ich, mit welchen Zielgruppen ich selbst im Rahmen meiner Tätigkeit als Streetworkerin befasst war und ob ich von diesen behaupten würde, dass sie zur Armutsbevölkerung unserer Gesellschaft zu zählen sind.
Meine spontane Antwort auf den letztgenannten Gedanken lautete ja. Nach genauerer Überlegung darüber, wann die Armutsforschung eine Person als »arm« bezeichnet, welche Kriterien auf einzelne Personen dieser Zielgruppen zutreffen und über welche Informationen Streetwork/Mobile Jugendarbeit, dies beurteilen zu können, verfügt, wurde mir relativ schnell klar, dass diese Frage nicht so eindeutig mit ja oder nein zu beantworten ist.

Diskussionen über die derzeitigen Zielgruppen von Streetwork/Mobile Jugendarbeit und die sich daraus abzuleitende Fragestellung, ob diese der Gruppe der Armutsbevölkerung zuzurechnen ist, und welche Handlungsstrategien sich daraus für das Arbeitsfeld ergeben, schlossen sich an den im Folgenden zusammengefassten Input an.

Die wissenschaftliche Perspektive auf Armut

In der wissenschaftlichen Diskussion über Armut in der Bundesrepublik steht das Bemühen um Quantifizierung von Armutsgrenzen im Vordergrund. Als Datenquellen werden neben Sozialhilfe- und Arbeitslosenstatistiken, Kinder- und Jugendhilfestatistiken, Wohngeldstatistiken, Einkommens- und Verbraucherstatistik eine Vielzahl weiterer Statistiken herangezogen, die hier im Einzelnen nicht aufgezählt werden sollen. Grundsätzlich differenziert die Armutsforschung zwischen einem Ressourcen- und einem Lebenslagenansatz. Während der »Ressourcenansatz« den Sozialhilfebezug bzw. ein unterdurchschnittliches Haushaltseinkommen als Indikator für soziökonomisch prekäre Lebenslagen heranzieht, erweitert der Lebenslagenansatz den Aspekt des Einkommens um Kriterien wie Wohnsituation, schulische und berufliche Ausbildung, soziale Kontakte, Gesundheit, subjektives Wohlbefinden und individuelle Bewältigungsstrategien, die zur Überwindung einer prekären Lebenslage beitragen.

Vor dem Hintergrund eines multidimensionalen Lebenslagenkonzeptes wird Armut als eine einschränkende Lebenslage definiert. Die Armutsforschung hat sich mit dieser Interpretation, nach langjährigen Diskussionen, dem Rat der Europäischen Gemeinschaft von 1984 angeschlossen. Danach gelten »Personen, Familien und Gruppen als arm, die über so geringe (materielle, kulturelle und soziale) Mittel verfügen, dass sie von der Lebensweise ausgeschlossen sind, die in dem Mitgliedstaat, in dem sie leben, als Minimum annehmbar ist« (vgl. Armuts- und Reichtumsbericht 2001, S. 10).

Dieser Definition folgend, gelten Personen, die lediglich über bis zu 50 Prozent des durchschnittlichen Haushaltseinkommens verfügen, statistisch als arm. Nach einer weiteren Differenzierung leben Personen, die lediglich über 40 Prozent des durchschnittlichen Haushaltseinkommens verfügen in strenger Armut, und diejenigen, die über 60 % des durchschnittlichen Haushaltseinkommens verfügen, gelten als von Armut bedroht, bzw. als Personen mit Niedrigeinkommen. Trotz dieser zunächst schlüssig anmutenden Definition ist herauszustellen, dass es trotz vorhandener Armutsforschung und einer Reihe aktueller Veröffentlichungen zum Thema Armut – Unterversorgung – soziale Ausgrenzung nicht gelungen ist, zu einer eindeutigen und einheitlichen Definition von Armut zu gelangen. Es wird in den verschiedenen Publikationen wiederholt betont, dass die Aufgabe, Armut quantifiziert darzustellen, nach wissenschaftlichen Maßstäben nicht gelöst ist und immer wieder auf Schwierigkeiten stößt. Der Begriff »Armut« entzieht sich wegen seiner Vielschichtigkeit, insbesondere im Hinblick auf die individuellen Auswirkungen und Erscheinungsformen, einer allgemeingültigen Definition.

Dabei werden insbesondere »Straßenkinder«, von denen man berechtigterweise annimmt, dass alle Kriterien der Armutsforschung auf sie anzuwenden sind, als eine Gruppe mit erheblichem Untersuchungsbedarf benannt. Dieser Bedarf ist auf weitere Zielgruppen von Streetwork/Mobile Jugendarbeit, also Jugendliche, Heranwachsende und Erwachsene, die weder statistisch erfasst noch in familiären Zusammenhängen untersucht werden können, zu erweitern. Kinder und Jugendliche werden in der Armutsforschung (mit Ausnahme des AWO Sozialberichts) nicht als gesonderte Zielgruppe betrachtet. Sie werden über die Sozialhilfestatistik als Mitbetroffene ausgewiesen oder als »Armutsrisiko« entweder für Alleinerziehende oder in Familien mit mehreren Kindern thematisiert.

Auch der 2001 erschienene *Armuts- und Reichtumsbericht* verzichtet auf eine endgültige, definitorische Festlegung zum Armutsverständnis zugunsten einer Orientierung an der Definition des Rates der Europäischen Gemeinschaft von 1984. Im Armuts- und Reichtumsbericht werden für die Beurteilung von Armut weitere Indikatoren wie »relative Einkommensarmut«, » kritische familiäre Lebensereignisse«, »das Leben in sozialen Brennpunkten in Großstädten«, » Obdachlosigkeit«, »Überschuldung« und »mangelnde Bewältigungsstrategien« für die Beurteilung von Armut herangezogen (vgl. Armuts- und Reichtumsbericht 2001, S. 10).

Insgesamt wird der Leserin/dem Leser dieses Berichts jedoch der Eindruck vermittelt, dass das Armutsphänomen in der Bundesrepublik zwar statistisch nachweisbar ist, durch die bereits eingeleiteten

Maßnahmen der Bundesregierung wie z. B. mehr Beschäftigung (der beste Weg zu weniger Armut), besserer Bildung (qualifizierte Arbeitnehmer haben mehr Chancen auf dem globalisierten Arbeitsmarkt), Reformen (Einkommenssteuerreform, Arbeitsmarktpolitik, Qualifizierung und Beschäftigung für Jugendliche, Hilfe zur Arbeit) als ein in Kürze zu bewältigendes Problem betrachtet wird.

Der Sozialbericht der AWO »Gute Kindheit – schlechte Kindheit« untersucht die Auswirkungen von Armut bei Kindern und Jugendlichen nicht ausschließlich aus der Perspektive von zur Verfügung stehenden Familienressourcen. Hier wird eine vom Kind ausgehende, mehrdimensionale Armutsdefinition angestrebt. »Von Armut wird immer nur dann gesprochen, wenn »Familiäre Armut« vorliegt. Das heißt, wenn das Einkommen der Familie des Kindes bei maximal 50 Prozent des deutschen Durchschnittseinkommens liegt. Kinder, bei denen zwar Einschränkungen bzw. eine Unterversorgung ... festzustellen ist, jedoch keine familiäre Armut nachgewiesen werden kann, gelten nach diesem Verständnis als »arm dran«, oder als »benachteiligt« (AWO Zusammenfassung, veröffentlicht im BAG Info Nr. 2/2000). Zentrale Fragestellungen der AWO-Studie ist die Betrachtung der Lebenslage des Kindes unter den Aspekten
– Materielle Versorgung des Kindes wie Grundversorgung, Wohnung, Nahrung, Kleidung, materielle Partizipationsmöglichkeiten
– Versorgung im kulturellen Bereich z. B. kognitive Entwicklung, sprachliche und kulturelle Kompetenz, Bildung
– Situation im sozialen Bereich wie soziale Kontakte, soziale Kompetenzen
– Physische und psychische Lage, Gesundheitszustand, körperliche Entwicklung
– Materielle Situation des Haushalts (familiäre Armut)

Im Ergebnis weist der Sozialbericht darauf hin, dass die Folgen von Armut gemindert werden, wenn die Familien über ausreichende Kompetenzen und stabile, informelle soziale Systeme verfügen, die den Kindern auch unter Knappheitsbedingungen eine größtmögliche gesellschaftliche Partizipation ermöglichen. Die Folgen sind »die Erkenntnis und Überzeugung der Jugendlichen, ihr Leben selber in die

Hand nehmen zu können (zu müssen) und der Wunsch nach materieller Selbständigkeit sowie nach ›Normalität‹ und gesellschaftlicher Anerkennung. Die jeweiligen Unterstützungsbedarfe sowie die gewählten (Aus-)Wege aus diesen Lebenslagen gestalten sich individuell sehr unterschiedlich und führen zu einem frühzeitigen Zwang zum ›Erwachsenwerden‹, zur Übernahme von Verantwortung und zum Geldverdienen« (AWO Zusammenfassung, aus: BAG-Info S. 62).

Eine Marginalisierung der von Armut betroffenen Kinder und Jugendlichen ist insbesondere bei denen festzustellen, die neben den Armutsbedingungen zusätzlich unter besonders erschwerten Sozialisationsbedingungen aufwachsen müssen. Erschwerende Kriterien sind der Bezug von Sozialhilfe über Generationen, häusliche Gewalterfahrungen, Suchtprobleme und Ausgrenzungserfahrungen in Schule und/oder Arbeitsmarkt (AWO Zusammenfassung, aus: BAG-Info S. 63).

Der 11. Kinder- und Jugendbericht bezieht sich im Wesentlichen in dem Kapitel »Arm dran in einer reichen Gesellschaft« (vgl. S. 138) auf die Ergebnisse der aktuellen Berichterstattung. Dabei werden sowohl der monetäre Aspekt des durchschnittlichen Familieneinkommens als auch die Lebenslagenaspekte wie Wohnsituation, schulische und berufliche Ausbildung, soziale Kontakte usw. benannt. Erweitert werden die Interpretationen z. B. durch den Hinweis, dass die Zunahme sozialer Risiken nicht nur auf die Verteilung von Erwerbsarbeit, Einkommen, Vermögen und Besitz zurückzuführen ist. Es werden Ursachen im sozialen Wandel, d.h. in der Erosion solcher Verhältnisse, die lange Zeit zentral der sozialen Sicherung dienten, benannt. Kennzeichnend hierfür sind veränderte Formen des Zusammenlebens, ökonomische Folgen von Scheidung, veränderte Lebensentwürfe, Mobilitätsanforderungen und das Risiko, dass zumindest zeitweise das existenzsichernde Einkommen durch Erwerbslosigkeit nicht mehr zur Verfügung steht. Auf ein erhöhtes Armutsrisiko wird für die Kategorien »Geschlecht«, »Migration« und »Region« hingewiesen.

»Geschlecht«: Frauen sind, zumeist wegen ihrer Nichterwerbstätigkeit, stärker von Armut bedroht als Männer. Frauen und Mädchen

sind insgesamt unter den EmpfängerInnen von Hilfe zum Lebensunterhalt mit einem Anteil von 56% vertreten, in der Altersgruppe der 18 bis 25-Jährigen sogar mit 62% und dies trotz höherer Bildungsabschlüsse bei den Mädchen.

Migration«: Besonders von Armut bedroht sind Migranten/Migrantinnen bzw. Familien mit Migrationserfahrungen. Hier liegt die Zahl der SozialhilfeempfängerInnen (Ende 1998) bei 665.000 Personen, was einen Anteil von 91 je 1000 Migranten/Migrantinnen entspricht. Der Armutsanteil dieser Bevölkerungsgruppe, gemessen am Einkommen, betrug in den westlichen Bundesländern 1998 26%. Das heißt, jeder vierte Migrant/jede vierte Migrantin lebte unterhalb der in Deutschland als Durchschnitt ermittelten Einkommensgrenze. Kinder und Jugendliche aus Migrationsfamilien weisen mit 14,1% eine mehr als doppelt so hohe Sozialhilfequote auf als Deutsche unter 18 Jahren (5,9%).

»Region«: Sowohl am Beispiel Ost- und Westdeutschland als auch am bekannten Nord-/Südgefälle kann nachgewiesen werden, dass es in Deutschland Regionen bzw. Bundesländer mit jeweils stark unterschiedlicher wirtschaftlicher Produktivität und Einkommensstruktur gibt. Die Niedriglohngebiete liegen noch immer in Ostdeutschland und in Westdeutschland in den so genannten strukturschwachen Gebieten. Hier sind eindeutige Zusammenhänge zwischen Einkommen, Lebenshaltungskosten und Mietenspiegel auszumachen (vgl. 11. Kinder- und Jugendbericht, 2002, S. 141 ff).

Befunde der Armutsforschung

Die Befunde, welche die Armutsforschung anbietet, sind erschütternd und ernüchternd zugleich. Da es mit Hilfe von Zahlen möglich wird, Realitäten zu objektivieren, soll an dieser Stelle auf deren Darstellung nicht gänzlich verzichtet werden. Misst man die Armutsquote anhand des jeweiligen Durchschnittseinkommens, lebten Ende 1990 in Westdeutschland 12% und in Ostdeutschland 8% der Gesamtbevölkerung in Armut. Dem gegenüber leben 5% »Reiche«, also diejenigen, denen 200% des durchschnittlichen Haushaltseinkommens zu Verfügung steht, in Westdeutschland und 2,5% in Ostdeutschland. (Zahlen sind durch unterschiedliche Einkommensgrenzen in Ost und West zu begründen.)

Ausgehend von einem gemeinsamen Einkommensdurchschnitt in Ost- und Westdeutschland werden im Westen 8% und im Osten 12% der Gesamtbevölkerung nachgewiesen, die in Armut, zumindest aber in von Armut bedrohten Situationen leben. Die Gesamtquote für die BRD wird mit 9% beziffert. Seit Ende der 90er-Jahre sind größer werdende Unterschiede in der Einkommensverteilung innerhalb der Bevölkerung festzustellen (vgl. 11. Kinder- und Jugendbericht, 2002, S. 139 ff).

Sozialhilfebezug – Hilfe zum Lebensunterhalt:

Ende 1998 (Stichtag der Zählung) bezogen in der BRD 2,88 Mio. Personen in 1,5 Mio. Haushalten Sozialhilfe (HLU). Davon gehören die Kinder unter 18 Jahren mit 1,1 Mio. zu der größten Gruppe, die als von Armut bedroht zu bezeichnen sind. Von diesen 1,1 Mio. lebten mehr als die Hälfte in Ein-Eltern-Familien. Armut von Kindern wird in Abhängigkeit vom elterlichen Einkommen bewertet. Als Ursachen benennt die Armutsforschung geringes Einkommen und Arbeitslosigkeit durch fehlende berufliche und schulische Qualifikationen (vgl. 11. Kinder- und Jugendbericht, 2002, S. 139 ff).

Pikanterweise gilt Sozialhilfe als Instrument der Armutsbekämpfung. Der Bezug von Sozialhilfe ist nach dem Konzept des BSHG (§12 Abs. 1) bekämpfte Armut und wird bestenfalls als Armutsbedrohung betrachtet. Dem BSHG liegt ein Konzept zugrunde, nach dem außer dem physischen Existenzminimum auch ein kulturell soziales Existenzminimum durch Bildung, Teilhabe am gesellschaftlichen Leben u. ä. gesichert sein muss (vgl. Krebs, Wolfgang; unveröffentlichter Aufsatz 2001).

Migration

1998 lebten in der Bundesrepublik 7,3 Mio. Migranten und Migrantinnen. Das sind 9% der Gesamtbevölkerung der Bundesrepublik.

Davon waren 17% (1,25 Mio.) Flüchtlinge und AsylbewerberInnen. Von den 1998 in der BRD lebenden Kindern und Jugendlichen aus Migrantenfamilien wurden insgesamt 22% (1,6 Mio.) in der BRD geboren. Davon sind 67% (1,1 Mio.) unter 18 Jahren und 88% (0,5 Mio.) unter 6 Jahren. Die Beteiligung an Schule und Bildung, im Verhältnis zu deutschen Kindern und Jugendlichen, dokumentiert die folgende Tabelle:

1998	Insgesamt	Migranten
Gymnasium	40 %	9,4 %
Realschule	23 %	8,4 %
Hauptschule	20 %	67,7 %
Gesamtschule	17 %	Wert fehlt

Von insgesamt 98.033 (12%) Schulabgängern und Schulabgängerinnen mit Migrationshintergrund aus allgemeinbildenden und berufsbildenden Schulen verließen 1998 17% die Schule ohne Hauptschulabschluss, 36,7% mit Hauptschulabschluss, 31,8% mit Realschulabschluss und 14,5% mit Hochschulreife. Dieser Befund setzt sich entsprechend in der Beteiligung von Migranten und Migrantinnen an Berufsausbildungen fort. 1998 betrug ihr Anteil 8%. Diese Zahl wird ergänzt durch 11,6% der 20- bis 29-jährigen Migranten ohne berufliche Erstausbildung (Deutsche Vergleichsgruppe 8,1%). Die Gesamtanzahl ohne berufliche Ausbildung beträgt 32,7%. Festzuhalten ist, dass der Anteil der Migranten und Migrantinnen an der Erwerbslosenquote *mehr als doppelt so hoch* ist wie bei der deutschen Bevölkerungsgruppe (vgl. Erster Armuts- und Reichtumsbericht 2001, S. 137 ff).

Und was hat dies nun alles mit Streetwork/Mobile Jugendarbeit zu tun?

Die Zielgruppe von Streetwork/Mobile Jugendarbeit wird in der Regel als eine der Armutsbevölkerung zuzurechnenden Gruppe beschrieben. Die Jugendlichen und jungen Erwachsenen verbringen einen großen Teil ihrer Zeit im öffentlichen Raum, in Gruppen und in illegalisierten Milieus. Ihre Einkünfte sind nicht an durchschnittlichen Familienressourcen und Einkommensverhältnissen zu messen. Ein nicht unerheblicher Teil der Zielgruppe von Streetwork/Mobile Jugendarbeit ist in keiner Statistik erfasst. Insbesondere Jugendliche und Heranwachsende aus Migranten- und/oder Flüchtlingsfamilien nehmen ihnen zustehende Leistungen wie Sozialhilfe, Arbeitslosenhilfe und Vermittlungsansprüche durch z. B. die Arbeitsverwaltung aus Furcht vor Repressionen nicht in Anspruch. Oder – sie entziehen sich den Hilfesystemen aufgrund individueller Erfahrungen und verweigern die an sie gestellten Integrationszumutungen. Diese Gründe legen die Vermutung nahe, dass die Zielgruppe von Streetwork/Mobile Jugendarbeit in einer Armutsforschung, die sich an Statistiken, Familienressourcen und Durchschnittseinkommen orientiert, nicht ausreichend berücksichtigt wird.

Junge Menschen, die dieser Zielgruppe zuzurechnen sind, stammen, insbesondere in den Großstädten, zu einem hohen Prozentsatz aus eingewanderten Familien. Genaue Zahlen hierüber liegen jedoch nicht vor. Die oben beschriebenen Ergebnisse aus der Armutsforschung bestätigen die von der Praxis beschriebene Realität insofern, als dass diese Bevölkerungsgruppe in besonderer Weise von Bildung, Ausbildung und der Teilhabe am Arbeitsmarkt ausgeschlossen ist.

Stets wiederkehrende Problemlagen im Arbeitsfeld Streetwork/Mobile Jugendarbeit, die als Folgen von Lebenswirklichkeiten unter Armutsbedingungen zu bewerten sind, sind z. B. Wohnungslosigkeit und schlechte Wohnverhältnisse. Zunehmend wird von einer Verschuldung der Zielgruppe berichtet. Drogenabhängigkeiten und Gesundheitsprobleme durch Mangelernährung und/oder einem erschwerten Zugang zur Gesundheitsversorgung haben eine Verelendung der genannten Gruppe zur Folge. Durch mangelhafte Schulausbildungen aufgrund früh vollzogener Schulverweigerung oder Schulausschluss wird der Zugang zu legalem Gelderwerb auf dem Arbeitsmarkt erschwert. Hinzu kommen ausländerrechtliche Probleme, Straffälligkeit und Kriminalisierung durch den vermehrten Aufenthalt in öffentlichen Räumen.

Streetwork/Mobile Jugendarbeit erklärt sich explizit für diejenigen zuständig, die als Globalisierungsverlierer zu bezeichnen sind, und versucht ihnen einen niedrigschwelligen Zugang zu Hilfs- und Unterstützungsangeboten zu ermöglichen. Ordnungspolitische Maßnahmen, die erhebliche Repressionen gegen Menschen in und deren Vertreibung aus öffentlichen Räumen mit sich bringen, beschneiden Streetwork/Mobile Jugendarbeit in ihren originären Zugangsmöglichkeiten zu den AdressatInnen. Der Kontaktaufbau zu den Zielgruppen wird erschwert und damit die Vermittlung von Hilfs- und Unterstützungsleistungen erheblich eingeschränkt.

Parallel dazu findet ein massiver Abbau sozialer Leistungen statt, der öffentlich mit dem Phänomen des »Sozialmissbrauchs« begründet wird. Unter Missbrauchsverdacht geraten natürlich die Zielgruppen von Streetwork/Mobile Jugendarbeit, insbesondere auch Jugendliche und Heranwachsende aus Einwandererfamilien, obwohl sie häufig erst durch die Vermittlung von Streetwork/Mobile Jugendarbeit auf sozialstaatliche Leistungen zurückgreifen. Mit diesem Argument des »Sozialmissbrauchs« etabliert sich in der Gesellschaft eine Sichtweise, die Armut, Arbeitslosigkeit, Krankheit, soziale Desintegration mit individuellem Versagen erklärt. Jungen Menschen wird unterstellt, dass ihnen der Ausbildungs- und Arbeitsmarkt zur Verfügung stehe, wenn sie nur wollten. Eine Realität hingegen ist, dass derzeit vier Millionen Arbeitslose auf 400.000 freie Stellen zu verteilen wären. Eine andere ist, dass diese Jugendlichen und jungen Erwachsenen nur selten die Programme der Bundesregierung in Anspruch nehmen. Sollte sie eine, vom Arbeitsamt vermittelte Qualifizierungsmaßnahme doch erreicht haben, verschwinden sie nur kurzfristig aus den Arbeitslosstatistiken. Denn Maßnahmen, die sie ihrem Ziel, der Erwerbstätigkeit, nicht näher bringen, werden als sinnlos empfunden und abgebrochen. Abgebrochene Maßnahmen wiederum führen, aufgrund von Rückzahlungsverpflichtungen gegenüber dem Arbeitsamt, zu weiterer Verschuldung und zur Manifestation von Armutsbedingungen.

Streetwork/Mobile Jugendarbeit organisiert, je nach Zielgruppe und szenespezifischer Zugehörigkeit, eine Grundversorgung und auf individuelle Bedürfnisse ausgerichtete Unterstützungsleistungen. Häufig werden notwendige Hilfsangebote, die aufgrund mangelnder sozialstaatlicher Verantwortung nicht mehr zur Verfügung stehen oder, aus welchen Gründen auch immer, bei den Zielgruppen nicht auf die notwendige Akzeptanz treffen, von Streetwork/Mobile Jugendarbeit selbst organisiert und durchgeführt. Dies wiederum bindet personelle und finanzielle Ressourcen, die an anderer Stelle wieder fehlen.

Vor diesem Hintergrund formuliert Streetwork/Mobile Jugendarbeit Forderungen, wie Zugang zu Bildung/Zugang zu adäquaten Jobs/Zugang zu menschenwürdigem Wohnraum/ausreichende finanzielle Grundversorgung/Anerkennung alternativer Lebensformen/Rückbesinnung auf sozialstaatliche Prinzipien. Streetwork/Mobile Jugendarbeit formuliert auch, dass sie eine Lobbyfunktion für von Ausgrenzung und Stigmatisierung betroffene Menschen wahrnimmt. Darüber hinaus muss Streetwork/Mobile Jugendarbeit Standpunkte, Einmischungsstrategien und gemeinsam mit ihren Zielgruppen Wiederstandsformen entwickeln, die verhindern, dass sich die Zahl der Globalisierungsverlierer durch politische Entscheidungen und Reformbestrebungen noch weiter manifestiert. Auch wenn es mit der Fußballweltmeisterschaft kurzfristig gelungen ist, von den Ursachen der vielschichtigen sozialen Probleme und Unstimmigkeiten abzulenken und ein Gefühl nationaler Aufbruchstimmung und Stärke zu vermitteln, ist davon auszugehen, dass uns, unabhängig vom Ausgang der Bundestagswahl, diese Themen weiter begleiten werden.

Literatur

BAG Streetwork/Mobile Jugendarbeit e. V. BAG Info, Nr. 2, 2000
Bundesministerium für Familie, Senioren, Frauen und Jugend, 11. Kinder- und Jugendbericht 2002
Internet: www.awo.org und Suchbegriff Armut
Krebs, Wolfgang: Schuldnerberatung als Antwort auf Armut und Überschuldung; unveröffentlichter Aufsatz, Hamburg 2001
Deutscher Bundestag, 14. Wahlperiode, Drucksache 14/5990. Lebenslagen in Deutschland
Erster Armuts- und Reichtumsbericht, 2001
Sozial Extra, Zeitschrift für Soziale Arbeit, 26. Jg. Juni 2002

Presseerklärung: Aus der Armut zum »Palettenchef«

Das Ergebnis der Arbeitsgruppe »Armut als Schicksal« Anforderungen an Streetwork/Mobile Jugendarbeit: Die offizielle Armutsdefinition ist längst nicht mehr ausreichend, um die Zielgruppen von Streetwork/Mobile Jugendarbeit zu erfassen. Immer mehr Menschen in diesem Land werden ein Leben unter Armutsbedingungen führen müssen. Die Arbeitsgruppe definiert dies, entgegen des AG Titels, nicht als Schicksal, sondern als Folge zunehmender Verteilungsungerechtigkeit. Politische Reformen begünstigen die Reichen, während in den Armutsstatistiken die Verlierer dieser Gesellschaft – die Armen – ausgewiesen werden.

Die Konsequenzen, die sich daraus für das Arbeitsfeld Streetwork/Mobile Jugendarbeit ergeben, beziehen sich zunehmend auf die Absicherung von Grundbedürfnissen.

Die ArbeitsgruppenteilnehmerInnen fordern die Wiedererlangung fundamentaler Grundrechte für alle: Kostenloser Zugang zu Bildung; Freie Berufswahl; Ausreichende finanzielle Grundversorgung; Menschengerechtes Wohnen; Gesundheitsversorgung.

Die Berufsperspektive der jungen Generation darf nicht als »Palettenchef« in einem Supermarkt enden!

Presseerklärung der TagungsteilnehmerInnen
Streetworker fordern wirksame Armutsbekämpfung

Bundesweites StreetworkerInnentreffen in Gelnhausen berät über Standpunkte

Vom 24. bis 28. Juni 2002 fand im Burckhardthaus in Gelnhausen das 17. bundesweite StreetworkerInnen-Treffen statt. Etwa 65 Praktiker aus dem Arbeitsfeld Streetwork/Mobile Jugendarbeit beschäftigten sich in elf Arbeitsgruppen mit dem Tagungsthema »Standpunkte: Streetwork/Mobile Jugendarbeit zwischen Fußballweltmeisterschaft und Bundestagswahl«. Veranstalter des Treffens war wie in den vergangenen Jahren neben dem Burckhardthaus die Bundesarbeitsgemeinschaft Streetwork/Mobile Jugendarbeit, ein Fachverband, der etwa 1.300 Einrichtungen mit rund 4.000 Mitarbeitern vertritt, die in Deutschland in 13 Landesarbeitsgemeinschaften organisiert sind.

In seinem Einführungsvortrag erläuterte der Kölner Politikwissenschaftler Prof. Dr. Christoph Butterwegge, dass entgegen vieler Bekundungen die zunehmende Globalisierung auch in Deutschland zu zunehmender Armut führe. Armut als Folge globaler wirtschaftlicher Entwicklungen gefährde auch in Deutschland den Bestand demokratischer Strukturen und dadurch unser System sozialer Gerechtigkeit. Hier sei nicht zuletzt die Sozialarbeit gefordert, wirksame Konzepte der Gegensteuerung zu entwickeln.

In einer abschließenden Erklärung zu den Ergebnissen des fünftägigen Kongresses stellten die Veranstalter und die Teilnehmer fest, dass die offizielle Armutsdefinition längst nicht mehr ausreicht, um die Zielgruppen von Streetwork/Mobile Jugendarbeit zu erfassen. Immer mehr Menschen in diesem Land werden ein Leben unter Armutsbedingungen führen müssen. Dies darf nicht als Schicksal verstanden werden, sondern als die Folge zunehmender Verteilungsungerechtigkeit. Die politischen Reformen der letzten Jahre begünstigen die Vermögenden, während den Verlierern die Teilhabe an dieser Gesellschaft zunehmend erschwert wird. Auch die offizielle Armutsberichterstattung belegt, dass sich die Schere zwischen wenigen Reichen und vielen Armen in Deutschland immer weiter öffnet. Dieses betrifft insbesondere auch die jungen Menschen aus den Zielgruppen von Streetwork/Mobile Jugendarbeit.

Die Aufgaben, die sich daraus für das Arbeitsfeld Streetwork/Mobile Jugendarbeit ergeben, beziehen sich daher immer stärker auf die Absicherung von Grundbedürfnissen für von Armut betroffene Menschen. Veranstalter und Teilnehmer erheben daher die Forderung an Politik und Wirtschaft, gesetzliche und ökonomische Grundlagen zu schaffen, welche Armut und nicht die Armen bekämpfen. Nur nachhaltige strukturelle Veränderungen können die Rahmenbedingungen für den Erhalt einer sozialen Gesellschaft schaffen.

Christian Deckert, Peter Stotz
Bundesarbeitsgemeinschaft Streetwork/Mobile Jugendarbeit

Stefan Gillich
Burckhardthaus, Ev. Institut für Jugend-, Kultur- und Sozialarbeit

Streetworker

Einzelhandel behindert aufsuchende Sozialarbeit

GELNHAUSEN. Die Privatisierung und Reglementierung öffentlicher Räume erschwert zunehmend die aufsuchende Jugend- und Sozialarbeit von Streetworkern. Darauf haben die Teilnehmer eines bundesweiten Streetworkertreffens am gestrigen Freitag in Gelnhausen hingewiesen. Ihre Klientel, benachteiligte Kinder, Jugendliche, Drogenkonsumenten und Obdachlose, werde zu Gunsten der Interessen des Einzelhandels von den zentralen Treffpunkten der Innenstädte vertrieben und sei immer schwieriger aufzufinden, resümierten Sprecher der Bundesarbeitsgemeinschaft Streetwork/Mobile Jugendarbeit (BAG) den Erfahrungsaustausch. In Gelnhausen (Main-Kinzig-Kreis) hatten sich eine Woche lang 65 Streetworker versammelt.

„Wir müssen zusehen, wie immer mehr Menschen von den sozialen Hilfesystemen abgeschnitten werden." Mit diesen Worten beklagte der Vorsitzende der Bundesarbeitsgemeinschaft, Peter Stotz aus Esslingen, die „Privatisierung des Elends" und warnte: „Die Gesellschaft kann es sich nicht erlauben, mit einer zunehmenden Zahl von Menschen überhaupt nicht mehr umzugehen." Tatsächlich aber tauchten viele junge Menschen nicht einmal mehr in der Armutsstatistik auf, da sie den Kontakt mit Behörden scheuen würden. Deshalb müsse die Straßensozialarbeit entgegen dem anhaltenden Trend des Sozialabbaus verstärkt werden. lex

Frankfurter Rundschau, 29.06.02

„Das Elend wird zunehmend privatisiert"

Im Burckhardthaus trafen sich Streetworker aus ganz Deutschland und stellten eine zunehmende Verarmung der Jugend fest

GELNHAUSEN (sx) „Die im Dunkeln sieht man nicht, und unsere Aufgabe ist, das Licht anzumachen", umschreibt Peter Stotz die Aufgabe der Streetworker im Jahr 2002. Jugendliche, Wohnungslose und auch Drogenabhängige würden immer mehr aus der Öffentlichkeit verschwinden, dabei nehme ihre Zahl ständig zu. In der vergangenen Woche trafen sich 65 Streetworker zu ihrem bundesweiten Treffen im Burckhardthaus. Die Tagung stand unter dem Motto „Standpunkte: Streetwork/Mobile Jugendarbeit zwischen Fußballweltmeisterschaft und Bundestagswahl". Stotz, Vorsitzender der Bundesarbeitsgemeinschaft Streetwork/ Mobile Jugendarbeit erklärt den Namen: „Wir befinden uns mitten zwischen wichtigen politischen Ereignissen und den Angeboten der Spaßgesellschaft."

Als wichtigstes Ereignis hob er die Armutsberichte hervor, zum Beispiel den der Arbeiterwohlfahrt, der 15 Prozent Arme in der Bevölkerung verzeichnet. Die öffentliche Diskussion aber umgebe das Problem. Aus diesen 15 Prozent rekrutiere sich die Zielgruppe der Streetworker. Stotz weiter: „Unsere Zielgruppe wird immer mehr aus dem öffentlichen Raum verdrängt, auf der anderen Seite entwickelt sich die Spaßgesellschaft."

Programme kommen nicht an

Monika Brakhage, Vorstandsmitglied der Bundesarbeitsgemeinschaft und Streetworkerin in Hamburg führt weiter aus: „Viele Programme der Regierung, kommen bei den Jugendlichen gar nicht erst an." Sie würden in den Schulen immer mehr ausgegrenzt, selbst wenn sie eine Brille brauchen, kümmere sich niemand darum. Die Familien seien nicht mehr in der Lage, die Gesundheit ihrer Kinder zu garantieren. Stotz beschreibt: „Ab dem 15. des Monats gibt es zu Hause nur noch Marmeladenbrot, und man kann zusehen, wie die Zähne verfallen." Zahnersatz freilich sei oft unbezahlbar. Auch für die Streetworker werde es immer schwieriger ihre Zielgruppen zu erreichen. Peter Stotz erklärt: „Indem die Jugendlichen immer mehr aus den öffentlichen Räumen vertrieben werden, erreichen auch wir sie schwerer." Noch vor drei Jahren hätten die Streetworker zunehmend Treffen und Szenen in den Städten beobachtet. Die Kommunen hätten aber sie aber mit exzessiven Personalkontrollen, Taschenkontrollen und ähnlichem vertrieben, all das im Interesse des subjektiven Sicherheitsgefühls der Passanten. Teilweise seien Skateboards beschlagnahmt worden. Die Jugendlichen würden sich dann über Handy verabreden und oft in Kellern oder Garagen treffen.

Kommunen gegen Obdachlose

Gegen Obdachlose seien die Kommunen und Betriebe vorgegangen, indem sie Parkbänke abmontiert oder in Sitzschalen umgewandelt hätten. Die helle Ausleuchtung von Plätzen trage ihren Teil bei. Stotz zitierte den zur Tagung eingeladenen Kölner Politikwissenschaftler Dr. Christoph Butterwege: „Es findet eine Privatisierung des Elends statt." Aus diesen Verhältnissen leitet die Bundesarbeitsgemeinschaft ihre Forderungen ab. Uli Vollmer aus dem Vorstand des Baden-Württemberger Streetworker-Landesverbands zählt auf: „Allen Jugendlichen ist ein kostenloser Zugang zu Bildung und Arbeitsmarkt zu eröffnen und es muss eine freie Berufswahl geben." Monika Brakhage setzt fort: „Die Jugendlichen müssen einigermaßen gesund leben können." „Gerade hier würden die Probleme immer größer. Brakhage: „Wohnung, Ernährung und Gesundheit müssen gesichert sein." „Je mehr sich ihre Zielgruppen in die Vorstädte und Wohnungen zurückzögen, desto schwerer werde das Streetworking, erzählte die Praktiker. Treffpunkte fehlen. „Momentan wuchern wir noch mit dem Pfund, dass die Jugendlichen uns kennen", schränkt Monika Brakhage ein. Aber neue Kollegen hätten ernsthafte Probleme an die Zielgruppe zu kommen. Damit kämen diese im Gegenzug nicht mehr zu den Sozialleistungen, die ihnen aber zuständen. Parallel dazu würden Stellen gekürzt. Brakhage nannte Hamburg als Beispiel: „Frei werdende Stellen in der mobilen Jugendarbeit werden nicht mehr besetzt."

Gelnhäuser Tageblatt, 29.06.02

Bundesarbeitsgemeinschaft Streetwork/Mobile Jugendarbeit
Fachliche Standards für Streetwork und Mobile Jugendarbeit

Präambel

Grundlage für Professionalität im Arbeitsfeld Streetwork/Mobile Jugendarbeit ist das im Grundgesetz garantierte Recht auf ein menschenwürdiges Dasein und das dort verankerte Sozialstaatsprinzip.
Das Menschenbild orientiert sich am ethischen Grundsatz der Chancengleichheit aller Menschen. Basierend auf der Erkenntnis, dass die gesellschaftliche Realität diesem Anspruch nicht gerecht wird, ist Streetwork/Mobile Jugendarbeit im Sinne einer parteilichen Interessenvertretung für Benachteiligte und von der gesellschaftlichen Teilhabe ausgegrenzte Menschen tätig.

Die vorliegenden Standards stellen die Grundlage für professionelles Handeln im Arbeitsfeld Streetwork/Mobile Jugendarbeit dar. Sie bilden die Basis für die prinzipielle Struktur des Arbeitsfeldes. Die hier formulierten Tätigkeitsmerkmale und Rahmenbedingungen dienen der Bestimmung der Qualität des Arbeitsfeldes.

Mit diesen Standards gibt sich das Arbeitsfeld eine gemeinsame Orientierung und ein Instrument zur Selbstkontrolle. Sie dienen weiterhin zur Darstellung der Leistungsfähigkeit, der Rahmenbedingungen und der Grenzen des Arbeitsfeldes.
Regionale Modifikationen sind notwendig, die Fortschreibung der Standards entsprechend der Entwicklungen des Arbeitsfeldes ist unabdingbar. Das Standardpapier der Bundesarbeitsgemeinschaft Streetwork/Mobile Jugendarbeit stellt die Übereinkunft der Landesarbeitsgemeinschaften zu den bundesweit gültigen Grundlagen des Arbeitsfeldes dar.

1. Zum Selbstverständnis von Streetwork und Mobile Jugendarbeit

Streetwork und Mobile Jugendarbeit wenden sich Personen zu, für die der öffentliche Raum, vor allem Straßen und Plätze, von zentraler Bedeutung sind. Da diese Personen in der Regel von anderen sozialen Dienstleistungen nicht mehr erreicht werden (wollen), begeben sich Streetwork und Mobile Jugendarbeit zu deren Treffpunkten.

Streetwork und Mobile Jugendarbeit versuchen, die Lebenswelt ihrer Adressatinnen und Adressaten (wenn möglich mit ihnen) gemeinsam lebenswerter zu gestalten und/oder Alternativen aufzuzeigen, welche ein minder gefährdendes Zurechtkommen im öffentlichen Raum ermöglichen. Da das Leben wie Überleben im öffentlichen Raum mit besonderen Gefährdungslagen verbunden sind, bieten Streetwork und Mobile Jugendarbeit bedarfsgerechte Angebote für die Entwicklung von tragfähigen Zukunftsperspektiven an.

Streetwork und Mobile Jugendarbeit orientieren sich in ihrem Selbstverständnis an folgenden Arbeitsprinzipien: Aufsuchen, Niedrigschwelligkeit und Flexibilität der Angebote, Bedürfnis-, Lebenswelt- und Alltagsorientierung, Freiwilligkeit und Akzeptanz, Vertrauensschutz und Anonymität, Parteilichkeit und Transparenz, Verbindlichkeit und Kontinuität. Geschlechtsspezifische Ansätze sind integraler Bestandteil der Arbeitsprinzipien. Diese Arbeitsprinzipien sind unverzichtbar, bedingen sich gegenseitig und prägen alle Angebote von Streetwork und Mobile Jugendarbeit. Diese Prinzipien bilden die Spezifik und das Setting von Streetwork und Mobiler Jugendarbeit. Streetwork und Mobile Jugendarbeit sind eigenständige Arbeitsansätze.

Streetwork und Mobile Jugendarbeit haben gesetzliche Grundlagen in der Regel im Sozialgesetzbuch (zum Beispiel Sozialgesetzbuch VIII – Kinder- und Jugendhilfe- und Bundessozialhilfegesetz als besonderer Teil des Sozialgesetzbuches). Streetwork und Mobile Jugendarbeit sind Dienstleistungen freier Träger der Jugend- und Wohlfahrtspflege wie der öffentlichen Träger der Jugend- und Sozialhilfe.

2. Streetwork und Mobile Jugendarbeit für Menschen in besonderen Lebenslagen und Sozialräumen

Streetwork und Mobile Jugendarbeit wenden sich an Kinder, Jugendliche und Erwachsene, die aus unterschiedlichen Gründen von gesellschaftlichen Integrationsbemühungen nicht erreicht werden (wollen) und für die der öffentliche Raum zum überwiegenden Lebensort wird. Prozesse sozialer Benachteiligung und Ausgrenzung sind ursächlich für die Verlagerung des Lebensmittelpunktes in den öffentlichen Raum. Dadurch sind sie zusätzlich betroffen von Zuschreibungen wie Stigmatisierung und Kriminalisierung. Oft schließen sie sich mit gleichermaßen Betroffenen zu Gruppen, Cliquen oder Szenen zusammen.

Dabei gilt es, spezifische Angebote zu entwickeln, die problemlagen- und lebensweltbezogen sind, sowie stets die entsprechenden Sozialräume aktiv mit einzubeziehen.

Streetwork und Mobile Jugendarbeit können sich nicht darauf beschränken, die Probleme zu bearbeiten, die sich aus dem Leben im öffentlichen Raum ergeben. Sie müssen auch Unterstützung bei der Bewältigung der Probleme anbieten, die zum Leben im öffentlichen Raum geführt haben. Dabei müssen sie den Gedanken ernst nehmen, dass für diese Personen der öffentliche Raum eine legitime und selbstverständliche Lebenswelt ist, die als attraktiver und zugleich risikoreicher öffentlicher Ort erfahren wird.

Streetwork und Mobile Jugendarbeit sehen es auch als ihre Aufgabe an, Brücken zwischen den verschiedenen Gruppen der Nutzerinnen und Nutzer des öffentlichen Raums zu bauen. Dadurch soll den Ausgrenzungsmechanismen, die sich durch die zunehmende Verregelung und Privatisierung des öffentlichen Raums verstärken, entgegengewirkt werden. Der öffentliche Raum ist für alle Menschen ein legitimer Ort mit unterschiedlicher Nutzung. Einer einseitigen Nutzung bei gleichzeitigem Ausschluss von Personen mit »besonderen Verhaltensweisen« wollen Streetwork und Mobile Jugendarbeit parteilich und solidarisch widersprechen.

3. Ziele von Streetwork und Mobile Jugendarbeit

Streetwork und Mobile Jugendarbeit verfolgen die Ziele, Ausgrenzung und Stigmatisierung von Personen zu verhindern oder zu verringern. Sie bieten ihnen deshalb lebensfeldnahe soziale Dienstleistungen an, die ihre soziale Integration fördern sollen und setzen sich für positive Lebensbedingungen im öffentlichen Raum ein. Daraus ergeben sich:
- Förderung der Akzeptanz beziehungsweise Verbesserung bestehender Lebenswelten,
- Erweiterung der sozialen Handlungskompetenz der Adressatinnen und Adressaten,
- Erschließung gesellschaftlicher (Fremdhilfepotenzial) und individueller Ressourcen (Selbsthilfepotenzial),
- Entwicklung und Unterstützung bei der Umsetzung von Lebensperspektiven,
- Reduzierung und Vermeidung gesellschaftlicher Benachteiligungen und Diskriminierungen,
- Entwicklung inhaltlich-fachlicher und sozialpolitischer Einmischungsstrategien,
- Vertretung der Interessen von Gruppen, Cliquen und Szenen,
- Erschließen, Erhalten und Zurückgewinnen von öffentlichen Räumen,
- Institutionelle und konzeptionelle Innovation als Grundlage für Sozial- und Jugendhilfeplanung,
- Orientierungshilfen bei verschiedenen Lebensfragen (zum Beispiel Jugend- oder Sozialhilfe, Ausbildung, Arbeit, Wohnen, Familie, Existenzsicherung, Gesundheitsfürsorge).

4. Tätigkeitsbereiche und Angebote von Streetwork und Mobile Jugendarbeit

Die Angebote von Streetwork und Mobile Jugendarbeit werden im Wesentlichen drei Tätigkeitsbereichen, die sich bei jeweiligem Blickwinkel zum Teil überschneiden, zugeordnet:
- unmittelbar auf Adressatinnen und Adressaten bezogene Hilfeangebote

- infrastrukturelle Tätigkeiten
- Querschnittsfunktionen

Das Angebotsspektrum von Streetwork und Mobile Jugendarbeit zielt darauf ab, Vertrauen zu den jeweiligen Adressatinnen und Adressaten aufzubauen, ihre soziale Ausgrenzung zu vermeiden und beinhaltet unter anderem folgende, auf Lebensbewältigung abzielende Angebote:

Beziehungsarbeit	Aufbau und Pflege von langfristigen, tragfähigen, verbindlichen und reflektierten Beziehungen zu den Adressatinnen und Adressaten unter Berücksichtigung eines professionellen Nähe-Distanz-Verhältnisses
Kontaktpflege	Schaffung eines vertrauensvollen Kontaktnetzes zu den Adressatinnen und Adressaten
Beratung	Beratungsangebot mit Blick auf individuelle und gruppenbezogene Bedarfe
Gruppen- und Projektarbeit	Soziales Lernen als Angebot zur Entwicklung positiver Lebensentwürfe
Freizeitgestaltung Erlebnispädagogik	Ein Angebot zum Erfahren persönlicher Stärken und Grenzen
Begleitung	Angebot einer solidarischen Unterstützung gegenüber Ämtern, Institutionen und Behörden (Anwaltsbeziehungsweise Beistandsfunktion)
Verhandlung	Direktes oder indirektes parteiliches Verhandlungsangebot mit mindestens zwei Problembeteiligten (Personen oder Institutionen); Vermittlung als Vermittlungsangebot, das die Aktivierung von Hilfe anderer Einrichtungen zum Ziel hat
Vermittlung von Handlungskompetenz	Vermittlung von Handlungskompetenzen, die für die individuelle Lebenswelt der Adressatinnen und Adressaten unabdingbar sind
Unterstützung	Als Angebot zur Existenzsicherung, zur Vermittlung von Arbeit, Ausbildung oder einer anderen Dienstleistung. Dieses Angebot ist nicht lediglich auf Kontaktherstellung (Vermittlung) zu reduzieren
Konfliktmanagement	Als Eingriff in negative Verlaufsprozesse mit dem Ziel einer Unterbrechung von objektiver Gefährdung und einer Verankerung subjektiven Verhaltens und

	Eröffnung von Perspektiven, Angebot von Ausstiegshilfen aus für von Adressatinnen und Adressaten für abträglich oder gefährlich gehaltenen Karrieren
Eröffnen von Räumen	Begleitung von Gruppen, die sich in Räumen bewegen, die durch Streetwork und Mobile Jugendarbeit initiiert worden sind
Verbesserung der Infrastruktur	Verbesserung und Schaffung von Angeboten im Lebensraum der Adressatinnen und Adressaten und Einflussnahme auf lokale sozial- und jugendpolitische Entscheidungen
Vernetzung	(Fach)Gremienarbeit, Kooperation und Öffentlichkeitsarbeit sind fach-, ressort- und regionalübergreifende Arbeitsansätze beziehungsweise Angebote, die der Interessen(selbst)vertretung der Adressatinnen und Adressaten und der Entwicklung der örtlichen Hilfestrukturen dienen
Öffentlichkeitsarbeit	Darstellung und Vermittlung der Lebenswelt der Adressatinnen und Adressaten in der Öffentlichkeit

Diese Angebote nehmen besonders Rücksicht auf die Erfordernisse, die sich aus unterschiedlicher geschlechtlicher und ethnischer Zugehörigkeit ergeben.

5. Rahmenbedingungen von Streetwork und Mobile Jugendarbeit

Um effektiv und effizient arbeiten zu können, brauchen Streetwork und Mobile Jugendarbeit passende Rahmenbedingungen. Unter Rahmenbedingungen sind alle Voraussetzungen und Umstände zu verstehen, deren Vorhandensein oder Bereitstellung in die Verantwortung der Träger beziehungsweise Geldgeber fallen. Vier Bereiche von Rahmenbedingungen werden von den Streetworkern und Mobilen Jugendarbeiterinnen und -arbeitern formuliert, denen entsprechende Arbeitsbedingungen zugeordnet werden:
a. Personelle Rahmenbedingungen
b. Materielle Rahmenbedingungen
c. Strukturelle Rahmenbedingungen
d. Fachliche Begleitung/Reflexion

Personelle Rahmenbedingungen	Materielle Rahmenbedingungen	Strukturelle Rahmenbedingungen	Reflexion
– schriftliche Vereinbarung von Arbeitsauftrag und Arbeitsplatzbeschreibung vor Projektbeginn – Feldanalyse/Feststellung des Hiflebedarfs – Teamarbeit – bedarfsorientierte Teamkonstellation (gemischt-geschlechtlich/multiethnisch) – Stellenvolumen für Team (mindestens 2,5) – unbefristete bzw. langfristige Arbeitsverträge – Honorarkräfte zur Ergänzung – Einstellung von qualifiziertem Fachpersonal (SozialarbeiterInnen und vergleichbare Erfahrungen und Kenntnisse) – tarifgerechte Bezahlung einschließlich Zulagen (BAT IVa) – Zulagen gemäß BAT Anlage 1a – Wahrnehmung der Fürsorgepflicht des Arbeitgebers (z.B. in Fragen der Gesundheitsfürsorge und Ausstiegsszenarien)	– Kommunikationsmöglichkeiten – geeignete Räumlichkeiten – Verfügungsgeld – Handgeld – Pauschale – Büroorganisation – Verwaltungskosten – Regiekosten – Honorarmittel – Fahrkostenübernahme – Mittel für Mobilität – Mittel für Aktivitäten, Programme und Freizeiten – mobile Arbeitsmaterialien – Mittel für Fürsorge des Arbeitgebers	– Vernetzung und Kooperation als Teil des Arbeitsauftrags – Einbindung in Hilfe- und Kooperationssystem – Dienstausweise – verbindliche Zugänge zu Ämtern und Kooperations- und Ansprechpartnern aufbauen und pflegen – Vertrauensschutz – Forderung: Zeugnisverweigerungsrecht	– Planung – Qualitätssicherung – Mittel für Evaluation (finanzielle und zeitliche Ressourcen) – kollegiale Beratung – Teambegleitung – Teamgespräch – qualifizierte Einarbeitung für KollegInnen in neuen Projekten – Mitarbeiterbesprechung (Arbeitsbewertung) – Supervision – Fortbildung – Teilnahme an Fachtagungen

6. Qualitätssicherung

Wenn man Streetwork und Mobile Jugendarbeit betrachtet, geht es um die Qualität eines Handlungsablaufes. Dieser Handlungsablauf (zum Beispiel Beratung, Begleitung, Basisversorgung) ist komplex und hat verschiedene Dimensionen. Dadurch ist Qualitätsbeschreibung von Streetwork und Mobile Jugendarbeit ein Konzept, das unterschiedliche Ebenen dieses Handlungsprozesses beschreibt. Drei wichtige Ebenen der Qualität von Streetwork/Mobile Jugendarbeit sind unter anderem die Wirksamkeit, die Wirtschaftlichkeit und der soziale Aspekt der Tätigkeit. Daraus ergibt, dass in die Bewertung des Handlungsablaufes neben funktionalen und wirtschaftlichen ausdrücklich auch soziale Gesichtspunkte einfließen müssen.

Qualität entwickelt sich aus dem Zusammenwirken verschiedener materieller, struktureller und personeller Gegebenheiten. In der Qualitätsdiskussion wird in der Regel eine analytische Unterscheidung zwischen Struktur, Prozess und Ziel vorgenommen.

Es gibt keinen allgemeingültigen Maßstab für Qualität, sondern abhängig von Interessenlagen unterschiedliche Definitionen. So wird für die Adressatinnen und Adressaten von Streetwork und Mobile Jugendarbeit der Grad der Nützlichkeit der Angebote und der Bedürfnisbefriedigung das entscheidende Kriterium für Qualität darstellen. Für die Mitarbeiterinnen und Mitarbeiter von Streetwork und Mobile Jugendarbeit ist die Professionalität das entscheidende Kriterium, also beispielsweise die Vertretbarkeit und Angemessenheit sozialarbeiterischen Handelns. Für die Kostenträger ist Qualität die möglichst effiziente Erbringung einer definierten Leistung, wobei das Leistungsniveau idealer Weise gesellschaftlich ausgehandelt wird. Auf der Ebene der Gesellschaft beziehungsweise der Politik steht schließlich der gesellschaftlichen Nutzen im Vordergrund. Auf diesem Hintergrund muss Streetwork und Mobile Jugendarbeit Kriterien für Qualität entwickeln. Diese orientieren sich an möglichst präzise formuliertem Hilfebedarf, Zielen und Angeboten unter Berücksichtigung der verschiedenen oben genannten Interessenlagen. Aus der Darstellung wird deutlich, dass Qualität der Grad der Zielerreichung ist. Projekte von Streetwork und Mobile Jugendarbeit müssen aus dem Querschnitt des Hilfebedarfes der Adressatinnen und Adressaten, der unterschiedlichen Interessenlagen und Standards von Streetwork und Mobiler Jugendarbeit ihre spezifischen Kriterien entwickeln und überprüfen. Die Qualitätssicherung erfolgt über Leistungs- und Angebotsbeschreibungen, systematische Reflexion und (Jahres)Planung, Selbstevaluation und Dokumentation der Arbeit.

Von den Praktikerinnen und Praktikern der Bundesarbeitsgemeinschaft werden unter anderem folgende Methoden der Qualitätssicherung ihrer Arbeit benannt:
– Darstellung und Dokumentation der Projekte von Streetwork und Mobile Jugendarbeit in Form von Jahresberichten, in der Dokumentation von Projekt- und Gruppenarbeit, in der Dokumentation von Angeboten der Einzelbetreuung;
– Beschreibung einzelner Leistungsangebote und Methoden, die spezifisch für Streetwork und Mobile Jugendarbeit sind (qualitative Analyse);
– Arbeitsfeld (statistische Erhebungen, Interviews, Befragungen von Jugendlichen), Vergleich von Entwicklungstendenzen in ähnlichen Ballungsgebieten;
– Analyse der quantitativen Aspekte der Leistungs- und Tätigkeitsangebote von Streetwork und Mobile Jugendarbeit (etwa statistische Erhebung, monatliche Arbeitszeiterfassung);
– Analyse projekt- beziehungsweise vereinsinterner Prozesse (konzeptionell- inhaltlich, strukturelle und personelle Entwicklung) in internen Berichten und Klausurtagungen;
– Teamreflexion, beispielsweise als Fallbesprechung, durch Führen eines Teamtagebuches, durch Verschriftlichung von Feldanalysen, durch Analyse von Gruppenprozessen zwischen den Mitarbeiterinnen und Mitarbeitern;
– Analyse und Auswertung projektinterner Prozesse unter Einbezug externer Beraterinnen und Berater, zum Beispiel in Form von Supervision und Evaluation.

Diese Methoden sind verfügbare Bausteine der Qualitätssicherung und sind entsprechend der jeweiligen Bedingungen der Projekte anwendbar. Ein Standardpapier kann keine Spezifizierung von Qualitätskriterien leisten, sondern lediglich Orientierungshilfe bieten.

Beschlossen auf der Mitgliederversammlung der BAG Streetwork/Mobile Jugendarbeit am 12. November 1999 im Burckhardthaus/Gelnhausen

AutorInnen
(sind ReferentInnen/ArbeitsgruppenleiterInnen)

Becker, Jan, GANGWAY e.V., Berlin

Bott, Dieter, Fan-Soziologe, Düsseldorf/Frankfurt

Botzenhardt, Ernst, Psychosoziale Beratungsstelle, Windsheim

Brakhage, Monika, Dipl. Sozialpädagogin, ehemals Streetworkerin, seit Ende 2000 Leitung der Abteilung Kinder- und Jugendarbeit / Jugendsozialarbeit im Jugendamt Hamburg Altona

Buchholz, Uwe, Straßensozialarbeit, Karlsruhe

Butterwegge, Prof. Dr. Christoph, Universität zu Köln

Deckert, Christian, Sozialarbeiter, Streetworker, Halle (Saale). Streetwork mit Sprayern, jungen Kurden und rechtsgerichteten jungen Menschen

Dölker, Frank, M.A. Intercultural Communication, Dipl. Sozialarbeiter, Streetwork Fulda, Lehrbeauftragter KFH Freiburg, FH Fulda und FH Norostniedersachsen/Lüneburg

Elmer, Julia, X-Faktor GmbH i.G, Berlin

Gillich, Stefan, Burckhardthaus, Fortbildungsdozent für Gemeinwesenarbeit und Streetwork/Mobile Jugendarbeit

Herzog, Franz, Innere Mission, München

Hellwig, Tristan, X-Faktor GmbH i.G, Berlin

Krebs, Wolfgang, Hamburg, knapp 20 Jahre Dozent im Burckhardthaus, heute freiberuflich zuständig für Fortbildungsangebote zur Schuldnerberatung, ehrenamtlich für BAG – Schuldnerberatung und BAG – Streetwork/Mobile Jugendarbeit tätig

Schaffranek, Jürgen, Berlin, Vorstend BAG Streetwork/Mobile Jugendarbeit

Stotz, Peter, Vorstand BAG Streetwork/Mobile Jugendarbeit

Vollmer, Uli, Mobile Jugendarbeit Büro City, Reutlingen

Wagner, Hartmut, Sozialpädagoge, Mobile Jugendarbeit – Stadtjugendring, Pforzheim

Zier, Jutta, Sozialpädagogin (FH), »Streetwork mit jungen Aussiedlern«, Arbeiterwohlfahrt/Nürnberg

TeilnehmerInnen

Arndt, Bettina	60433 Frankfurt
Böhm, Martina	90402 Nürnberg
Böhm, Klaus	91074 Herzogenaurach
Bretschneider, Jörg	22767 Hamburg
Christiansen, Anna	22763 Hamburg
Clemens, Christine	90402 Nürnberg
Draht, Tanja	95447 Bayreuth
Eichenseher, Natascha	90402 Nürnberg
Evers, Heinz	65719 Hofheim
Gallinsky, Birgit	38448 Wolfsburg
Grazek, Mandy	07743 Jena
Groß, Jutta	75031 Eppingen
Hasenbein, Roger	22767 Hamburg
Heichel, Martin	41061 Mönchengladbach
Hellbrück, Mike	81667 München
Holz, Torge-Lennart	22767 Hamburg
Jonischkat, Monika	47166 Duisburg
Jörgensen, Ann-Christin	30451 Hannover
Lappan, Claus-Peter	80686 München
Maletz, Ralf	38106 Braunschweig
Mauch, Christine	76185 Karlsruhe
Oehms, Rebecca	22767 Hamburg
Pfeiffer, Corinna	36039 Fulda
Rehberg, Frank	22763 Hamburg
Rehpöhler, Elke	44388 Dortmund
Reinhard, Andreas	55118 Mainz
Reinhardt, Tomm	99706 Sondershausen
Reuther, Jürgen	90402 Nürnberg
Schmidt, Peter	68152 Mannheim
Schulz, Matthias	96215 Lichtenfels
Schumacher, Julia	56727 Mayen
Schurr, Silke	72764 Reutlingen
Schwendemann, Ralf	76189 Karlsruhe
Stotz, Peter	73728 Esslingen
Sonntag, Michael	88213 Ravensburg

Sprung, Dörte	01219 Dresden
Thieme, Klaus	90402 Nürnberg
Thon, Hans	81375 München
Tschirner, Marco	35260 Stadtallendorf
Wagner, Alphons	82490 Farchant
Weber, Lukas	34132 Kassel
Willms, Bernd	66740 Saarlouis
Ziebarth, Heike	44388 Dortmund
Zimmermann, Norbert	76676 Graben-Neudorf

Leitung: Stefan Gillich, Fortbildungsdozent für Streetwork/Mobile Jugendarbeit undGemeinwesenarbeit im Burckhardthaus; Vorstand, BAG Streetwork/Mobile Jugendarbeit

Übersicht über Dokumentationen des Burckhardthauses

13. bundesweites StreetworkerInnen-Treffen 1998   8,00 €
Streetwork und Professionalisierung im Alltag

14. bundesweites StreetworkerInnen-Treffen 1999   8,00 €
Standards im Streetwork/Mobile Jugendarbeit zwischen Ansprüchen und Wirklichkeit

15. bundesweites StreetworkerInnen-Treffen 2000   9,50 €
Geschlechtsspezifisch, interkulturell – unpolitisch? Das (neue) Verständnis von Streetwork/Mobile Jugendarbeit

16. bundesweites StreetworkerInnen-Treffen 2001   9,50 €
Streetwork/Mobile Jugendarbeit zwischen zielgruppen- und sozialraumorientierter Arbeit

17. bundesweites StreetworkerInnen-Treffen 2002
Standpunkte: Streetwork/Mobile Jugendarbeit zwischen Fußballweltmeisterschaft und Bundestagswahl

9. Werkstatt Gemeinwesenarbeit 1997   8,00 €
Die Zukunft der Stadtteile – die Zukunft der GWA

10. Werkstatt Gemeinwesenarbeit 1999   9,50 €
Essentials der GWA – Zwischenbilanz & Ausblick

11. Werkstatt Gemeinwesenarbeit 2001   14,90 €
GWA – Eine Chance der sozialen Stadtentwicklung

Materialsammlung der Kooperationstagung: 8,00 €
»Entwicklungsperspektiven für die Stadt – Chancen für die GWA?!«

Stefan Gillich/Frank Nieslony (2000)   16,00 €
Armut und Wohnungslosigkeit
Grundlagen, Zusammenhänge und Erscheinungsformen (2000)

(Preise zuzüglich Porto und Verpackung)

Ablauf des 17. bundesweiten StreetworkerInnen-Treffens

Montag, den 24.06.2002

15.30 – 18.30 Uhr	Begrüßung/Einführung *Stefan Gillich*
	Begrüßung *Peter Stotz, BAG Streetwork/Mobile Jugendarbeit*
	Markt
	Streetwork/Mobile Jugendarbeit zwischen Globalisierung und Lokalisierung
	Prof. Dr. Christoph Butterwegge
	Vortrag, Diskussion
19.30 Uhr	Fortsetzung Markt
	u.a. Demonstration der EDV Klientenverwaltung in den Arbeitsfeldern Streetwork/Mobile Jugendarbeit

Dienstag, den 25.06.2002

9.00	Vorstellung der Arbeitsgruppen 1 – 6
9.30 – 12.30 Uhr	Arbeitsgruppen 1 – 6
12.30 – 15.00 Uhr	Mittagspause
15.00 Uhr	Kaffee/Tee
15.30 – 18.30 Uhr	Arbeitsgruppen 1 – 6

Mittwoch, den 26.06.2002

9.00 – 12.30 Uhr	Weiterarbeit in den Arbeitsgruppen 1 – 6
12.30 – 15.00 Uhr	Mittagspause
15.00 Uhr	Kaffee/Tee
15.30 – 18.30 Uhr	außerordentliche Mitgliederversammlung der BAG Streetwork/Mobile Jugendarbeit

Donnerstag, den 27.06.2002

9.00	Vorstellung der Arbeitsgruppen 7 – 12
9.30 – 12.30 Uhr	Arbeitsgruppen 7 – 12
12.30 – 15.00 Uhr	Mittagspause
15.30 – 18.30 Uhr	Fortsetzung der Arbeitsgruppen 7 – 12

Freitag, den 28.06.2002

9.00 – 12.30 Uhr Plenum:
- Berichte aus den Arbeitsgruppen
- Tagungskritik
- Resolution
- Abschluss

11.00 Uhr Pressegespräch

Veranstaltungsort

Burckhardthaus Gelnhausen
Ev. Institut für Jugend-, Kultur- und Sozialarbeit
Herzbachweg 2
63571 Gelnhausen

Arbeitsgruppen

Dienstag, den 25.06.2002, und Mittwoch, den 26.06.2002, vormittags

AG 1:
Neueinsteiger-Workshop
Christian Deckert/Jutta Zier

AG 2:
Recht auf der Straße
Jürgen Schaffranek

AG 3:
Qualitätsentwicklung/Qualitätssicherung – Evaluation und Dokumentation
Jan Becker/Olga Glouftsi

AG 4:
Rechtsextremismus
Dieter Bott

AG 5:
Interkulturelle Arbeit/Interkulturelle Kompetenz
Frank Dölker

AG 6:
Streetwork in der Wohnungslosenhilfe – Aktuelle Entwicklung und Anforderungen
Franz Herzog (ausgefallen)

AG 7:
Die mitgenommene Generation – Arbeit mit jungen Migranten
Hartmut Wagner

AG 8:
Schuldnerberatung konkret
Wolfgang Krebs (ausgefallen)

AG 9:
Alte Knacker – Alte Schachteln. Älterwerden im Arbeitsfeld Streetwork/Mobile Jugendarbeit
Ernst Botzenhardt

AG 10:
Sicherheit und Sauberkeit – die Vertreibung aus dem (Einkaufs-)Paradies?!
Uli Vollmer/Uwe Buchholz

AG 11:
Kiffende Fußballer und koksende Abgeordnete – Drogenkonsum im sozialen Kontext
Julia Elmer/Tristan Hellwig

AG 12:
Armut als Schicksal? – Anforderungen an Streetwork/Mobile Jugendarbeit
Monika Brakhage